山东社会科学院出版资助项目

减税降费导向下
我国现代税收体系建设研究

张念明 著

中国社会科学出版社

图书在版编目（CIP）数据

减税降费导向下我国现代税收体系建设研究 / 张念明著. —北京：中国社会科学出版社，2021.11
ISBN 978 - 7 - 5203 - 8841 - 2

Ⅰ.①减… Ⅱ.①张… Ⅲ.①税收体系—研究—中国 Ⅳ.①F812.422

中国版本图书馆 CIP 数据核字（2021）第 157479 号

出 版 人	赵剑英	
责任编辑	李庆红	
责任校对	闫　萃	
责任印制	王　超	
出　　版	中国社会科学出版社	
社　　址	北京鼓楼西大街甲 158 号	
邮　　编	100720	
网　　址	http://www.csspw.cn	
发 行 部	010 - 84083685	
门 市 部	010 - 84029450	
经　　销	新华书店及其他书店	
印　　刷	北京君升印刷有限公司	
装　　订	廊坊市广阳区广增装订厂	
版　　次	2021 年 11 月第 1 版	
印　　次	2021 年 11 月第 1 次印刷	
开　　本	710×1000　1/16	
印　　张	17.5	
插　　页	2	
字　　数	261 千字	
定　　价	98.00 元	

凡购买中国社会科学出版社图书，如有质量问题请与本社营销中心联系调换
电话：010 - 84083683
版权所有　侵权必究

目 录

导 论 ·· 1

第一章 现代税收体系的理论界定 ·· 13

    第一节 现代税收体系的概念厘定及特征 ······················· 13

    第二节 现代税收体系的观测维度 ···································· 23

    第三节 现代税收体系的功能作用 ···································· 26

    第四节 现代税收体系的评判标准 ···································· 29

第二章 我国现代税收体系建设的宏观税负研判 ······················· 33

    第一节 现代宏观税负的形成机理 ···································· 33

    第二节 现代宏观税负的评判标准 ···································· 40

    第三节 当前我国宏观税负的现实状况 ···························· 44

    第四节 我国宏观税负的形成与决定 ································ 59

第三章 我国现代税收体系建设的税负结构布局 ······················· 66

    第一节 宏观税负结构的实际状况及成因 ························ 66

    第二节 中观税负的结构性布局及成因 ···························· 72

    第三节 微观税负的分布结构及成因 ································ 83

    第四节 我国现代税收体系建设的减税降费导向 ············ 96

第四章 现代税收框架下我国减税降费的总体状况 ···················· 99

    第一节 现代税收框架下减税降费的政策类型与传导机制 ·· 99

第二节 现代税收框架下减税降费的操作范式 …………… 103
第三节 基于现代税收治理的我国减税降费总体评估 ……… 115
第四节 现代税收框架下我国减税降费的施力方向与
着力点 ……………………………………………… 120

第五章 税制优化式减税降费与我国现代税收体系构建 ………… 125

第一节 我国税制优化式税负操作的脉络 ………………… 125
第二节 我国税制优化式税负操作的问题 ………………… 127
第三节 典型案例剖析：以"营改增"税制改革为例 ……… 130
第四节 税制结构优化对税收公平的影响分析 …………… 134

第六章 宏观调控式减税降费与我国现代税收体系构建 ………… 150

第一节 我国宏观调控式税负优化的操作脉络 …………… 150
第二节 我国宏观调控式税负操作的问题 ………………… 152
第三节 典型案例剖析：以企业所得税产业调控为例 …… 155
第四节 减税降费对金融服务实体经济的影响分析 ……… 172

第七章 信息治理式减税降费与我国现代税收体系构建 ………… 193

第一节 当前我国信息治理式税负操作的现状与问题 …… 193
第二节 我国信息治理式税负操作的制约因素 …………… 196
第三节 我国信息治理式税负操作的诱致效应 …………… 202
第四节 典型案例剖析：以自然人税收治理为例 ………… 203

第八章 现代税收体系建设的国际经验与本土特质 ……………… 210

第一节 现代税收建设的国别比较 ………………………… 210
第二节 现代税收建设的体系比较 ………………………… 220
第三节 现代税收体系建设的一般经验 …………………… 226
第四节 现代税收体系建设的基本启示 …………………… 230

第九章 减税降费导向下我国现代税收体系建设的框架思路 …… 233

 第一节 新时代我国现代税收体系建设面临的新形势 ……… 233
 第二节 我国现代税收体系的目标定位：建立新时代现代
    税收制度 ………………………………………… 235
 第三节 减税降费导向下我国现代税收体系建设的
    框架思路 ………………………………………… 236

第十章 减税降费导向下我国现代税收体系建设的具体路径 …… 245

 第一节 深度优化税制与税制体系 ………………………… 245
 第二节 建立现代税收征管体制 …………………………… 251
 第三节 完善国际税收竞争与协调体系 …………………… 255
 第四节 健全税收法律保障体系 …………………………… 258

参考文献 ………………………………………………………… 263

导　论

一　选题背景与研究价值

（一）选题背景

税收作为联结国家与纳税人之间关系的基本通道，是现代国家治理不可或缺的重要议题。自党的十八大以来，建立现代税收制度，形成公平合理、协调联动、运行高效的现代税收治理体系成为我国中长期税制改革的基本方向。党的十八届三中全会提出，要在稳定税负基础上，推动现代税收建设。党的十九届五中全会明确提出，要完善现代税收制度，健全地方税、直接税体系，优化税制结构，适当提高直接税比重，深化税收征管制度改革。其中，税负问题作为现代税收治理的核心，长期受到我国各界广泛关注。但囿于分析视角、判断口径、评判标准和数据来源的不一，各界对我国税负问题的认知远未达成共识，并在相当程度上构成我国现代税收体系建设的一大困扰。其中，尤以2016年关于"死亡税率"的大讨论最引人瞩目。[①] 从历史脉络看，我国历次税制改革均以基本保持原税负水平不变为指导原则，但在高投资主导的经济结构、间接税主导的税制结构的运行体系下，投资增长率高于GDP增长率，税收增长率又高于投资增长率，从而导致税收长期超经济增长，宏观税负水平不断攀升，税收体系对经济变化的弹性不足。这在经济上行周期尚可，但当经济驶入下行通道时，在税基收缩的状况下，以间接税主导的税收收入的刚性增长，

[①] "死亡税率"首先由李炜光教授提出，随后"玻璃大王"曹德旺"中国税收全球最高"的观点一石激起千层浪，进而引发各界对中国企业税负问题的广泛讨论和关注。多数专家认为，应理性看待企业税负之争，既不能"妖魔化"税收，更不能漠视争议背后的企业综合运行成本过重隐忧。

将使得纳税人的税痛倍感沉重。尤其是在我国，企业而非自然人是主体纳税人，在总体经济下行压力下，企业税费成本的加压，对经济活力的回归无异于"雪上加霜"。从此角度而言，稳定税负对政府总体规模扩张的稳定和控制，意味着对企业税与间接税的降减，而作为对企业税负"做减法"的补平，其另一面应是对直接税和自然人税的"做加法"，此应为稳定税负下税负结构调整的基本意涵，也构成减税降费政策操作脉络的结构性遵循。

从国际视角看，自2008年国际金融危机全面爆发以来，包括我国在内的各国经济体纷纷在其现行经济与税收体系框架下，推行了一系列"结构性减税"措施，以期对经济复苏有所助力。但时至今日，世界经济增长仍然乏力，各种风险与不确定性仍在加大，国际贸易保护主义抬头，各国重兴"实业强国"战略，以我国为代表的发展中经济体在需求侧，遭遇生产经营成本刚性上扬与需求萎缩的对向挤压，在供给侧，则遭遇"高端制造业回流"与"中低端制造业转移"的国际双向分流，由此也使国际经济发展与竞争的形势错综复杂。尤其是以美国为首的发达经济体，自总统特朗普就职以来，大力推行"制造业回流"，吸引全球资本流入，大幅度推行减税政策，包括大力度降低企业所得税税率和跨国公司利润回流税率水平，缩减税率级次，降低个人所得税税率等，旨在为经济振兴与新一轮创新革命塑造良好的经济与政策环境。在全球经济一体化加深的背景下，除企业本身的综合竞争力提升外，包括以减税为基本导向的经济政策竞争，也成为国际经济竞争的重要内容。就我国而言，自2016年5月起在全国范围内全面推行的"营改增"税制改革，具有积极的结构性减税效应，对于消除重复课税、规范统一税制、促进产业结构及税制结构优化，具有积极而重要的作用，但在提升税收政策的国际竞争力方面，我国对税负结构的调整及优化力度仍显不足。

实际上，自2008年国际金融危机爆发以来，我国先后于2008年"实行结构性减税"、2015年"实行减税政策"、2016年"在减税、降费、降低要素成本上加大工作力度"、2019年"实施更大规模减税降费"，且随着以美国为代表的新一轮国际减税潮的兴起与扩散，减税降费已然成为我国政府对市场和纳税人的一种明确持续的政策宣示。虽然从形式上看，稳定税负意味着宏观税负水平的总体稳定；但就实质而言，随着经济与税收治理由总量扩张模式向结构调整模式的深度转变，稳定税负是在约束政府支出规模的前提下，通过对税收负担进行"有保有压"、有增有减的优化调整，来推进国家治理体系和治理能力现代化的基础性、支柱性制度改革与创新。进一步看，鉴于宏观税负水平的持续高位运行态势，总量税负的稳定具有宏观减负的意蕴及减量的导向性。而税负结构作为税制体系的核心与税收布局的重心，在减税降费导向下，全面深化税制改革意味着应充分研析我国税负结构的实际状况及形成机理，深入探究应该减什么税、增什么税、减哪里的税、增哪里的税、对谁减税、对谁增税、减多少税、增多少税、如何减税、如何增税，以形塑结构优化、负担公平、可持续发展的现代税收体系，并有效提升税收现代治理能力。

（二）本书的理论与应用价值

1. 学术价值

税负问题作为现代税收建设的核心，既是实证性问题，又是规范性问题。本书立足现代税收建设的目标导向，从"税收是公共品供给价格"的基本前提出发，对决定宏观税负的形成机理进行多元剖析，确立研判我国宏观税负水平的规范性标准，在此基础上，以结构性思维对总量税负稳定下的税负结构进行全面分析，以期为我国税负结构的研究建立一个相对完整的分析框架，为现代税收体系的建设廓清理论路径。

2. 应用价值

当前，由于对宏观税负的判定标准不一，对税负结构的研究也呈现出碎片化的格局，导致税制改革的实施方案大多"单兵突进"，改革的系统性不足，且更多关注税制优化的单向路径，对税收优惠调控与信息治理的多元路径认知不足，其结果是，一方面，规范化的税制改革频仍；另一方面，繁杂、不规范的税收优惠又对标准化税制"补丁之上打补丁"，不仅使得税基受到侵蚀，更使得税收优惠对税负优化的功能未得到应有的重视与发挥。同时，由于涉税信息治理能力薄弱,难以实现对信息的综合归户治理,使得税负集中于课税资料易于控管的"弱势"纳税人之上(典型如对工薪阶层征收的所得税),导致税负不公与结构失衡,并进一步诱发税收不遵从。本书将在对我国宏观税负与税负结构进行全面、深入分析的基础上,进一步完善对税制优化路径的税负结构优化研究,强化对以税收优惠为主的宏观调控路径与信息归户路径的研究,有助于增强税负结构的公平性和税收治理的有效性,有助于实现政策操作方案的有的放矢和操作路径的有章可循,从而力求为现代税收体系的建设提供可参考的实践思路。

二 国内外文献综述

近年来,围绕减税降费与现代税制体系建设问题,国内外学者进行了较为广泛、深入的研究。

1. 对减税降费政策的研究

近年来,我国学者对减税降费的目标(陈小亮,2018;庞凤喜、牛力,2019)、性质(高培勇,2018;刘尚希,2019)、成效(杨灿明,2017;闫坤、于树一,2018)、影响(袁红英,2018;郭庆旺,2019)、制约因素与对策(庞凤喜、张念明,2017;何代欣、张枫炎,2019)等进行了较为广泛的研究。但从操作层面结合现代税收体系建设,廓清连续性减税降费政策的发展脉络与内在理路,明确新一轮更大规模减税降费的操作范式、传导机制与实施路径的文献较少。

2. 对我国宏观税负水平的判断

我国学者一般将宏观税负的统计口径分为三种类型,即小口径、中口径和大口径。其中:小口径宏观税负以预算内税收收入占GDP的比重衡量,中口径宏观税负以预算内财政收入占GDP的比重衡量,大口径宏观税负以全部政府收入占GDP的比重衡量。学术界对我国宏观税负水平高低的争议较大,有两种基本观点:

一是认为我国的宏观税负水平偏高。樊丽明、李文(1999),安体富、岳树民(1999),马海涛、李开(2011)等认为,我国的小口径宏观税负偏低,大口径宏观税负偏高。高培勇(2014)等指出,由于征税权和征费权的分散性,我国的总体税费负担偏重。杨卫华(2012)指出,按照IMF的统计口径,我国的宏观税负较重。多位学者的实证研究也得出了类似的结论,如薛钢(2011)、陈旭东(2012)、李文(2013)、董根泰(2014)、Cai(2011)、Wang and Xing(2012)等。

二是认为我国的宏观税负水平适度。马国强(2011)认为,当前我国宏观税负水平的持续提高,符合宏观税负变化的基本规律,从中长期看,宏观税负的变化应与税制结构的调整相结合。王雍君(2013)指出,宏观税负的合理区间是健全财政过程的结果而非经济分析法的产物。肖捷(2010)通过批驳我国税负痛苦指数世界排名第二的说法,指出比较宏观税负不能脱离不同国家所处的发展阶段和政府职能范围。林颖(2009)、李永刚(2013)等认为,我国宏观税负水平虽然增速较快,但与大部分发展中国家和发达国家相比并不高。罗美娟、黄丽君(2014)指出,我国地下经济规模的变化与宏观税负的高低存在正向关系,稳定的税收政策有助于遏制地下经济的发展。

从已有文献看,宏观税负水平的高低既是一个实证性问题,也是一个规范性问题。宏观税负的现实水平如何,是一个实证性问题,统计口径差异所导致的结果悬殊别异,再加上许多政府收入项目的统计数据缺失,使得准确衡量我国的宏观税负水平变得更为困难。而宏观税负水平是否适度,是一个规范性问题,必须结合现实国情进行综合判断。

3. 对我国税负结构的研究

税负结构,指的是不同经济主体所承担税负水平的差异,主要涉及微观税负结构和中观税负结构,包括居民个人税负结构、企业税负结构和产业税负结构三个方面。当前研究的重点主要是对不同经济主体所承担的实际税负水平及税收效应进行实证分析。

(1)居民个人税负结构

在居民个人税负结构方面,研究视角主要有居民个人税负的现状、福利效应、农村居民税负等。欧阳华生等(2011)认为,我国个人所得税微观税负总体呈累进分布,此与累退性的观点相左(庞凤喜,2014)。聂海峰、刘怡(2010)对我国城镇居民的间接税负担进行了实证分析,研究表明,以年度收入测度的间接税具有累退性,以终身收入测度的间接税其累退性有所降低。Piketty 和 Qian（2009）比较发现，我国个人所得税的成长性（缴税人口比例及其占 GDP 的比重）远高于印度。平新乔、梁爽等（2009）认为，由于重复课税，营业税对各收入阶层带来的福利损失（尤其是价格效应）要高于增值税。Caminada 和 Goudswaard（2011）研究表明，在综合税制下，较高的税率扁平度对总体税负水平的影响较小，个人所得税的累进性主要由费用扣除额决定。在农村居民税负方面，黄维健、王惠平（2010）等认为，农业税取消后，我国农村居民的税收负担大幅减轻，但秦海林（2011）通过测算认为，在工农业产品价格的"剪刀差"格局下，间接税、农业税取消，也并未减轻农村居民的实际税负。

（2）企业税负结构

在企业税负结构方面，研究视角主要有企业税负的现状、影响因素、税负转嫁等。欧阳华生、余宇新（2011）研究发现，受以流转税为主的税制影响，我国企业利润的税收负担率高于国民收入相当的样本国家。王进猛、沈志渔（2011）以苏州地区企业为样本，指出独资企业的平均所得税税负要比合资企业低 2%。吴联生（2009）、Wu、Wang 和 Luo（2012）等研究表明，公司国有股权比例越高，实际税率越高；非税收优惠公司的国有股权正向税负效应显著高于税收优惠公司。武靖国（2011）认为，受利润率低和隐性成本负重的影响，我国民营企业的实际税费负担率要高于国有企业。宋春平（2011）通过一般均衡分析认为，我国资本要素承担的企业所得税负担为 76.94%，劳动要素则承担了 23.06%。Wu 和 Wang（2007）指出，在禁止地方政府对企业实施税收返还的条件下，企业主要通过在境外避税地注册公司来逃避增加的税收；Wu 和 Yue（2009）、Shen（2011）等的研究也表明，我国上市公司的资本结构会随着企业所得税的税负变化而做出动态调整。

（3）产业税负结构

在产业税负结构方面，研究视角主要有产业税负的现状、影响因素等。白景明（2011）、吕冰洋（2014）等认为，我国服务业税负偏重；李波（2010）则指出，我国第二产业税负最重，不仅高于第三产业，也明显高于第一产业。席卫群（2005）通过一般均衡模型表明，我国建筑业资本的税负最高，其次分别是制造业、电力煤气及水的生产和供应业、批发和零售贸易业、餐饮业、采掘业。刘德英（2008）、程瑶（2010）等以实际数据表明，我国房地产业的税费负担逐年呈上升趋势。张伦俊、李淑萍（2012）对我国39个行业的增值税和主营业务税金进行分析，认为烟草制品业、煤炭开采和洗选业、石油和天然气开采业、黑色金属矿采选业等行业的税收负担相对较重。樊勇（2012）、王乔、伍红（2013）等认为，消费型增值税改革与"营改增"改革，总体上具有减轻企业税负、优化产业税负布局的效果。

国内外学者对我国税负结构进行了多方面探讨，从总体上看，我国居民个人、企业和行业的税负结构并不平衡，这为是否应对我国的税负布局进行结构性调整提供了依据，并对我国如何进行税负的结构性调整指明了方向。但是，由于微观和中观层面税负结构涉及的内容非常广泛，相关研究的碎片化倾向也较为严重，未能形成一个完整的研究框架，并存在部分观点与结论相左的情况。

4. 税制结构及税制体系优化路径的研究

税制结构，是指在一国税收体系中，主辅税种在数量上的比例结构和在功能质量上的组合结构。作为一国税收制度的核心，税制结构一方面为税负结构的优化确立了基本税制框架，另一方面各项税制改革及税种关系的重塑，又为税负结构的优化提供了实际的操作抓手。

马国强（2015）认为，税制结构包含税种组合方式与税种相对地位两项内容，直接税与间接税的类型划分无法涵盖全部税种。樊丽明、李昕凝（2015）指出，发展中国家税制结构的变化，主要源于税制改革的推行和征管条件的完善。我国学者一般认为，当前我国税制结构优化应因循降低间接税比重、提高直接税比重的方向进行。其中，税负调减的税种主要是增值税，包括降低增值税税负（蔡昌，2010；马海涛，2013），实施"营改增"（胡怡建，2011；刘蓉，2013）；税负结构性调整的税种，包括加大综合计征分量，实施综合与分类征收的个人所得税（汤贡亮等，2007；于海峰等，2013；高培勇等，2017），全面清理、规范税收优惠及重视税收努力程度的企业所得税

（王海勇，2009；杨得前，2014），调整征收范围，合理设置税率与课税环节的消费税（刘植才、黄凤羽，2008；李晶，2014）；税负调增的税种有资源环境税（吴俊培，2011）、房地产税（倪红日，2013）、遗产税（黄朝晓，2013）与社会保障税（庞凤喜等，2014）。部分学者（胡怡建，2017等）指出，税制改革应考量国际税收竞争的影响，典型如特朗普减税。

对税负结构优化路径的研究，我国学者多结合新一轮税制改革，从税制优化的角度进行阐释，这对廓清我国税负结构优化的基本脉络深有裨益。但税收优惠作为非标准化税制的典型构成，其通过增减受惠主体的税负水平来调控其行为，也是影响税负结构布局的重要因素，但当前对其作为税负结构优化重要抓手的研究并不充分，只是在论述部分税制改革时有所提及，有待深入挖掘和独立研究。

5. 国外税负结构优化的理论与实践

国外理论与实践主要体现在最优税制、税负结构优化及效应等方面。Ramsey（1927），Corlett 和 Hague（1953）证成最优商品税的反弹性理论。此后，商品税被认为难以兼顾效率与公平（Feldstein，1972；Atkinson and Stieglitz，1976；Mirrlees，1976）。在直接税方面，Stern（1976）提出统一边际税率的线性所得税模型；在 Tiebout（1956）"用脚投票"理论的基础上，最优财产税模型得以确立（Hamilton，1976；Fischel，1992）。在税负结构优化的实践上，自2008年国际金融危机爆发以来，发达经济体的税负调整总体呈现出降低直接税比重、提高间接税比重的基本趋势，主要表现为降低公司所得税税率与中低收入者的个人所得税和社会保障税税负，调增消费税、增值税、环境税、碳税等税种的税率。在税负调整效应方面，Cloyne（2011）认为，对构成GDP的税收每削减1%，可使得1%中的0.6%对GDP产生刺激作用。Parsons（2008）指出，使用者资本成本中的税收成本每减少10%，可推动3%—7%的资本投资。

总体而言，国外税负结构优化的理论与实践为我国提供了有益的借鉴与启示。但其理论研究在基本思想、分析方法、主要结论等方面并无定论，且税负结构优化的实践呈现出浓厚的本土性，在汲取经验时不能采取简单的"拿来主义",应有效区分国际税收发展的一般化经验与本土特殊性。

三 研究对象与研究内容

(一) 研究对象

本书以"减税降费导向下我国现代税收体系建设"为研究对象。从实质角度看,税负结构是现代税收制度的核心,所有的税制改革均涉及微观税负的增减变化以及税负布局的重组。但在现代税制建设目标定位下,对减税降费导向下税负结构优化的研究,首先涉及对宏观税负水平的研判,需要明晰总量税负水平的实际状况,明确宏观税负的稳定或降低是何种口径的宏观税负,以在逻辑上确立税收体系分析的总量性前提。进而,以税负结构为剖析对象,探明我国税负布局存在的深层结构性问题与矛盾,明确税负结构调整的施力方向、着力点与操作路径,以形塑负担公平、结构合理的现代税收体系。

(二) 本书的总体框架

现代税收体系的理论界定(第一章)。在界定现代性、现代税收体系等概念基础上,明确现代税收体系的系统性、公平性、动态性、生态性、开放性等特征,进而,明确现代税收体系的四大观测维度,并明确现代税收体系的功能与作用,以及评判标准与指标体系。

我国现代税收体系建设的宏观税负研判(第二章)。本部分从"税收是公共品供给的价格"的角度,对小、中、大口径的宏观税负水平进行研判,进而分析得出应该稳定的是何种宏观税负。在明确总量税负水平的基础上,对当前我国税负优化的目标导向、实质诉求、与前期税收政策的基本关系等进行分析。

我国现代税收体系建设的税负结构布局(第三章)。本部分拟对我国的行业税负结构、区域税负结构、企业与自然人税负结构、企业税负结构、自然人税负结构的实际状况进行分析,明确我国税负结构的基本布局,并从经济基础、税收政策、征管能力、体制约束、路径依赖等方面,对我国税负结构的形成机理进行分析。

现代税收框架下我国减税降费的总体状况(第四章)。在明晰税负结构实际状况的基础上,分析当前我国税负布局存在的结构性问题，指出减税降费是我国现代税收体系建设的基本导向，进而明确我国税负结构优化的目标、原则与标准体系，探明应该减哪里的税，增哪里的税，减谁的税，增谁的税，减多少税，增多少税，并在分析国际税收发展的一般规律与本土特殊性的基础上，充分汲取发达经济体与转型经济体税负结构优化的一般经验，厘清可采取的操作范式，并将操作范式分为税制优化、宏观调控与信息归户三种类型。

我国减税降费与现代税收体系建设的实证分析（第五、六、七章）。根据减税降费的三类操作范式，结合我国税收负担的实际状况，在明确目标定位的基础上，系统研究我国现代税收建设的可行操作路径。一是税制优化路径的税负结构优化。在已有研究的基础上，进一步完善对税制优化的研究，分析税负调减的税制优化、税负调增的税制优化以及税负有减有增的税制优化。二是宏观调控路径的税负结构优化。重点研究以税收优惠为主要抓手的税负优化，着重分析税收优惠在各产业行业之间、企业之间、自然人之间、区域之间的布局优化，清理过时的税收优惠，强化实效性强的税收优惠，增强税收优惠公平税负和调控经济的有效性。三是信息归户路径的税负结构优化。重点研究涉税信息治理能力对税负结构优化的作用机制，如何实现对涉税信息的充分获取、综合归户、共通共享与有效利用，其切入点与突破口是什么，现实路径如何等。

减税降费导向下我国现代税收体系建设的框架思路与具体路径（第八、九、十章）。在借鉴国际一般经验的基础上，基于系统工程定位，从价值理念、制度体系、征管体制与协同配套改革的整体联动链条，探明我国以减税降费为导向的现代税收体系建设路径。

四 研究思路与研究方法

（一）本书的基本思路

本书在明确现代税收体系建设的理论框架基础上，通过对宏观税负的研判明确"稳定税负"的实质内涵，进而在总量税负稳定的基础上，将研究重心转向对税负结构的分析，在明晰我国税负结构实际状况的基础上，明确税负结构优化的施力方向和着力点，在此基础上，进一步分析优化我国税负结构的操作路径，并综合权衡利弊，力求提出一套体系完整、协同有序、策略合理、操作可行的税收建设实施方案。本书的基本思路如图 0-1 所示。

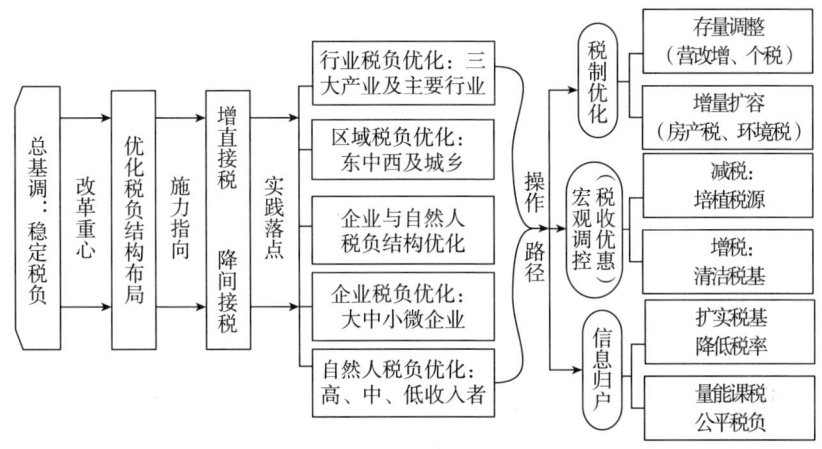

图 0-1 本书的基本思路

（二）本书的具体方法

1. 规范分析方法

本书运用财政学、制度经济学、福利经济学、管理学的研究范式，建立现代税收体系、宏观税负与税负结构分析的理论模型。运用"税收是公共品价格"的契约论方法等分析我国宏观税负的决定及其状况，运用制度成本收益方法等分析我国税负结构的现状、效应及调整方向，运用公共选择方法、比较分析方法分析"规则间选择"的税制优化路径和"规则内选择"的税收优惠调控路径，运用制度经济学和管理学方法分析信息归户路径。

2. 实证分析方法

本书运用指标分析、统计测算、计量模型分析等方法评估、预测我国税负结构的布局、变动与效应。运用税负集中度、税负变动度、基尼系数等指标体系，来测度我国税负结构的布局、变动及公平度；运用实证模型方法评估分析我国税负分配政策的优化。囿于计量模型对前提条件的严格限定，本书强调实地调研与访谈作为获取"第一手"资料的重要方法,并以此作为计量测算的补充。本书拟在观点论证时辅以充分的调研数据与统计数据,特别强调典型案例剖析。重点设计"基于公共品价格的税负水平国际比较""'营改增'对税负变动的影响分析""税收优惠的产业、产权与区域效应评估""高收入自然人税负结构分析"等典型案例,以期对税负结构的实际状况进行更"接地气"的分析。

五　可能的创新

本书可能的创新有:

第一,通过在逻辑上连接宏观税负、税负结构与减税降费,力图为现代税收体系的研究确立一个逻辑完整的分析框架。

第二,在计量分析的基础上,本书重点进行实地调研和案例剖析,在论证主要观点和理论阐述中剖析多个典型案例,提供本书的直接数据,确保研究内容具有较强的现实性、针对性和前瞻性。

第三,在政策方案上,在原有税制优化路径的基础上,引入税收优惠调控路径和信息归户路径,力求做到政策操作路径的有章可循,以期拓宽决策者的选择视域,确保政策方案具有较强的可操作性和参考价值。

第一章　现代税收体系的理论界定

作为国家治理体系的重要组成部分，现代税收体系对于形塑国家与纳税人关系、建立现代化经济体系、推动国家治理现代化具有重要的作用。在当前复合现代性背景下，现代税收体系具有特定的内涵，呈现出动态、开放、多元化的发展特征，并承载着规范开源、精准调控、公正分配与生态保护的多元复合任务。

第一节　现代税收体系的概念厘定及特征

经典意义的现代化是人类社会从传统农业社会向现代工业社会转变的历史进程，现代性作为现代化的本质表达，体现出现代化所蕴含的道德价值。现代税收体系是税收现代化进程的目标导向，构建规范透明、负担合理、高效运转、动态开放的复合性税收规则体系与税收治理框架，是现代税收体系建设的基本任务。

一　现代化与现代性

（一）"现代化"及其历史表达

从人类发展的大历史角度看，作为与"传统"相对应的概念，经典意义上的"现代化"是指人类社会由传统农业社会向现代工业社会变迁的历史进程。从世界历史看，现代化呈现为发轫于英国、向欧美扩展，进而不断向其他国家和地区扩散的"从中心到外缘"的世界进程图景。从原动力看，现代化可分为自生自发的内源型现代化与外部压力冲击的诱致型现代化两种基本类型，其中，英国现代化为典型的内生型，中国的现代化为典型的外部诱致型。

作为原初现代化的鼻祖，英国是人类社会工业化、城市化、市场化、法治化的肇端国与策源地。在人类社会长期的农业生产力形态下，经济增长与文化积累极其缓慢，自给自足的农业经济难以破除经济短缺的瓶颈，文化的封闭性使得要素流动性受到限制，而且传统农业社会的慢行状态导致创新等异质要素难以突破既定的社会基本结构，即便是出现王权更迭或朝代流转也仅是"规则内选择"的断点或微变，难以推动整体社会经济体系的结构性变迁。从15世纪后期至18世纪中期，西欧社会的各种突变性因素交叠，如王权制约神权、中央集权、重商主义、文艺复兴、启蒙运动、宗教改革、科学革命等，孕育了早期商业化、城市化、工业化和世俗化的基本因素，为西欧社会基本结构的突破性巨变奠定了有利条件。在渐进积累的自发秩序下，英国依托其独特的综合优势，如王权受"大宪章"限制、生产要素市场化程度高、清教精神、科技革命领先、煤铁资源丰富、独立岛居等利好条件，率先走上现代化道路，在工业生产力主导下实现了社会基本结构由农业社会向工业社会转换的历史性巨变，并开启了从圆心向外围不断扩散的三次世界现代化浪潮。第一次世界现代化浪潮由第一次工业革命推动，从18世纪后期到19世纪中叶，呈现为由英国中心向西欧各国扩散的工业化进程；第二次现代化大浪潮从19世纪下半叶到20世纪初，表现为现代化大潮跃出欧洲地域、由欧洲新兴工业国向其他异质文化地域扩散的历史进程，在此期间，美国一跃成为世界上最年轻的现代工业国，多中心的资本主义世界经济体系形成；第三次现代化大浪潮始于20世纪下半叶，主要表现为获得民族解放和独立的亚非拉国家地区的"强制"工业化进程，为实现"迟到的现代化"，后发国家大都彰显其国家自主性，以政治变革主导或引导经济变革，举全国之力强制推行工业化，力求实现现代化赶超。中国的现代化进程即处于第三次世界现代化大潮之中。

需要指出的是，虽然工业化是现代化进程的重要进路，且工业化更多地体现在经济范畴，但从系统论角度看，现代化是特定时期整体社会全域联动的系统进程，是经济、政治、文化、社会、生态等各领域协同联动的总体过程，差异在于各类现代性要素的组合方式与主辅结构的不同。如内生型现代化凸显自发秩序生长，经济因素逐渐从政治因素中突出出来，并逐渐上升为主导性因素，思想文化因素起到重要的支撑保障作用；而外部诱致型现代化则具有强烈的目标导向，并呈现出鲜明的赶超模式，在实现路径上表现为政治因素对经济因素的主导或引导作用，思想文化层面则面临着传统与现代的冲突性张力。而且，从当今现代化的变迁路径看，工业化仅是现代化的第一阶段，随着基本经济结构的优化升级，经济体系呈现出服务业化趋向，工业化也由初级工业化向高级工业化升档。因此，以系统论和动态论来观测现代化，更具合意性。

（二）作为"现代化"本质呈现的"现代性"及其范式

1. 现代性：现代化的本质表达

作为现代化的理论表达与本质呈现，现代性是世界各国现代化进程共同秉性与本土特性的有机统合。总体来看，一国现代性的生成发展是其独特的历史延续性、现实规定性与未来开拓性的交融互构。从各国现代性的共同禀赋看，现代性的基本内核主要表现为两大层面，分别是理性化体系的全面确立与人的全面解放。作为与传统性相对应的范畴，现代性首先意味着理性以及理性化体系的确立。在农业大生产力形态下，无论是神权社会还是王权社会，以神秘性为特征的各种"附魅"是农业社会的基本特征，君权神授等各类合法性外衣成为社会治理的依仗。在工业大生产力形态下，以人为主体的理性完成了对各类传统性的"祛魅"，人权得以确立，上帝之城、君王之城降落至人间之城、人民之城，与之相伴随的是，市场经济、工业体系、民主法治、多元文化、开放社会、生态文明等理性化体系的全面确立，以及以个体的人为实体单元的主体价值的全面确立与表达。

2. 现代性的理论范式

从范式层面看，现代性有一元现代性、多元现代性与复合现代性的理论界分。

（1）一元现代性

一元现代性主张，现代化是人类社会由农业生产力向工业生产力转变的不可逆转的世界性进程。基于对现代化实现方式和路径的差异性,一元现代性又分为一元单线论与一元多线论。一元单线论认为,现代化是发轫于英国、以欧洲为中心并不断向外缘国家和地区复制扩散的单向度进程,现代化意味着"欧化"和"西化",其他国家和地区要想成功实现现代化,必须效仿西方模式,在政治经济体制、社会文化、发展模式等方面向西方复制模仿,否则,将难以成功。一元多线论则认为,现代化虽然是人类社会从传统农业社会向现代工业社会的必然转向过程,但由于各国传统和历史等因素的特殊性,现代化的实现方式是多元的,应该尊重各国实现现代化的本土意愿,并提升各国在现代化急剧变革中的自主选择能力,承认现代化实现路径的多元化。

(2) 多元现代性

多元现代性立足世界多文明中心论,认为现代化是多种样式、多元形态、往往具有张力关系的现代性持续构建、重构与不断发展的动态进程。该范式认为,世界文明中心不限于欧美,在亚非拉和阿拉伯地区存在多中心轴心文明,现代化不是简单的西方模式的扩散推展,现代化是对各轴心文明的体系化重塑,欧洲轴心文明的成功现代化是人类现代化进程中的示范,但并不是唯一的,其他各轴心文明立足自身文明的异质性禀赋,可构建起与其自身相适配的独特现代性,多元文明图景的现代化进程必然形成多元现代性,各现代性往往处于相互碰撞、交融、建构、重构、互构的动态进程之中,并不存在具有普适性的一元现代性,推动现代性共同禀赋与本土特质的融合生长是各轴心文明现代化建设的核心任务。

(3) 复合现代性

复合现代性认为,现代化是特定场景下源于不同时空的现代性要素在多种维度上的有机组合与交融互构。复合现代性汲取了一元多线论和多元现代性的合理成分,以经济社会变迁的复杂性和交错性为认识论基础,认为当今现代化是各类现代性要素在共同时空下的复合交叠。它既认为现代化是大工业生产力主导的结果,又看到后工业化时代经济体系的服务业化,既承认西方现代化的示范意义与原创首发性,又认为立足本土资源的自主选择具有重要意义,既认为传统具有对现代化的被动性甚或阻碍性，又认为传统自身具有能动性以及可转化改造性，既认为社会文化价值具有多元性，又主张社会核心价值的统一引领性。

3. 中国现代化范式：复合现代性

中国的现代化属于外部诱致型，经历了艰难曲折的求索过程，并在当代呈现出典型的复合现代性特征。自1840年鸦片战争以来，中国被动卷入了"救亡图存"的现代化进程，分别经历了传统儒学框架下"师夷长技以制夷"的图强阶段，"西化"框架下以西方文明为模本、否定传统体系的求强探索阶段，及至1949年中华人民共和国成立，中国现代化进入了国家自主框架下的"富强"阶段。新中国的现代化建设面临着相互交织的两大难题，一是规模治理难题，即在一个发展严重不平衡的多民族的超大人口规模国家，如何实现有效有序治理；二是工业现代化难题，即在一个生产力发展水平极其落后、连年遭受战争重创的传统农业国，如何快速赶超实现工业化。中华人民共和国成立初期，确立起高度集中的计划型经济社会体系，以"二元化"城乡为代价初步实现了工业化，但仍未能有效解决规模治理与经济短缺难题。自1978年改革开放以来，我国逐步确立起市场适应型经济社会体系，经济财富总量规模获得超速增长，到20世纪中后期破除了短缺经济瓶颈。当前，中国特色社会主义进入新时代，社会主要矛盾转化为人民日益增长的美好生活需要与发展不平衡不充分之间的矛盾，中国的现代化建设已经从"站起来""富起来"进入"强起来"的新阶段，并面临着"时空压缩"背景下的多元复合任务。既面临着高质量发展的任务，又面临着优化经济结构、提升治理效能的任务；既面临着限制公共权力、激发市场活力的形式法治任务，又面临着授任公共权力、保障民权民生的实质法治任务；既需要打造"同等条件同等对待"的形式公平营商环境，又需要塑造"不同情况不同对待"的实质公平格局。总之，发达国家历经百年分阶段渐进完成的现代化任务，在当代中国压缩至一个时空同步进行，历时性的任务分解转变为共时性的复合共担。

二 税收现代性与税收现代化

(一) 税收现代性

税收，作为现代国家的基本标志，是一国政府供给公共产品的对待给付，现代税收不仅仅是经济范畴的构成，还是涉及经济、政治、文化、社会、生态的全域范畴概念。从根本上看，作为国家治理的基础和重要支柱，现代税收是建立现代化经济体系、推进国家治理体系和治理能力现代化不可或缺的重要一环。税收现代性体现着现代税收的道德面相，是各类现代性要素在税收领域的有机组合与互融互构。与现代性范式相对应，理论上，税收现代性也可划分为税收一元现代性、税收多元现代性和税收复合现代性。

税收一元现代性意味着，现代税收具有普适性，现代税收的确立过程也具有必然性和可复制性，如综合累进征收的个人所得税具有筹措财政收入与调控收入分配的良好功能，具有可复制性，可作为现代税收的典型代表。税收多元现代性则表明，在多轴心文明时代，各国现代化建设的历史基础、现实条件与未来目标不尽相同，各国确立的税收体系应具有多元性，税收对本土文明的体系化重构必然形成多元化的税收格局，各国现代税收体系的建设往往在相互竞争中交融确立。税收复合现代性是指，在"时空压缩"的叠合场景中，各类现代性要素在税收各维度上的有机组合与互构互融，如各类现代性要素在宏观税系、中观税种、微观税制构成等各层面的组合互构，以及税收多元价值、税收制度与税收征管能力的系统联动等。

(二) 税收现代化

现代税收作为国家与纳税人之间、公共部门与私人部门之间的联结点，国家整体运转的支撑点，现代经济体系的调控点，以及各种利益关系的交汇点，对于推动以高质量发展、高效能治理、高品质生活为核心的现代化进程具有极为重要的意义。从基本关系层面看，现代税收至少涉及七大关系，分别是政府与纳税人和市场之间的关系、中央政府与地方政府之间的关系、政府内部横向关系、市场内部关系、政府与社会关系、人与自然关系、国际关系。由于基本关系是社会基本结构的框架基石，推动国家治理现代化在某种意义上即是推动基本关系的现代化，从而，税收现代化的立足基础、施力方向与着力点也是推进上述基本关系治理的现代化。具体来看：

一是推进宏观税负治理的现代化。立足政府与纳税人之间、政府与市场关系，在打造亲清新型政商体系基础上，确立起公共部门向私人部门汲取财富的规范、透明、合理的现代规则体系，从而形成合理的宏观税负水平及国民财富分配格局，避免国民财富过度向政府倾斜产生挤出效应，或者财富汲取不足导致公共产品供给不到位。

二是推进税负结构治理的现代化。立足纳税人和市场内部关系，以打造活力迸发的高效市场体系为导向，按照税收公平、负担合理、精准高效原则，在宏观税负水平的总量约束下，形成合理优化、效率激励的税负结构体系，建立正向激励与负向约束相结合的结构合理的产业税负体系、企业税负体系与自然人税负体系。

三是推进财权与财力划分的现代化。立足中央政府与地方政府关系，以打造权责匹配的政府纵向治理体系为导向，按照事权与财权相对应、支出责任与财力相匹配的原则，推进税权划分的现代化，构建集中与放权相结合的税权划分体系，形成合理的中央与地方财力划分格局，避免因税收纵向治理不畅所导致的效率扭曲。

四是推进税收协同高效治理的现代化。立足政府内部横向关系，以打造通畅高效的政务治理体系为导向，按照整体联动、协同合力的原则，依托大数据、互联网、云计算等现代信息技术，推动税收一体化协同治理，实现法治规则下涉税信息的有效共享共用，形成以涉税信息流为决策与征管的现代税收治理。

五是推进税收对收入分配调控的现代化。立足政府与社会之间关系，以形塑"橄榄形"社会结构为导向，按照公平负担、量能课税原则，规范初次分配，充分发挥税收对二次分配的调控作用，构建所得税、房地产税、社会保障税、遗产赠与税等税种多体联动调控机制，有效发挥税收对三次分配的引导支持与激励作用。

六是推进绿色税收体系的现代化。立足人与自然之间关系，以打造绿水青山、美美与共的税收生态体系为导向，按照税收绿色化、绿色体系化原则，从税制设计方案、税种体系布局、税收实践支撑配套、绩效考核评估等全面贯彻实施绿色税收理念，建立起税负压力倒逼机制与正向激励优惠机制相结合的资源集约型和环境友好型现代税收体系。

七是推进税收国际竞争与协调的现代化。立足国际关系，以形成平等竞争、互惠互利、双向循环的国际开放合作体系为导向，按照国际竞争、互利协调与综合平衡原则，对影响资本、投资、人力资源、核心技术等高质量生产要素流动的税负水平与税负结构进行综合测算评估，以低负担水平与优良税收营商环境，将高质量生产要素资源集聚国内本土市场，并提升本国税收的国际竞争力与冲突协调能力。

三 现代税收体系的内涵与基本特征

根据上述对现代化、现代性、税收现代性与税收现代化的梳理和界定，可以发现，一方面，现代税收建设具有浓厚的道德面相，诸如人本、公平、效率、生态、法治等道德价值，共同构成现代税收的伦理支撑；另一方面，作为与传统税收相对应的概念，现代税收是工业社会的产物，并随着社会基本结构的变迁而不断发展修正，现代税收的基础不是传统农业社会，人头税等对人税不再合时宜，而立基于市场经济、工业社会、个体本位的所得税、流转税、财产税等成为现代税制体系的可选对象。进而，现代税收建设呈现出浓厚的体系化特征，不仅表现为各类税种布局的体系化，还表现为税收理念的体系化，以及税制设计与征管配套的体系化，而且现代税收建设的体系化具有多元化与动态化趋向，各经济体遵循现代税制建设的一般规律，但又具有浓厚的本土税收色彩，并随着经济社会发展不断调整、重构与交融。

因此，现代税收体系，是指在混合市场经济条件下，各国为实现税收筹措财政收入、调控经济社会运行、推动国家治理的整体功能，基于其特定的政治经济场景，依据人本、公正、效率、生态、法治等价值理念，通过将经济循环体的收入流量、支出流量与财产存量作为可选择的征税点，对所得税、流转税与财产税三大税类在量上比例关系与质上结合方式进行科学配置，形成合理的税负水平与税负结构，确立起的规范透明、负担合理、高效运转、动态开放的复合性税收规则体系与税收治理框架。

（一）系统性

现代税收体系具有鲜明的系统性特征。一方面，现代税收作为国家治理的基础和重要支柱，涉及的基本关系具有系统性。现代国家治理是一项系统性工程，涉及经济、政治、社会、文化、生态等方方面面，税收作为联结国家与纳税人的基本纽带，嵌入国家治理的各个层面，无论是公共部门与私人部门的宏观税负问题，还是私人部门内部的税负结构问题，抑或是中央与地方之间的财权与财力划分问题，都关乎税收建设，均是现代税收体系建设的内容；另一方面，现代税收体系的内在脉络具有系统性。从税制目标的确定，到税收设计理念的选择，从税收制度的具体布局，到税收征管配套能力的建设，均具有息息相关的链式特征。而且，在制度层面，主体税种的选择、辅助税种的确定、税种结构的构造具有系统性，从宏观税系结构到中观税种结构，再到微观税制要素结构，具有环环相扣的系统建设特征。同时，在实践层面，税收现代治理能力的培育发展具有系统性，从征管体系的确立，到涉税信息的共享共用，再到税收流失的治理，均需要系统性的解决方案。

（二）公平性

现代税收与每一位纳税人息息相关，税收公平是现代税收体系建设的基本目标和特征。但税收公平具有多元面相，且其实现也并非易事。每位纳税人的经济能力不同，其税收负担能力也不同，做到高收入者多缴税、低收入者少缴税、无收入者不缴税的量能课税是理想选择。但在市场经济条件下，纳税人的经济活动与课税选择具有流量税和存量税之分，流量税针对消费支出流与收入所得流，存量税主要针对财产和财富积累，消费支出流奉行市场经济的价格交换规则，一视同仁是市场价格机制的基本特质，税收对支出流量的课征只能做到同等价格同等对待的形式公平，对所得和财产则可以根据经济能力实现量能征收。量能课税的前提条件是能够将纳税人的所得和财产都能纳入控管范围，但实践中纳税人的收入和财富来源往往是多渠道的、多点分布的，由此使得高质高效的涉税信息管控能力是保障税收公平的关键支撑，无全面真实的信息控管，则无真正的税收公平。

（三）动态性

现代化本身是一个不断建构、重构与生成的动态进程，从传统农业社会进入现代工业社会后，工业化处于不断升级优化之中，产业体系也呈现出从工业化向服务业化转变的基本特征。总体来看，现代税收摒弃了传统农业社会以土地和人头等为课征对象的古老财产税体系，构建起由所得税、流转税与财产税等多税类组合的现代税收体系。但具体来看，现代税收处于不断调整优化与发展完善之中，如增值税作为现代工业社会的产物，最适于产业结构现代化的工业化阶段，当产业结构升级到服务业化阶段，增值税的进项抵扣机制即面临着无形资产抵扣的难题，并需根据产业结构优化及税负平衡的原则进行调整优化。发达国家进入上等收入国家行列，确立了个人所得税的主体税种地位，凸显了量能课税的现代税制要求，但过高的边际税率压抑了高收入阶层创业创新的积极性，诱致了效率损失，从而使调整边际税率、优化税率结构一直成为发达经济体在公平与效率之间权衡的动态选择。

（四）生态性

从世界历史看，发达国家早期的工业现代化走了一条先污染后治理的道路，在征服自然、改造自然的导向下，经济增长的背后是环境污染与生态破坏，低质量的发展并未将绿色理念纳入发展框架。在当代复合现代性背景下，生态优先与生态保护成为各国现代化进程的必修功课。从税收层面看，现代税收体系的一个鲜明特征即绿色税收，各国普遍实施对高能耗、高污染、资源型产品与劳务的征税，资源税、环境税、碳税、特别调节税等正日益成为现代税收体系不可或缺的重要组成部分，推行低碳税收与高质量发展，是各国现代税收建设的重要任务。

第二节 现代税收体系的观测维度

现代税收体系作为一套系统性的制度架构与运行体系，具有多维面孔。从理念层面看，现代税收体系体现现代道德价值；从制度层面看，现代税收体系是一整套涵摄广泛的制度体系与运行系统；从实践层面看，现代税收体系诉求现代治理能力的支撑与配套。从多维层面窥探现代税收体系的不同面相，有助于更全面地呈现现代税收体系的真正意蕴。

一 系统维度：价值、制度与执行力

从系统维度看，现代税收体系可厘分为层层展开的"三维结构"，即价值、制度与执行力。其中，"价值"体现现代税收体系的道德面相，"制度"体现现代税收体系的核心支柱，"执行力"体现现代税收体系的实践效果。从价值层面看，现代社会以人的理性和全面解放为立基点与落脚点，所有国家、所有领域的现代化进程均须贯彻这一现代文明的共同主线，虽然具体的表达样态与呈现形式不同，但人本、公正、自由、理性等现代价值均是各国现代化建设的基本遵循，也是现代税收体系建设的价值指引。从制度层面看，在确定了现代税收建设的价值体系后，如何结合本国经济政治语境进行税种选择与税制要素设计，是贯彻现代税收价值理念的关键。在现代混合市场经济条件下，依据本国的税收建设目标，立足经济税基的丰裕度与分布结构，如何布局优化所得税、流转税、财产税在量上的比例关系与质上的结合方式，以及进一步的税种协同与税制要素设计，是各国现代税收建设的轴心任务。从执行力层面看，良好的制度需要良好的执行，若制度无执行力，则形同虚设。但执行力的达成需要两个基本条件，一是执行主体的意愿与行动能力，税收执行力则体现为征纳双方的预期目标与行动选择，其中，合理的税负水平、低奉行成本、无选择性征收等是执行力实现的关键；二是执行配套制度的有效支撑，除税制本身是优良税制外，征信制度、现金管理、代扣代缴、信息协同、法

治等都是税收执行力达成的必需保障。

二 公平维度：横向公平与纵向公平

追求公平正义是所有社会的共同目标。但公平具有多元面孔，在不同时代具有不同的衡量标准，在不同领域具有多元化的价值意蕴，且在特定情形下某些公平要素呈现出相互冲突的紧张关系。从横向维度看，公平有形式公平与实质公平之分。形式公平是指一视同仁，同等条件同等对待，规则之下一律平等，不存在差别待遇。在自由市场经济时代，奉行人人自由的形式平等，与免于干预的"消极自由"同义，政府处于"守夜人"定位，不干预市场自治，在此维度下的税收，以不干预市场的税收中性为原则，税收体系构建以设置于经济流通环节的流转税为主体。实质公平是指差别对待，不同情况不同对待，对特定事项、特定主体等实行特殊规则待遇，以保障实质平等的实现。在垄断市场经济时期，形式上的人人平等被市场结构架空，消费者、劳动者、环境受损者、低收入者等大量弱势群体出现，政府介入市场限制强势资本者，保障弱势者平等权利，政府处于公益者、福利供给者、公共服务提供者定位，在此维度下，社会阶层结构出现分化，税收体系构建则以税收实质公平为原则，所得税与财产税等成为税收建设的主要对象。在当前复合现代性范式下，现代税收体系建设是形式公平与实质公平的有机统一与交融互构。

从纵向维度看，公平有起点公平、过程公平与结果公平之分。其中，起点公平是指纳税人起跑线上的公平与基础条件的公平，过程公平是指规则公平、机会均等与程序正义，结果公平是指竞争结果的社会可接受度。实践中，过程公平、规则公平、机会均等、程序正义往往成为社会关注的重点与制度建设的重心，起点公平与结果公平相对被弱化。实际上，起点公平具有重要意义，虽然受天赋、家庭、教育等主客观条件的影响，绝对的起点公平实难达成，但在基本人权范畴内的最低限度的起点公平则易实现，如为每位纳税人提供教育、健康、医疗等基本公共服务保障，以使其具有实质可行能力公平的参与市场竞争。同时，绝对的结果公平也难以实现，结果公平只能是相对的，以社会的认可度、满意度与可接受度为实际衡量标准。从税收层面看，现代税收体系建设应关注经济社会运行的整体链条，并与国家现代治理相融合，密切关注市场初次分配、财政二次分配、社会三次分配，并以税收的再分配功能促进结果公平，以财政的转移支付夯实起点公平，以税收中性捍卫过程公平，以实现社会经济体系的良性循环。

三　实体维度：总量税负与税负结构

税收与税负是一枚硬币的两面。从国家层面看，税收是公共部门从私人部门汲取的财富，是支撑现代国家运转的物质保障；从纳税人层面看，税负是私人部门向公共部门让渡财富必须承受的公共负担。税负，无论是名义税负，还是实际税负，都是纳税人的密切关注点。从现代税收构建的角度看，现代税收体系拟解决的核心问题即是税负问题，表现为总量与结构两个层面。总量税负，是指宏观税负水平的确定；税负结构，是指总量税负在结构上的分解与布局。一般而言，一国现代税收体系的构建，首先要确定宏观税负的水平区间，即根据特定时期一国经济社会发展的客观诉求，来确定公共支出的资金需求规模，进而确定财政规模，依据财政规模测定宏观税负水平的区间范围，再对宏观税负的来源进行结构性分解。在廓清税基结构与征管能力的基础上，先确立宏观税系结构的组成，即以直接税为主还是间接税为主，抑或是两者并重，然后，进一步分解中观税种结构的组合，直接税有哪些税种可选择、税种结构如何搭配，间接税的税种结构如何布局，各税种之间如何避免重复课税，并形成协同联动关系，进而，再对各税种的具体税制要素结构进行配置，并在课征依据、税率水平、征管方式等方面形成联动结构。当然，其中还涉及对各大经济税源、产业行业税负水平、区域分布、企业与自然人纳税人税负水平的评估测判。总之，税负维度是观测现代税收体系建设的实体维度与核心维度，也是评判税收体系优化调整的基本依据与操作抓手。

四　治理维度：信息、法治与税收现代化

税收作为国家治理的基础和重要支柱，对推动国家治理体系和治理能力现代化具有重要的作用。现代税收体系包括了国家与纳税人之间的宏观税负治理，纳税人之间的税负结构治理，中央与地方之间的

税收划分治理，政府各部门之间的税收协同治理，政府与社会之间的公正分配治理，人与自然之间的绿色税收治理，国际之间的开放竞争治理，因此，不应仅局限于经济范畴观测税收建设，应从国家治理的战略平台高度观测现代税收体系建设。其中，信息与法治是税收现代化治理的关键点和施力点。现代治理实质上是信息治理，信息是决策之源、执行之据、绩效之基，尤其对现代税收体系建设而言，涉税信息不仅是税收征管与稽查的现实依据，更重要的是，涉税信息是税收决策与税制设计的关键凭借，一国能有效控制的涉税信息流的多少，决定了有效税基的范围，从而决定着税负水平的高低。如果一国虽然税基广泛，但涉税信息控管能力薄弱，导致有效税基狭窄，则理论上可设定的较低税率水平只能上调，以保障所需的财政收入规模。从此意义看，一国涉税信息掌控能力的提升，有助于税基范围的扩大，从而进一步有助于税负水平的下调。同时，法治是现代税收治理的保障，税收的任务治理不仅会削弱税收制度的执行力，而且会诱致畸轻畸重的选择性执法行为，从而诱致税收不公与税收流失，而信息治理在相当程度上可形成对非法治治理模式的扭偏与矫正。因此，信息治理与法治治理的有效协同是现代税收建设的重要内容。

第三节　现代税收体系的功能作用

从现代化视角看，现代税收体系的作用不应局限于经济范畴，而应扩展至国家治理的战略层面，从规范开源、精准调控、公正分配、推进国家治理现代化的多元层面观测现代税收体系的功能作用。

一　规范开源，筹措财政收入保障现代国家运转

筹措财政收入是现代税收功能的第一要义。即便是在传统税收体系下，土地税、人头税、赋税等古老直接税的功能也是筹集政府收入，而且从某种意义上而言，财政收入压力是促使传统政府收入体系向现代政府收入体系转变的重要推力。在封建制度下，国王靠自有土地生活，但战争等因素诱发的财政压力，迫使其不得不通过借债、开

征新税等新渠道筹集财政收入，英国正是基于此确立了"大宪章"等系列文件对王权的限制，而且英国个人所得税的开征，也是出于弥补财政收入的需要。从现代税收体系看，其筹集财政收入的依据和渠道更加规范，"无代表不纳税"的税收法定原则得以确立，现代税收作为纳税人私人财产的公共让渡，必须经过民主法定程序由代议机构审核通过，并以法律明定的形式公开颁行，以人作为征税客体的人头税等退出历史舞台，且税收的设定必须考虑纳税主体的属人特性，如个人所得税必须考虑必要的基本人权支出，并力求做到量能课税。总体来看，现代国家大都为税收国家，税收收入构成国家财政收入的主要来源，即便是政府债务也是延迟的税收，并受到严格限制，现代税收已成为保障国家运转的基础性与支柱性力量。

二 精准调控，导向高质高效现代化经济体系

税收作为镶嵌于政府与市场之间的联结点，在从经济财富流中汲取财政收入的同时，对经济运行具有能动的反作用。现代经济发展奉行创新、协调、绿色、开放、共享的发展理念，以高质量发展为主题，强调创新驱动的引领性作用，注重绿色发展的生态保护，注重中小企业的培育壮大，而现代税收作为与经济循环体紧密联结的制度体系和政策工具，对调控经济高质量发展具有重要的引导、支撑与保障作用。现代税收体系通过其税种协同联动功能，可发挥对创新发展、绿色发展、中小企业壮大等的链式支持作用。无论是创新发展，还是绿色发展，都不是孤立的，而是多环节、多主体参与的经济运行系统性过程，对创新和绿色发展的政策支持也不能单兵突进，而需形成系统合力。现代税收体系是立基于整个经济的循环肌体之上，从经济流转环节设置的流转税，到收入实现环节设置的所得税，再到财富存量环节设置的财产税，各大税类的各税种具有对整体经济运行的广泛覆盖性，通过降税负成本、增所得收益、税费返还等多元方式的税基式优惠、税率式优惠或混合式优惠，可系统发挥对经济运行各环节的链式调控作用，导向高质量、高效率的现代化经济体系。

三 公正分配，构筑社会良性循环流动通道

社会分配体系由初次分配、再分配与第三次分配有机组成，现代

税收体系对二次分配与三次分配具有直接的调节引导作用，对初次分配具有间接的支撑保障作用。初次分配讲求效率原则，在市场经济的资源自发配置机制中完成，由市场根据供求关系定价，只要分配结果是各市场主体公平竞争的产物，分配即是有效的，现代税收在初次分配领域遵循税收中性原则，主要税种为以消费支出流为课税对象的流转税。但市场分配并未考虑起点公平与结果公平，由此导致初次分配领域的市场失灵，也使得作为政府干预职能发挥的再分配得以确立。一方面，由政府向每位纳税人提供均等化的公共服务，使其享受平等的公共消费，实现起点公平；另一方面，以税收公平为原则，对市场分配结构进行"调高保低"的矫正，通过量能课税实现结果公平。以收入流量为税基的所得税和以财富存量为税基的财产税，是在再分配领域设置的税种。第三次分配在社会内部自发进行，即社会自治团体如慈善机构、公益基金会等，基于人道主义原则以及对社会共同体的道德认同，在社会内部进行收入由上向下转移的分配活动。一方面，现代税收体系可通过税收优惠等方式对其进行正向激励，如所得税的社会捐赠费用支出的税前列支以及流转税优惠等，以扩大第三次分配的覆盖范围；另一方面，现代税制可通过遗产赠与税的强制课税，引导财产所有者将财产捐赠，使得财富流向三次分配领域，形成税收源于社会、反哺社会的公平导向。

四　协同联动，推进国家治理体系与治理能力现代化

国家治理体系是一整套紧密相连、相互衔接的制度系统，包括政治、经济、社会、文化、生态等各方面的体制机制和法律法规。推进国家治理体系和治理能力的现代化，是通过充分发挥市场决定作用，更好地发挥政府服务作用，更大地发挥社会参与作用，系统协同打造亲清新型的政商体系、权责匹配的政府治理体系、活力迸发的现代市场体系、信用守诚的社会运行体系、绿水青山的生态治理体系，使权力有限制、资本有节制、社会有规制、生态有法制，将制度优势转化为治理效能，并以治理能力提升巩固制度优势，最终形成政府有魄力、市场有活力、社会有弹力、文化有引力、生态有魅力的有法、有德、有序的治理格局。现代税收体系作为国家治理体系的重要组成部

分，推动税收治理体系与治理能力的现代化也需要增强系统观念，贯彻现代理念，融合现代价值，将税收作为塑造现代政府、现代公民与和谐征纳关系的重要抓手，通过推动税收体系的现代化和法治化，推进国家治理的现代化。

第四节 现代税收体系的评判标准

现代税收体系的评判标准有形式标准与实质标准之分，形式标准具有价值中性色彩，有助于明确现代税收体系的外在表征，实质标准体现现代税收体系的内在价值，是衡量一国税收体系现代化水平的实体维度。

一 形式标准

（一）税收收入弹性

税收收入弹性，是指当年税收收入变动度与GDP变动度之比，主要衡量一国税制体系对经济运行反应的敏感度与灵活度。一般地，在经济持续增长的情况下，税收与经济同比例增长，税收收入弹性系数为1；税收增速慢于经济增速，税收收入弹性系数小于1；税收超经济增长，税收收入弹性系数大于1。具体而言：

税收收入弹性＝当年税收收入变动率/当年GDP变动率

展开为：

税收收入弹性＝[（当年税收收入总量－上年税收收入总量）/上年税收收入总量]/[（当年名义GDP－上年名义GDP）/上年名义GDP]

（二）税收集中度指标

税收集中度指标，又称HHI（Herfindahl – Hirschman Index）指数，该指数用来测算各税系或税种的集中与分散程度，用各税系或税种在总体税收收入中所占份额的平方和来衡量：

$$HHI = t_1^2 + t_2^2 + t_3^2 + \cdots + t_n^2 (n \geq 1) \qquad (1-1)$$

其中，t_n为第n个税系或税种所占税收总收入的份额。如果税制结构中只有一个税系或税种，HHI达到最大值1；若该税制结构中税系众多、税种林立，且各税系、税种所占税收份额相对分散，每个税种占比较低，趋近于 0，则 HHI 值接近于 0。因此，0 < HHI ≤ 1。HHI 值越大，说明税收体系的税收集中度越高，主体税种地位突出，表明税收体系相对简单，便于管理，税收征管成本较低，反之则反。

（三）税收变动度指标

税收变动度指标，又称 HP 流动指数（Hymer Pashigian's Mobility Index），该指数用来测算某税系或税种占税收收入比重的变动情况。为观测一国税收体系的年度变动情况，假定税制体系中存在 n 种税，在 p 年的税制结构 T_P 为：

$$T_P = (T_{1,P}, T_{2,P}, T_{3,P}, \cdots, T_{n,P}) \quad (1-2)$$

其中，$T_{q,P}$ 为 q 税种在 p 年所占税收总收入的比重，有：

$$0 \leq T_{q,P} \leq 1, q = 1,2,3,\cdots,n, 且 \sum_{q=1}^{n} T_{q,P} = 1 \quad (1-3)$$

税收变动指数 ΔT_P 可表示为：

$$\Delta T_p = \sum_{q=1}^{n} |T_{q,P} - T_{q,P-1}|, 0 \leq \Delta T_P \leq 2 \quad (1-4)$$

如果税制体系固化，则 ΔT_P 取值为 0；如果在"p 前一年"开征的税种在 p 年全部停征，同时在 p 年全部开征新税，税制体系出现革命性变迁，则税收变动指数 ΔT_P 取最大值 2。现代税收体系是一个动态发展的进程，该指标有助于衡量整体税制体系的变动情况。

二 实质标准

（一）基尼系数

现代税收体系的基本价值是以人为核心的公平。基尼系数是当前用来测度收入分配公平性的通用定量指标，由意大利经济学家基尼（GINI）基于洛伦兹曲线而提出。洛伦兹曲线如图 1-1 所示，横轴 OP 表示按照收入规模排列的人口百分比，纵轴 OI 代表收入百分比，洛伦兹曲线即为人口累计百分比与收入累计百分比的对接线。

基尼（GINI，1912）将 OM 对角线与 W 曲线之间的面积用 A 表示，将 W 曲线与 OPM 折角线之间的面积用 B 表示，由此得出基尼系数的计算式：

$$GINI = A / (A + B) \tag{1-5}$$

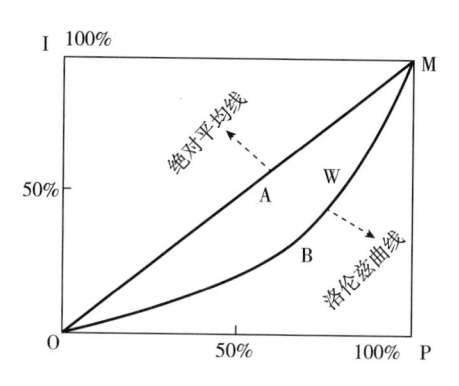

图 1-1 税前洛伦兹曲线

当收入分配处于 OM 对角线时，社会分配处于绝对公平状态，GINI 值为 0；当收入分配处于 OPM 折角线时，社会分配绝对不公，GINI 值为 1；基尼系数的常态值处于 0 到 1 之间，基尼系数越大，收入分配越不公平。现代税收体系具有直接调控二次分配和引导三次分配、间接支撑初次分配的作用，一国基尼系数的变动情况，体现出一国税收体系的现代化治理能力。

(二) 税收公共品价格满意度指数

从整体论角度出发，在现代税收体系下，税收作为联结国家征税权与纳税人财产权的基本纽带，税负水平的适度与税负结构的公平，是一国国家治理现代化程度的重要标尺。从经济人角度看，在私人品市场中，价格是实现消费者理性选择的自动机制，"一分钱一分货"是私人品选择的基本规诫，市场机制会自发引导私人品价格走向合理。但在公共品选择中，税收支付与公共品的供给是非直接偿还性的，在程序规则上存在着多层委托代理关系，纳税人往往难以直接决定公共品的供给，由此形成"税收悖论"。一方面，在税收汲取时，作为征税权的政府大肆宣扬"税收是公共品的价格"，也即税收"取之于民、还之于民"，引导纳税人依法、诚信纳税；但另一方面，由于选举、预算、拨款、招标、执行等多重财政程序和运行规则的存在，纳税人难以直接、有效控管自身支付的税收，更难以把握由税收支撑的公共品供给，最终导致实际供给的公共品要么质量不高，要么效率低下，导致公共品价格指数偏高，纳税人的税负痛感指数攀升。

税负是现代税收体系的核心，纳税人的税负满意度体现着一国税收体系的现代化水平。为客观评价纳税人的税负痛感度，抑或是公共品价格满意度，本书在深入挖掘"税收是公共品价格"的实质内涵基础上，构建税收公共品价格指数，以求综合评价一国税收体系的纳税人税负满意度。

税收公共品价格满意度指数＝纳税人税收负担/合意公共品供给

其中，式中"纳税人税收负担"是指一国纳税人为获取其可欲的公共产品和服务而支付的税收额度；"合意公共品供给"是指纳税人通过税收支付最希望获益的公共产品和服务，如医疗健康卫生服务、教育服务、住房服务、节能环保等，也即是剔除掉行政管理成本和其他必要成本之外的"以人为核心"的民生性公共品。具体化为：

税收公共品价格满意度指数＝纳税人税收负担/民生性公共品

第二章 我国现代税收体系建设的宏观税负研判

按照党的十八届三中全会的顶层设计安排，稳定税负构成我国建立现代财政制度、全面深化财税改革的基本约束。由于税负有总体税负与微观税负之分，稳定税负的实际含义应该是总量层面的税负稳定，也即宏观层面的税负稳定。但进一步而言，宏观税负的评判有收入、支出等多元标准，且在判断口径上尚有窄口径、宽口径与全口径之分，那么需要明确的是：稳定税负究竟是稳定何种税负？更重要的是，对一国宏观税负水平的评判，不应仅拘泥于具体的数据比较，而应探究其背后的形成机制，并在一国特定的政治经济语境中探求其内在的实质诉求。

第一节 现代宏观税负的形成机理

宏观税负，是指在一国特定时期的国民财富分配中，政府通过征税汲取国民财富的规模和水平，抑或纳税人通过纳税对政府的财富让渡的规模和水平。它表明国民财富在政府与纳税人之间的配置结构，因为在市场经济条件下，作为征纳关系的政府与纳税人关系是经济体系的基本关系，其联结纽带即是税收，其对政府而言是财政收入，对纳税人而言是所需公共品的对价给付。就直接意义而言，宏观税负意味着政府汲取和集中国民财富的程度，但由于税收不仅是财政经济范畴，也是政治法治范畴，一国特定时期宏观税负的形成具有一定的形成机理。

一 逻辑基础：政府职责范围

自民族国家成立以来，作为具有特定公共属性的政府，在相当程度上是回应公共需求的产物。由于政府本身并不生产产品，政府活动的资金主要来源于私人财产的让渡，而政府的职责范围与边界奠定了一国宏观税负形成的逻辑起点。无论何种性质的政体和国家体系，只要存在着私人领域的"失灵"，即会产生超越个体的公共权力运转，而履行公共职责就必然需要一定的资金支撑。在特定的历史时期，权力运行的资金可以来源于自身的收入，如在封建王权的早期，国王靠自己的土地和产权等生活，但在人类历史的大部分时期，尤其是在现代市场经济条件下，公权力运转所需要的资金主要来源于私人主体的财产让渡，其典型方式即是以强制性、规范性为特征征集的税收。由此，"私域失灵"促成公权力职责，公权力运行诉求税收财力保障，此为宏观税负形成的基本逻辑。

但政府职责范围并非一成不变，由此使得一国宏观税负水平也非恒定，而是具有特定语境的具体性。政府职责的变迁史表明，无论是工业化国家，还是发展中国家，国家的职责及其范围，是以国家政治经济关系的变化为转移的。其中，最突出的代表是工业化国家。在自由主义时代，国家的职责限定于国防与治安的范围之内，之后逐渐扩大，即逐渐地从"消极性"的活动发展为"积极性"的活动。相应地，国家观念逐渐从"守夜人"国家到社会福利国家，从"消极性"的国家到"积极性"的国家，而国家职能及活动范围也必然随着国家活动的重点的变化而变化。在过去的整个资本主义存在的时间里，其发展的趋势上具有趋于扩大化与积极的趋势。而在发展中国家，尽管政府职能范围的变化也遵循以上基本规律，但由于在国家职责问题的把握上，与工业化国家不同，发展中国家似乎较多的是用"人为秩序"代替"自然秩序"，因此，目前发展中国家更多的是重新认识政府与市场，重新摆正政府与市场的位置，由此也使得其宏观税负的形成具有特定的本土色彩。

二 税基支撑：经济规模与发展水平

在政府支出与税收收入的关系中，如果不考虑其他因素，那么，政府支出是自变量，而税收收入是因变量。但是，实际上，无论是政府规模，还是政府支出总量，以及相应的税收收入总量的最终确定，都不能脱离一定时期的经济发展水平。也即公共需求的增长、税收收入的增加都与一定时期一国的国民收入水平有着很强的相关性。

一是经济发展水平提高，国民收入水平攀升，公共需求规模增长且日益多元化，进而政府供给公共品的质量与效率提升，进一步促进经济发展。一般地，按照需求层次理论，人们会先满足生存和安全等基本需求，进而会满足教育、健康、文化、体育、科技等发展性需求，再进一步满足自由、自我实现等精神层面的需求。具体来说，在市场经济发展的初期，生产力发展水平相对不高，经济处于从短缺经济向过剩经济转轨的过渡阶段，人们对公共品的需求主要是以警察为代表的安全性需求，以及以法院为代表的公正性需求，也即此时公共需求处于基本层面，纳税人愿意为之付出的"税价"是廉价的；当市场经济进一步发展到过剩经济与垄断经济时期，纳税人收入水平普遍升高，国民收入分配差距也逐步拉大，纳税人所面临的公共风险也会加大，垄断者特权、食品药品安全、恐怖袭击、环境污染、生态破坏、养老保健、收入再分配等诉求凸显，纳税人的需求结构升级，也愿意支付更高的税价来支撑政府提供公共产品，同时也引致宏观税负的增长。

二是特定时期的经济规模与经济质量限定了税制体系可能汲取的税收总量。税收来源于经济，在其他条件不变的情况下，经济发展水平的高低决定着宏观税负水平的高低。从总量上看，特定时期的生产力发达，生产要素及商品资源丰富，经济产出多，则其集中力量办大事的经济基础雄厚，负税能力强，可资利用的税收资源丰富。从经济发展质量看，在同等经济规模条件下，含金量高的经济体的税负贡献度高，尤其是在以所得税为主体税的国家，企业盈利能力强，利润水平高，企业所得税的可汲取空间大，同时，居民个人收入水平高，个人税税源丰富，税负分配在税源选择上的空间较大。若经济发展质量不高，高投入、低产出，高成本、低利润，则即便是同等的经济规模，课税的主要支撑点也难以由所得税承担，而只能将课税重心置于刚性增收的流转税之上，且由于流转税不及所得税的税收弹性，将使得宏观税负水平刚性上扬，尤其是在经济下行时期，税收对经济的保护不力。

三 实践约束：税收管理能力

从一国宏观税负水平看，总量税负是总体税基与总体税率水平的乘积，在财政规模确定从而宏观税负水平确定的前提下，总体税基与宏观税负水平存在着此消彼长的基本关系，若总体税基的宽度与厚度较大，则宏观税负水平则可调低，相反，若总体税基较窄，或即便有足够的税源，却无法有效控管，则宏观税负只能维持在较高的水平上运行。其中，涉税信息管理能力是影响税基宽度与厚度，进而影响税率水平确定的关键内核。

从内在逻辑上看，在税基与税制的关系上，经济中有足够的税源是基础，科学、合理的税收制度是法定依据，而将经济税源实际转化为税收则依赖于实质有效的涉税信息管理能力。在经济税源基础既定的条件下，税基的广度、宽度与厚度则取决于涉税信息管理能力的强弱。在涉税信息管理能力强大的条件下，能够将经济中存在的各种涉税收入、支出与财产信息有效控管，尤其对高收入者的收入、财产进行全面掌控，则一方面能够极大拓宽有效税制框架下的可征税基，为宽税基、低税率的税制改革突破瓶颈；另一方面，对税基的有效掌控，是税制优化与健全的基础条件，如对高收入者收入、财产的全面控管，不仅可以为综合累进的个人所得税改革与房地产税改革确立基础，而且能够为遗产赠与税的开征创造前提条件。在税基丰富、税种健全的框架下，经济中可以有效筹措的税收将稳定、持续增长，从而为降低税率创造条件，而低税率又为经济发展提供良好的税收环境，将进一步激发市场创造性与活力，使经济中的税源更为丰富，从而进入税收治理的"宽税基—低税负—更宽税基—更低税负"的良性循环轨道。

四 削减动因：税收优惠规模

一般地，一国税制体系可分为两个基本部分：一是"同等情况同等对待"的标准化税制部分；二是"不同情况不同对待"的非标准化税制部分，也即差异化实施的税收优惠部分。通常情况下，筹措税收收入是税制体系的基本职能，也是形成宏观税负的基本成因，这主要由标准化税制部分完成，但在市场经济条件下，市场并非万能，而是存在盲目性、滞后性、放任性等消极特征，需要政府差异化政策的介入与引导，这主要由非标准化税制部分完成。典型如市场按照要素分配原则对国民收入进行初次分配，但由于起点的不公平，经济主体占有生产要素的数量与质量是存在差异的，由此导致的初次分配秩序也并非天然公正，由此需要政府对高收入者进行课高税，对低收入者课低税乃至实施税收优惠，以实现量能课税与结果公平。同时，在产业方面，诸多有利于国计民生和经济社会可持续发展的产业可能是高风险、高投入行业，市场介入不足，如战略性新兴产业，若对之实施恰当的税收优惠，可在一定程度上激励、引导市场对该领域的资源配置。

从效果上看，税收优惠的规模越大，则对名义税负的冲减越严重，在税基既定的条件下，要筹措同等规模的税收收入，则只能通过提高名义税率的方式进行，高税率必然使得税基收缩甚至消隐，由此陷入"多税收优惠—高名义税率—更多税收优惠—更高名义税率"的两难困境，从而提高宏观税负水平。因此，如何规范税收优惠管理，有效控制税收优惠规模，成为稳定宏观税负的关键所在。一方面，通过有效控制涉惠税源信息，为税收优惠规模的确定、执行效果的评判提供有效的信息决策与运行支持，使无效、低效的税收优惠被清理，不合理的税收优惠被调整矫正，过度侵蚀税基的税收优惠被取消，从而有效控制、缩减税收优惠规模，优化税收优惠结构，为进一步降低名义税率打开突破口；另一方面，可通过对经济税源的有效控管，使得税基被极大拓宽，从而导向税负水平降低。

五 政治诱因：税收决定程序

从政治法治框架下的权利结构看，税收作为公共部门对私人部门的财富汲取，是政府征税权对纳税人财产权的合法剥夺，而由于"财产是人格形成的基础和契机"，税负的产生及分配对纳税人的利益有着极为深刻的影响，税负的每一份增加或重新分配均会牵动纳税人的

"税痛"神经。在法治化的税收政治实践中，纳税人对税收负担水平的决定、参与及影响通道一般有四种：

一是按照"无代表、不纳税"的民主参与原则，通过亲自或选举代表的立法参与通道，制定、修改或废止税法来决定税收负担水平。

二是按照"有税尽缴、无税禁缴"的税法执行原则，通过依法纳税、诚信缴税的纳税参与通道，践行税法分配的税负结构。

三是按照"有税尽收、无税禁收"的税收征管原则，通过理性辩论的司法参与程序，维护纳税人在税法体系中的合法权益，实现税收公平。

四是按照多元民主、重叠共识的原则，通过以公共理性平台为基础的社会参与通道，非正式地表达对税负水平与税负分配的观点和建议，以期对税收政策和立法产生影响。

六 法治保障：宪法性约束

就税收法治的源起而言，肇端于英国的"大宪章"奠定了限制专断征税权恣意攫取的历史根基，其"王在法下"的法治实践为"无代表、不纳税"的税收民主决定开了先河。总体来看，由于税收来源于公民财产权的理性让渡，让公民依据"少数服从多数"的民主规则决定，要比让征税权独断决定，更具逻辑上的正当性和实践上的可执行性。税收法治与税收民主的高度契合性，是近代税收法治发展的核心成果，对现代税收治理产生积极而深远的影响。

但是，随着市场经济的蓬勃发展，工业现代化及后工业社会的加速到来，经济分工体系日益细化，产业链纵向拓展与延伸使得行业分工日益趋于深化，社会阶层也日益分化，尤其是在垄断的经济结构下，市场中会形成实力强大的利益集团，进而，各行各业的利益集团代表进入议会，来决定税负分配。但在民主多数决定的规则下，利益集团有意愿、有能力进行纵横联合，在税负分配上通过牺牲少数联盟利益，来达成自己意向的税负分配目标。

如表2-1所示，在由利益集团代表张三、李四、王五组成的三人议会中，理想的税负配置是每个集团让渡5元税收，来获取6元的公共产品。但在民主决定规则下，由于利益分化与利益合谋的存在，则可能出现张三和李四进行利益合谋，通过投票程序将公共品供给的税收负担全部由王五负担的情形（配置2）；更有甚者，张三和李四合谋将王五让渡的税收15元，不进行公共品生产，而对自己进行转移支付，每个集团获益7.5元（配置4）。在此，税收决定的民主多数决定程序规则遭到滥用。

表2-1　　　　　利益联盟对税负分配的效率损失　　　　单位：元

投票类型	税负安排	代表	获益	税收	社会净获益
公共品	配置1	张三	6	5	1
		李四	6	5	1
		王五	6	5	1
	配置2	张三	6	0	6
		李四	6	0	6
		王五	6	15	-9
	配置3	张三	6	0	6
		李四	6	0	6
		王五	6	20	-14
支付转移	配置4	张三	7.5	0	7.5
		李四	7.5	0	7.5
		王五	0	15	-15

在现代市场经济和民主政治框架下，为限制利益联盟对税收民主决定程序规则的滥用，有必要确立刚性的底线法治框架，以不可触碰的"元规则"的形式，对税收负担的决定与分配确立宪法性约束。如对公民生存性财产不得课税，即便以民主多数决定的名义，也将被视为违宪；对小微企业规定一定范围内的税收豁免权；在总量上，限定政府收入占GDP规模的上限；在税负分配上，明确"同等情况同等对待"为普遍性原则，对"不同情况不同对待"的差异性配置作出明确的严格限定；限制政府债务的规模、比例上限和投向，防止税负跨期或在代际不公平地转移等。

综上所述，由于"税收是公共品供给价格"的基本定性，税收负担的分配是一个综合性范畴，一国宏观税负的形成既有经济税基的因素，又需要考量税收征管的支撑，还需要考虑政府职能范畴和政治法治因素。且由于上述因素是随着国情和时代变迁而变动不居的，由此决定一国宏观税负也并非一个恒定的常量，而是在特定的财政经济政治条件下不断变化的，探讨一国宏观税负不能脱离具体的体制机制环境，但无论如何，其是有章可循和可把握的。

第二节　现代宏观税负的评判标准

就一国宏观税负的评判而言，理论上有收入标准、支出标准和综合标准之分，且由于统计口径差异的存在，在不同的标准之下，又有宽口径和窄口径之分。选择不同的判断标准和口径，会导致评判结论的重大差异，从而会对政策决策产生迥然不同的影响。

一　收入标准：大、中、小口径之分

（一）国际上政府财政收入统计口径

当前，国际上政府财政收入统计口径主要有 OECD（经济合作与发展组织）和 IMF（国际货币基金组织）两种基本分类。其中，OECD[1] 和 IMF[2] 关于政府财政收入的具体统计口径见表 2-2 所示。

从对政府财政收入的基本分类看，OECD 的统计口径主要是以税收分类为基础，其所涵括的社会保障缴款在本质上也属于税收，也即其统计口径基本不包含非税收入。其基本原因在于，OECD 国家大都是市场经济较为成熟的发达经济体，政府财政收入绝大部分均是以规范性的税收形式筹集的，非税收入比重极小，税收收入、财政收入与政府收入的范畴基本一致，对税收的类型划分符合 OECD 国家政府财政收入的实际状况。

---

[1] 参见 OECD, *Revenue Statistics 1965-2011*, pp. 155-272.

[2] 参见 IMF, *Government Finance Statistics Manual*, pp. 47-61.

表 2-2　　　　　　　国际上政府财政收入统计口径

OECD 统计口径			IMF 统计口径		
	类型	说明		类型	说明
1	收入、利润和资本所得税	按照来源分别报告	1	税收收入	所得利润和资本收益税、工资和劳动税、财产税、商品服务税、国际贸易税收、其他
2	社会保障缴款	按照来源分别报告	2	社会缴款收入	社会保障缴款、其他社会缴款
3	对工资和劳动力的税收		3	赠与收入	来自国外政府、国际组织、其他广义政府单位的收入
4	对财产的税收	包括不动产、净财富、遗产赠与、金融资本	4	其他收入	财产收入、利息、出售商品和服务、罚金罚款和罚没收入、杂项和未列明的收入
5	对商品和服务的税收	生产销售和转让、产品使用和活动执行			
6	其他税收	仅由企业支付的税收和其他税收			

与 OECD 的统计口径不同，IMF 将政府财政收入分为税收收入、社会缴款收入、赠与收入和其他收入四大类，其统计口径更为广泛，涵括各国政府可能涉及的各项收入渠道和类型，尤其是在税收收入和社会缴款收入之外，单列赠与收入和其他收入两个类项，特别是将政府的财产性收入、经营性收入、罚没性收入、杂项收入明示，并突出未列明的收入，全方位涵摄了政府财政收入的所有可能类型，不仅适用于财政收入规范的市场经济国家，也适用于政府收入不规范、非税收入比重大、苛捐杂税多的市场经济转轨国家和欠发达国家，具有更为普遍的适用性和可比较性。

（二）我国政府财政收入统计口径

长期以来，受政府收入规范度不高、非税收入比重大、政府经营性收入管理弱化等因素影响，在我国公共财政预算收入之外，长期存在着类型繁多、规模庞大的政府性基金收入、社会保险基金收入和国有资本经营收入,也即"四本"预算并存。从实质角度看,公共财政收入包括税收收入和专项收入、行政事业性收费收入等小口径非税收入,属于各级人大可审核、可统筹的公共收入,具有现代预算收入的品质,其他三本预算,要么具有专款专项性质不可统筹使用,要么缺乏同级人大实质审核,预算的现代化属性并不完全具备。

在我国当前的现实预算格局下,税收收入、财政收入与政府收入并非同一范畴,而是按照小、中、大口径依次推展的递进范畴。也正是由于统计口径的不一,导致我国各界对我国宏观税负的判定存在实质性差异。按照全口径政府预算收入的标准看,将一般公共财政收入、政府性基金收入、社会保险费收入和国有资本经营收入加总[①],可得到我国政府收入的"全景图"。当前,按照新预算法"一本预算、一个盘子"的标准,我国全口径政府财政收入的统计口径如表2-3所示。

(三)基于收入标准的宏观税负判断指标

1. 静态指标

理论上而言,现代政府作为一套公共程序和人工技术机制,其是非生产性的,国民财富来源于市场经济和私人部门的创造,但由于市场和私人并非万能,其需要政府来介入公共领域供给公共产品,而供给公共产品是需要成本的,因此,私人部门往往通过让渡国民财富的合理部分即税收来满足公共支出的要求。税收收入(政府收入)在国民财富分配中的比重,可反映出一国政府参与国民财富分配的深度,从而体现一国的宏观税负水平。基于宽口径与窄口径的不同,衡量一国宏观税负的收入指标可分为小口径、中口径和大口径。具体来看:

$$小口径宏观税负 = 当期税收收入/当期 GDP \times 100\% \quad (2-1)$$
$$中口径宏观税负 = 当期财政收入/当期 GDP \times 100\% \quad (2-2)$$
$$大口径宏观税负 = 当期政府收入/当期 GDP \times 100\% \quad (2-3)$$

---

① 条件成熟时,应将政府性债务收入纳入。

表 2-3　　　　　　　当前我国全口径政府财政收入统计

一般公共预算收入		政府性基金收入	国有资本经营收入	社会保险费收入
税收收入	非税收入			
增值税、消费税、企业所得税、个人所得税、资源税、城市维护建设税、房产税、印花税、城镇土地使用税、土地增值税、关税等各税种收入	专项收入、行政事业性收费、罚没收入、其他收入	农网还贷资金收入、铁路建设基金收入、民航基础设施建设基金收入、转让政府还贷道路收费权收入、港口建设费收入、国有土地使用权出让金收入等	利润收入、股利股息收入、产权转让收入、清算收入、其他国有资本经营收入	城镇职工基本养老保险费收入、失业保险费收入、城镇基本医疗保险费收入、工伤保险费收入、生育保险费收入

注：2016 年 5 月 1 日起，我国营业税全面改征增值税，营业税退出中国税制舞台。

2. 动态指标

在实践中，受经济增长、税务管理、物价变动、税制改革、税收优惠等因素的影响，税收收入实际上是不断变化的。从动态角度衡量一国宏观税负水平的判断指标有税收收入增长率、税收收入弹性系数等。具体而言：

税收收入变动率 =（当年税收收入 - 上年税收收入）/上年税收收入 × 100%　　　　　　　　　　　　　　　　　　　　　（2-4）

税收收入弹性系数 = 当年税收收入变动率/当年 GDP 变动率

　　　　　　　　　　　　　　　　　　　　　　　　　　（2-5）

二　支出标准：公共品质量与效率

从本质而言，税收作为公共品供给的一般价格，公共品资金需求决定税收收入规模，从此角度看，财政支出是自变量，税收收入是因变量，从收入层面衡量的宏观税负水平只是反映了宏观税负状况的"冰山一角"，从税收是公共品价格的角度看，财政支出所带来公共品的质量与效益是衡量一国宏观税负轻重的实质标准。即纳税人为了享受公共品而让渡税收，只观察税收收入的多少并不能反映宏观税负问题的全貌。就实质而言，正如消费者在私人产品市场上购买到"货真价实"的消费品一样，纳税人支付税收的最终归宿是希望获得能够有效满足自身偏好的公共产品和公共服务，就税收支付的价格而言，公共品的质量与效率是"目标"所在。只要公共品的质量"货真价实"，纳税人的税收支付就"税有所值"。

衡量一国公共品质量与效率的基本指标有民生支出水平、行政成本水平等。具体来看：

民生支出水平 = 当年民生支出/当年财政支出（或 GDP）×100%
(2-6)

行政成本水平 = 当年行政成本支出/当年财政支出（或 GDP）×100%
(2-7)

三　综合标准：基于全口径的公共品价格指数

为客观评价纳税人对一国税收体系的税负痛感度，本书依托税收公共品价格指数，以求综合评价一国税收体系的宏观税负水平。即

公共品价格指数 = 纳税人税收负担/合意公共品供给　　(2-8)

其中，式中"纳税人税收负担"是指一国纳税人为获取其可欲的公共产品和服务而支付的税收额度，而由于税负统计口径的宽窄之分，本书用基于收入标准的全口径政府收入来衡量；"合意公共品供给"是指如医疗健康卫生服务、科技投入、教育服务、文化体育服务、住房服务、节能环保、城乡一体化等，也即剔除掉行政管理成本和其他必要成本之外的"以人为核心"的民生性公共品。将式（2-8）具体化为：

全口径公共品价格指数 = 全口径政府收入/民生性公共品　(2-9)

第三节　当前我国宏观税负的现实状况

为全面、客观地评判我国宏观税负的实际状况，本书分别从收入视角、支出视角、综合视角揭示我国宏观税负的现实水平，并基于可比较的国际视角，分析我国宏观税负在国际上的位次和水平。

一　收入视角

在我国，由于历史和制度成因，税收收入、财政收入与政府收入

并非同一范畴,而是层层扩大的同心圆结构,由此也就形成了判断宏观税负的窄口径与宽口径之分。

(一)窄口径宏观税负

窄口径宏观税负是从一般公共财政预算的框架观察总量税负水平,基于税收收入与财政收入的包含关系,又可区分为基于税收收入的小口径和基于财政收入的中口径。

从小口径宏观税负看,2006—2019年,我国税收收入占GDP的比重呈现抛物线式的"倒V形"变动趋势。税收占比从2006年的16.12%,一路攀升至2012年的19.42%,并在2013年达至峰点,为19.52%。但从2014年起,税收占GDP比重开始一路走"下坡路",2014年为18.72%,2015年下滑至18.13%,2019年降落至15.98%,甚至低于2006年的水平(见表2-4,下同)。

表2-4　　　　2006—2019年我国窄口径宏观税负水平　　单位:亿元、%

年份	税收收入	财政收入	GDP	税收/财政收入	税收/GDP	财政收入/GDP
2006	34804	38760	215904	90	16.12	17.95
2007	45622	51322	266422	89	17.12	19.26
2008	54224	61330	316030	88	17.16	19.41
2009	59522	68518	340320	87	17.49	20.13
2010	73211	83102	399760	88	18.31	20.79
2011	89738	103874	468562	86	19.15	22.17
2012	100614	117254	518215	86	19.42	22.63
2013	110531	129210	566130	86	19.52	22.82
2014	119158	140350	636463	85	18.72	22.05
2015	124922	152217	689052	82	18.13	22.09
2016	130354	159552	744127	82	17.52	21.44
2017	144370	172593	831381	84	17.37	20.76
2018	156403	183360	914327	85	17.11	20.05
2019	158000	190390	988529	83	15.98	19.26

资料来源:国家统计局官网、财政部官网。

从中口径宏观税负看，与税收收入占GDP比重类似，2006—2016年，我国财政收入占GDP的比重总体呈现"先升后降"的趋势。财政收入占GDP比重从2006年的17.95%，一路上升至2013年的22.82%，2014年以来略有下降，2014—2019年占比分别为22.05%、22.09%、21.44%、20.76%、20.05%和19.26%。

从税收收入占财政收入比重看，2006—2019年，税收在公共财政收入中的主体地位总体呈下滑趋势。2006年，税收收入占财政收入比重达到90%，2007—2009年，税收比重每年下降1个百分点，2011—2013年三年维持在86%的位次，2014年降至85%，2015年和2016年进一步降至82%的低点。2017年之后开始有所回升，但仍徘徊在较低水平，2017—2019年该比重分别为84%、85%和83%。

总体来看，从静态指标观察，我国的窄口径宏观税负水平并不算高，近年来财政收入占GDP比重基本维持在22%的水平。但应特别提及注意的两点是：

一是税收收入占公共财政收入的比重持续下降。这与新常态下经济下行压力加大、税源收缩具有密切关系，同时与非税收入增长率高升、对财政收入贡献度加大紧密相连，并与部分政府性基金收入转列公共财政预算有关。

二是公共财政收入仅是我国政府收入的"半壁江山"。在我国，除规范性、现代化程度较高的公共财政预算外，尚存在着未能纳入同一预算盘子、规模庞大的政府性基金收入、社会保险基金收入和国有资本经营预算收入，这些收入均是政府收入的重要组成部分，且从纳税人角度而言，无论是税收负担，还是非税负担，均构成其实实在在的财政负担，是其购买公共品的价格成本。因此，只有从全口径政府收入的角度来观察宏观税负，始能透视我国宏观税负布局的"全景图"。

（二）税收对经济的变动度

从动态角度看，税收对经济的变动度可反映一国税制体系的弹性，体现一国税收与经济增长的互动关系，尤其是在经济下行时期，可观察税收对经济的保护程度。

从表2-5中可以看出，2006—2019年，受高投资规模和效益递减、经济税基收缩、结构性减税等因素影响，我国税收收入增长率整体呈现下降趋势。除受国际金融危机冲击的2009年税收增长率为9.8%外，2006—2012年的六年间，税收收入增长率均以两位数的速度高速增长，其中，尤其以2007年为最，税收增长达至31.1%。但从2013年开始，税收增长基本告别了两位数的高增长态势，驶入中低速增长通道，2015年税收增长率为4.8%，2016年进一步降至4.3%，2017年有所上升，达到10.8%，但之后又一路下降，2018年和2019年甚至分别降至8.3%和1.0%。

表2-5　　2006—2019年我国税收收入增长率及税收收入弹性

年份	税收收入增长率（%）	GDP增长率（%）	税收收入弹性
2006	20.9	17.6	1.19
2007	31.1	23.4	1.33
2008	18.9	18.6	1.01
2009	9.8	7.7	1.27
2010	23.0	17.5	1.32
2011	22.6	17.2	1.31
2012	12.1	10.6	1.14
2013	9.9	9.2	1.07
2014	7.8	12.4	0.63
2015	4.8	8.3	0.58
2016	4.3	8.0	0.54
2017	10.8	11.7	0.92
2018	8.3	10.0	0.84
2019	1.0	8.1	0.13

资料来源：国家统计局官网、财政部官网。

从税收收入弹性看，2013年之前，我国税收收入弹性均大于1，表现出税收持续超经济增长的基本格局。甚至在经济驶入低谷的2009

年，名义GDP增长率为7.7%，税收增长仍然高达9.8%，税收收入弹性系数高达1.27，表现出"税收逆经济增长"，表明税收对经济的保护不足。在"四万亿"财政政策强刺激的背景下，2010年和2011年我国经济止跌上行，分别实现17.5%和17.2%的高增速，但在高投资经济结构和间接税税制结构的体系框架下，税收强势超经济增长，税收增长率分别达到23%和22.6%，税收收入弹性系数分别高达1.32和1.31。

自2012年起，随着强刺激政策的边际效益趋减，负面效应逐渐浮出水面，经济增长开始进入增速换挡、结构调整与前期政策消化的"三期叠加"新常态，经济增速渐渐驶入中低速增长通道，GDP逐渐由两位数的增速进入个位数通道，2016年名义GDP增长率为8.0%。从税收收入弹性系数看，自2014年起，税收收入弹性"破1"，2014年为0.63，2015年为0.58，2016年为0.54，2017年为0.92，2018年为0.84，2019年更是降至0.13，表明我国税收增长随着经济中速增长而驶入低速增长通道，体现出税收对经济增长一定程度的保护性。

但需要提及的是，在我国政府收入结构中，由于在税收收入之外，存在着规模庞大的非税收入，单看税收增速的放缓和税收弹性系数的降减，难以窥见政府收入变动对经济影响的全貌。尤其是在当前税收收入增速下降而非税收入增速上扬的现实状况下，必须以全口径视角分析我国实际的宏观税负水平。

（三）全口径宏观税负

从全口径政府预算角度看，公共财政收入、政府性基金收入、社会保险基金收入和国有资本经营收入，均来源于纳税人财产的让渡，构成纳税人实质意义上的公共负担，体现着政府参与国民财富分配的广度和深度。

从表2-6中可以看出，2013—2019年，我国全口径政府收入占GDP的比重呈现先快速下降后缓慢上升趋势，当前基本维持在35%左右的水平。2013年，我国全口径宏观税负水平已达至38.1%的高位，2014年下降1个百分点，为37.1%，2015年继续下降2个百分点，达到35.1%，2016年全口径政府收入总计为257046亿元，占GDP的比重为34.5%。2017年后，全口径政府收入占GDP的比重开始恢复性上升，2017—2019年该比例分别为35.7%、36.4%和35.7%。整体来看，全口径宏观税负水平仍是不断下降，这与近年来我国经济税源的下行收缩、税收收入增速下降、持续推行的结构性减税降费政策密切相关。

表2-6　　　　　　2013—2019年我国全口径宏观税负水平　　　单位：亿元、%

年份	公共财政收入	政府性基金收入	国有资本经营收入	社会保险基金收入	政府收入总计	GDP	政府收入/GDP
2013	129143	52239	1642	32829	215853	566130	38.1
2014	140370	54114	2008	39828	236320	636463	37.1
2015	152217	42330	2560	44660	241767	689052	35.1
2016	159552	46619	2602	48273	257046	744127	34.5
2017	172593	61479	4191	67154	305417	831381	35.7
2018	183360	75479	3574	79255	341668	914327	36.4
2019	190390	84517	3972	83550	362429	988529	35.7

注：2015年11项政府性基金预算转列一般公共预算；2016年5项政府性基金转列一般公共预算。

资料来源：国家统计局官网、财政部官网。

需要提及的是，当前的政府收入统计口径未能将政府债务性收入纳入统计范畴，而目前我国政府性债务尤其是隐性债务已经具备相当规模，若将债务性收入统计在内，我国的宏观税负水平将进入相对偏高状态。

二　支出视角

税收是公共品的价格，纳税人让渡税收的根本目标是为获取合意的公共产品和服务，在现代市场经济条件下，尤其以教育、医疗、住房、文化、环保等公共品最为纳税人所中意，合意性公共品的供给水平反映出税收"取之于民、还之于民"的非直接偿还程度。

（一）我国当前的合意性公共品供给水平

我国的经济体制是由计划经济体制向市场经济体制转轨而成的，由此导致我国政府的职能范围既具有市场型财政的一般化规律，又具有转轨体制所具有的本土特殊性。按照市场型财政的一般规律，现代政府所承担的职能与公共品供给范围主要包括资源配置、收入分配、宏观经济稳定与经济增长；而在计划型财政体制下，政府的职能范围是大包大揽和无所不能，奉行"政治统摄经济、经济包办社会"的基本格局，政府提供的产品通过计划、命令的方式提供，既包括生产、生活的私人品，也包括某些现代意义上的公共产品。

当前，我国处于全面深化改革的攻坚期，产品市场的市场化改革基本完成，要素市场的行政控制仍然偏紧，对于纳税人而言，其私人品消费可在私人市场购买，但当前价格高企、负担沉重的住房消费、医疗消费、教育消费、环保消费等市场化领域纳税人负担沉重，纳税人急切需求政府能够在上述领域的公共消费部分加大投入和供给力度，提供由纳税人广泛受益的公共产品和服务。因此，本书以政府在教育、科技、文化、社会保障、医疗卫生、环境保护、公共事务、交通运输、住房保障等领域的公共品支出为例，来观察纳税人合意的公共品供给水平。

从表2-7中可以看出，2009—2019年，我国合意性民生支出呈现持续增长态势。合意性民生支出额从2009年的45844亿元，增至2019年的167199亿元，基本保持年均两位数的增长态势，年均增长率为15%，表明我国政府在民生领域的投入力度不断加大，民生支出水平不断攀高。但这并不意味着我国的合意性民生品供给已经达至最佳水平，也不意味着我国的民生领域投入空间已经饱和。由于我国财政长期奉行生产建设型财政支出模式，民生财政的历史欠账较多，尤其在城乡分治、以农补工的历史条件下，对农村民生公共品的财政欠账较大。

（二）当前我国行政管理成本规模与结构

作为纳税人让渡税收的对价，提供公共产品和公共服务是政府的基本职能。但政府要提供公民合意的公共产品与服务，如基础教育、基本医疗、社会保障与公共交通等,必须付出必要的机构运行成本及管理成本等交易费用。在财政规模一定的条件下,尽可能少的政府行政管理成本及基本职能支出是纳税人所合意的。因为行政权本身有自我膨胀的特性,若不对其加以刚性约束,其会将自身权力运用到极致,导致政府预算规模日益增大,"养人"成本日渐增加,进而会加大制度运行成本,最终会影响纳税人最为合意的福祉性公共品的供给质量与效率。因此,一国行政性管理成本的高低,是衡量该国政府的制度运行效率、公共服务水平乃至税负痛感指数的重要指标。

表2-7 2009—2019年公共财政预算口径下的民生性支出

单位:亿元、%

年份	教育	科技	文化传媒	社会保障	医疗卫生	环境保护	城乡事务	农林水等事务	交通运输	住房保障	民生总计	增长率
2009	10438	3277	1393	7607	3994	1934	5108	6720	4648	726	45844	—
2010	12550	4197	1543	9131	4804	2442	5987	8130	5488	2377	56649	24
2011	16497	4797	1893	11109	6430	2641	7621	9938	7498	3821	72244	28
2012	21242	4453	2268	12586	7245	2963	9079	11974	8196	4480	84486	17
2013	22002	5084	2544	14491	8280	3435	11166	13350	9349	4481	94181	11
2014	23042	5314	2691	15969	10177	3816	12959	14174	10400	5044	103586	10
2015	26272	5863	3077	19019	11953	4803	15886	17380	12356	5345	121954	18
2016	28056	6568	3165	21548	13154	4803	18605	18442	12356	6682	133379	9
2017	30153	7266	3391	24611	14450	5617	20585	19088	10673	6131	141965	6
2018	32169	8326	3537	27012	15623	6297	22124	21085	11282	6299	153754	8
2019	34796	9470	4086	29379	16665	7390	24895	22862	11817	5839	167199	9

资料来源:国家统计局官网、财政部官网。

从表2-8中可以看出,2007—2019年,我国的行政管理性支出规模呈现逐年增长趋势,这与经济社会转型期我国政府职能扩大、行政岗位增加等因素密切相关。以一般公共服务、外交、国防和公共安全为内容的一般性支出,从2007年的17770亿元,增加到2019年的

46984亿元，12年间增长了1.64倍。

表2-8　　2007—2019年我国行政管理性支出规模与结构

单位：亿元、%

项目	1.一般公共服务	2.外交	3.国防	4.公共安全	合计	占比
2007	8514	215	3555	3486	17770	31.68
2008	9796	241	4179	4060	18276	29.2
2009	9164	251	4951	4744	19110	25.05
2010	9337	269	5333	5518	20457	22.76
2011	10988	310	6028	6304	23630	21.63
2012	12700	334	6692	7112	26838	21.31
2013	13755	356	7411	7787	29308	20.9
2014	13268	362	8290	8357	30276	19.95
2015	13548	480	9088	9380	32496	21.35
2016	14790	482	9765	11031	36068	19.21
2017	16510	521	10432	12461	39924	19.66
2018	18374	586	11280	13781	44021	19.93
2019	20344	617	12122	13901	46984	19.67

注：表中"占比"为一般性支出占财政支出比重。
资料来源：国家统计局官网。

从一般性支出占财政支出比重看，我国行政成本总体呈下降趋势。行政成本占财政支出比重，从2007年31.68%的高位，逐渐下降到2014年的19.95%，2015年为21.35%，之后又有所下降，2019年为19.67%。支出规模最大的是一般公共服务，2019年为20344亿元，其次是公共安全和国防，2015年支出规模分别为9380亿元和9088亿元。

总体来看，在强力反腐和削减"三公经费"的严厉形势下，我国行政奢靡和铺张浪费现象得到有效遏制，一般性行政支出成本的"水分"被有效挤出。但这并不意味着我国的行政性支出成本没有进一步压减的空间，实践中行政部门设置烦冗杂多、职能交叉、事业单位超编超员、垂直化行政管理成本高企、维稳支出不计成本等现象和问题突出存在，亟待通过"大部制"的横向改革和"扁平化"的纵向改革等，来进一步降减一般行政成本，将有限的财政资金用于纳税人合意的民生性公共品，进一步提高纳税人的获得感，降低税负痛感指数。

三　综合视角

基于数据的可得性和规范性，本书采用公共财政预算口径下的一般公共收入作为纳税人让渡的税收价格，以民生支出作为纳税人获得的政府合意性公共品供给，由此得出我国公共品价格指数，来测算我国宏观税负水平的实际变化状况。

从表2-9中可以看出，2009—2019年，我国公共品价格指数一路呈下降趋势，表明在公共财政预算框架下，我国纳税人每获得1单位的合意性公共品，所需要支付的单位税收成本价格在降低。2009年，我国公共品价格指数为1.49，表明我国纳税人每获得1单位的合意性公共品，需要支付1.49单位的税收成本价格；2012年，我国公共品价格指数跌破1.4，降至1.39；2015年，我国公共品价格指数跌破1.3，为1.25；2018年，我国公共品价格指数跌破1.2，为1.19，2019年我国公共品价格指数更是进一步降低到1.14。

表2-9　　　2009—2019年一般公共预算口径下的
公共品价格指数　　　　　　　单位：亿元

年份	公共财政收入	民生支出	公共品价格指数
2009	68518	45844	1.49
2010	83102	56649	1.47
2011	103874	72244	1.44
2012	117254	84486	1.39
2013	129210	94181	1.37
2014	140370	103586	1.36
2015	152217	121954	1.25
2016	159552	133379	1.20

续表

年份	公共财政收入	民生支出	公共品价格指数
2017	172593	141965	1.22
2018	183360	153754	1.19
2019	190390	167199	1.14

资料来源：国家统计局官网、财政部官网。

总体来看，公共品价格指数的不断下降，表明我国公共财政对民生领域的投入力度在逐步加大，并在一定程度上表明我国税收"取之于民、还之于民"的非直接偿还品质在逐步提升。但这并不表明我国的公共品价格指数无进一步降减空间，因为基于数据的可得性和规范性，本书采用的是公共财政预算口径，若以全口径政府预算为基本范畴，结果可能存在不同，且当前民生支出的结构仍需深度优化，其实际效率与绩效水平也有待深入提升。

四 国际比较视角

一般地，由于税收不单单是经济范畴，还是政治范畴和法治范畴，税收问题往往具有较为浓厚的本土特殊性，尤其是在税收结构、税收法治化和现代化方面，由于发展阶段和治理水平的不同，各国往往存在较大差异。从宏观税负的角度看，若从税收占 GDP 比重、税收增长率、公共品供给水平的单向维度看，各国情况也存在较大差异。

但从"税收是公共品价格"的综合角度，衡量本国经济体系内公共品的税收成本，比较各国公共品的价格指数，则具有较大程度上的可比较性。为此，本书根据经济发展阶段的不同，分别比较中国与发展中国家和发达国家的公共品价格指数，对各国公共品供给的税收成本进行排序，以测定我国宏观税负在国际上的地位和水平。

（一）与发展中国家比较

如前所述，基于数据的可获得性与统计口径的一致性和可比较性，本书运用 IMF 的《政府财政统计年鉴》来测算各国公共品价格指数，进行宏观税负的国际比较。根据 IMF 对政府职能的分类，本书将经济事务、医疗保健、教育、住房和社区设施、娱乐文化和宗教、环境保护、社会保护7个项目作为合意性公共品，将来源于国内的政府收入作为税收成本价格，来计算各国公共品价格指数。①

就发展中国家宏观税负的形成与决定来看，其一般具有以下基本特征：政府的职责范围极其广泛，经济发展是其核心任务；财政权力高度集中，政府收入结构多元化，非税收入规模偏大；税制结构大都以流转税为主，偏于筹集财政收入，但税负分配具有累退性；财政支出需求刚性增长，结构不平衡，绩效评价应用有限；税务管理能力不强，对企业纳税人的控制能力强于自然人纳税人，对后者的征税往往通过支付方代扣的间接方式；税负分配不平衡，税收流失现象普遍等。

从公共品价格指数看，在表2-10中所呈现的包括中国在内的28个发展中国家中，排在第一位的是阿富汗，为3.249，表明在阿富汗，政府每提供1单位的合意性公共品，纳税人需要负担3.249单位的税收成本；排序在最末位的国家是塞尔维亚，公共品价格指数为1.096，表明塞尔维亚公民仅需支付1.096单位的税收价格，即可获得1单位的合意性公共品。中国排在第26位，公共品价格指数为1.192，表明中国纳税人每获得1单位合意性公共品，需要支付1.192单位税收价格。在28个发展中国家中，公共品价格指数的平均值为1.469，中国的位次处于均值水平以下，表明我国的公共品价格指数在发展中国家中处于中下游水平。

表2-10　　　　　　　发展中国家公共品价格指数排名

序号	国家	年份	政府收入	民生支出	公共品价格指数
1	阿富汗	2012	691315	212781	3.249

---

① 可能由于统计工作的滞后性，IMF2012年《政府财政统计年鉴》为最新版，但中国的数据相对易得，更新到2018年。本书除了中国数据用2018年，其他国家以最新版年鉴上的数据为准，下同。

续表

序号	国家	年份	政府收入	民生支出	公共品价格指数
2	萨尔瓦多	2012	5152	2250	2.290
3	巴勒斯坦	2012	3770	1766	2.135
4	塞舌尔	2012	5443	2583	2.108
5	不丹	2009	20624	12683	1.626
6	阿塞拜疆	2012	22682	14493	1.565
7	马尔代夫	2011	9370	6248	1.500
8	格鲁吉亚	2012	7560	5368	1.408
9	玻利维亚	2007	37906	26999	1.404
10	乌克兰	2012	625982	450204	1.390
11	印度	2008	10922	8075	1.353
12	佛得角	2009	45338	33829	1.340
13	也门	2012	2063	1544	1.336
14	毛里求斯	2012	82411	62295	1.323
15	白俄罗斯	2012	222912	168661	1.322
16	土耳其	2012	515528	395810	1.302
17	突尼斯	2010	18851	14769	1.276
18	伊朗	2009	1117191	878424	1.272
19	马耳他	2012	2722	2174	1.252
20	拉脱维亚	2012	5734	4588	1.250
21	阿尔巴尼亚	2012	330383	267140	1.237
22	保加利亚	2012	27163	21968	1.236
23	哈萨克斯坦	2010	4239	3476	1.219
24	摩尔多瓦	2012	33526	29528	1.135
25	立陶宛	2012	37214	32904	1.131
26	中国	2018	27739	23260	1.192
27	埃及	2012	348865	312738	1.116
28	塞尔维亚	2012	1462801	1334298	1.096

(二) 与发达国家比较

就发达国家宏观税负的形成与决定来看,基于较为成熟的市场经济基础和较为完善的政治法治体制,其一般具有以下基本特征:政府间事权与财权、支出责任与财力划分明确、规范,具有较强的稳定性和可匹配性;预算管理高度规范和透明;税制结构以直接税为主,税负分配具有较强的累进性;财政支出的惠民程度较高;税务管理能力较强,具有全面、系统的涉税信息管理能力,征管方式以自主申报为主,税务机关的重要力量置于纳税服务和税务稽核。

从公共品价格指数看,在表 2 - 11 所呈现的 31 个发达国家中,排在第一位的是新加坡,为 2.181,表明在新加坡,政府每提供 1 单位的合意性公共品,纳税人需要负担 2.181 单位的税收成本;排序在最末位的国家是西班牙,公共品价格指数为 0.961,表明西班牙公民仅需支付 0.961 单位的税收价格,即可获得 1 单位的合意性公共品。与 31 个发达国家相比,中国的公共品价格指数为 1.192,位于排序第 14 的爱沙尼亚 (1.228) 之后,高于排序第 15 的冰岛 (1.183),加入排序之后位列第 15,表明我国的公共品价格指数与发达国家相比处于中游水平。但应认识到,我国公共品价格指数的统计时间为 2018 年,由于近年来我国公共品价格有了大幅下降,如果在同一时间维度进行比较二者差距将更大。

表 2 - 11　　　　　　发达国家公共品价格指数排名

序号	国家	年份	政府收入	民生支出	公共品价格指数
1	新加坡	2012	64449	29549	2.181
2	俄罗斯	2012	27797	16113	1.725
3	挪威	2012	1654	1072	1.543
4	韩国	2010	330897	221952	1.491
5	日本	2012	227291	167780	1.355
6	塞浦路斯	2012	7080	5277	1.342
7	以色列	2012	361930	278708	1.299

续表

序号	国家	年份	政府收入	民生支出	公共品价格指数
8	瑞士	2011	196016	153305	1.279
9	匈牙利	2012	13061	10342	1.263
10	希腊	2012	86346	69013	1.251
11	意大利	2012	747	598	1.250
12	德国	2012	1194	959	1.245
13	瑞典	2012	1830	1487	1.231
14	爱沙尼亚	2012	6831	5565	1.228
15	冰岛	2012	740324	625803	1.183
16	芬兰	2012	104727	88750	1.180
17	丹麦	2012	1013	873	1.160
18	葡萄牙	2012	67574	58316	1.159
19	波兰	2012	608905	527484	1.154
20	奥地利	2012	150917	131452	1.148
21	捷克	2012	1486	1305	1.138
22	澳大利亚	2012	486777	429430	1.134
23	斯洛文尼亚	2012	16500	14695	1.123
24	英国	2012	654086	585749	1.117
25	荷兰	2012	278149	249627	1.114
26	法国	2012	1053	956	1.102
27	南非	2009	822317	749014	1.098
28	美国	2010	4598	4342	1.059
29	斯洛伐克	2012	23827	23251	1.025
30	爱尔兰	2012	56524	56872	0.994
31	西班牙	2012	382007	397315	0.961

总体来看，在国际排序上，中国的公共品价格指数在全球59个国家中处于中等水平，但与发达国家相比，还存在一定差距。在当前极为复杂的国内外经济发展环境中，中国政府有必要继续推进减税降费措施，优化支出结构，降低政府对国民财富的分配比重，或者至少保持宏观税负水平的相对稳定，并需进一步加大公民最为中意的公共

品领域投入，并下大力提高财政资金使用绩效。

第四节　我国宏观税负的形成与决定

宏观税负的测度从结果维度显示了我国宏观税负水平的实际状况，但宏观税负的形成并非仅局限于税收范畴，而是具有更广泛和更深刻的内涵。实际上，也只有深入探究我国宏观税负的内在形成机理，才能洞悉"中国语境"下宏观税负的实质形成与决定。

一　计划型财政向市场型财政职能的深度转变，奠定我国宏观税负的逻辑基点

财政职能的范围是一国宏观税负的逻辑起点。从市场型财政的成因看，市场机制是配置资源的基础机制，尤其是私人产品的配置是通过市场价格机制进行的，但公共品由于非竞争性、非排他性的特点，需通过公共负担的税收机制进行。而当前我国的财政职能由计划型财政变革而来，这使得我国的财政职能既有现代市场型财政的职能特征，又具有转轨型财政的职能特征，由此形成我国宏观税负的逻辑起点。

在高度集中的计划经济体制下，我国财政是典型的生产建设型财政，实行以"统收统支"为特点的财政大一统体制。在运行模式上，实施以国有企业为核心的"政治主导经济、经济包办社会"的基本格局，即从上到下按照由权力决定的生产计划和定额任务，将财政资金划拨至国有企业，国有企业利润全额上缴财政，并包办教育、医疗、养老等社会事务，同时，为压低生产经营成本，实行以户籍制度为基础的城乡有别的"以农补工"模式，实施工农价格"剪刀差"，并在城市和国有企业内部实行总体偏低的等级工资制，全力保障工业生产和实现国际赶超计划。

自实行市场化改革至今，我国财政的职能发生了深刻的变化。一方面，随着社会主义市场经济的初步确立和市场型财政的初步成型，我国财政承担着对公共品的资源配置、实现收入分配公平、维护宏观经济稳定与增长的现代财政职能，将计划经济体制下的生产建设型财政、营利性财政逐步变革为公共型财政和民生型财政，财政承担着大量的公共品供给、调节收入分配与保障民生、逆周期财政调控等公共任务，由此也意味着大量的财政资金需求，是推高宏观税负水平的基础力量；另一方面，由于我国完全市场型的现代财政制度尚未全面确立，财政职能仍然具有为改革转轨提供支撑保障作用的基本内容，由此也使得与市场经济发达的国家相比，我国财政具有转轨型财政特征，如弥补历史"欠账"的财政支出，为实现新旧制度平稳过渡的改革保障支出、维稳支出等，也成为我国财政支出的内在范畴，由此也形成我国宏观税负水平不断推升的重要拉力。

二 快速扩张的经济总量与亟待优化的经济结构，形成我国宏观税负的税基支撑

税收来源于经济，经济是税收的基础源泉。一方面，一国经济的总量和规模，限定了税制体系可汲取的税收规模和总量；另一方面，经济结构的内在布局，决定着税源结构，限定着税收增长的支撑点及其增长质量和潜力。总体而言，近年来，我国快速增长的经济总量和亟待优化的经济结构，奠定了我国宏观税负形成的税基支撑。

从税基总量看，改革开放以来，我国经济长期保持两位数的高速增长态势，为我国税收的高速增长奠定了经济支撑。早在2010年，我国即已跃升至世界第二大经济体。庞大的经济总量和较高的经济增长速度，为我国税收的持续增长奠定了基础。虽然近年来我国经济进入"三期叠加"的新常态，经济增速放缓，进入个位数的中高速增长通道，但长期积累的庞大经济规模，是税收持续增长的基础支撑，尤其是在我国流转税主导的税制体系下，宏观税负的增长具有一定的稳定性。

从税源结构看，在长期的需求管理范式下，高投资、高外贸依存度、低消费成为我国税收所依赖的需求结构，且在流转税主导的刚性税制结构下，我国长期呈现出投资增长率高于GDP增长率、税收增长率高于投资增长率进而表现为"税收超经济增长"的基本格局。在我国经济受国际金融危机深度冲击滑入低谷的2009年，GDP增长率为9.2%，外部需求急剧萎缩，对经济的拉动为-3.5%，最终消费支出对经济的拉动为4.6%，GDP的增长主要靠资本形成来拉动，9.2%的GDP增长中投资拉动高达8.1%，该年的名义税收增长率仍然高达9.8%。与需求结构相对应，长期的需求侧管理使得我国产业结构以第二产业为主，且产业层次较低，2009年第二产业对经济的拉动值高达4.8%，第三产业对经济的拉动为4.0%，第一产业对经济的拉动仅为0.4%。

近年来，我国消费在需求结构中比重的上升，以及第三产业在供给结构中比重的上升，除经济发展质量有所提升外，在一定程度上是传统经济发展模式和经济结构难以持续的外在表征，即是投资效益递减所诱致的投资增速下降和第二产业比重下降的结果。在当前我国深化推进供给侧结构性改革的背景下，应摒弃长期以总量扩张、偏重需求侧、忽视发展质量与效率的发展模式，应以质量和效益为中心，深化推进经济结构优化，提升税源的含金量和发展潜力，形成我国税收稳健、可持续、高质量增长的有效结构支撑。

三 中央与地方税权划分的"悖论"，导致我国政府收入类型的多元化

理论上而言，在不同的政治与财政体制下，作为国家治理的轴心，中央与地方的税权划分有集权型和分权型之分。一般地，联邦制国家多采取分权型税权划分，单一制国家多采取集权型税权划分，不同的税权划分模式对中央与地方政府的行为具有不同的导向作用。

在我国，在正式制度层面上实行的是集权型税权划分模式，即中央集税收立法权、税收政策制定权、税收收益分配权等核心税收权力于一身，地方政府（主要是省级政府）仅具有特定权限和范围内的税收征管权、税收政策选择权及税收收益分享权。总体而言，我国集权型的税权划分有助于税政统一，建立适应市场经济发展和现代国家治理的税权体系。但在实践运行上，由于我国始终未能明确划分各级政府的事权与支出责任，导致各级政府的支出范围不明，并在一定程度上表现为事权分担的"模糊账"，在自上而下的威权政治体制下，特别是 1994 年为破解"两个比重"过低的分税制财政体制改革①，导致上级政府不断将事权范围和支出责任下移，同时将税收收益不断上移，由此形成地方财政收支失衡的"剪刀差"，致使上级政府不得不通过规模庞大、运行成本高昂、存在巨大寻租空间的财政转移支付通道来消减地方缺口。

但上级对下级的专项转移支付大多要求地方财政资金配套，在经济社会深度转型的全面深化改革时期，庞杂、刚性、有增无减的财政支出需求使得地方政府长期财力不足，迫使地方政府在向上"跑部钱进"的同时，动用其掌控的辖区内资源向下"开掘财力"，通过卖地、收费、发债、出让国有资源等多种方式来筹集资金，并通过给予土地、地方税费返还等各种优惠政策来"招商引财"，导致纳税人正税之外的非税负担沉重，总体负担加重。在某种程度上，如果说正税负担由中央税权决定，则相当程度的非税负担（税外收费、作为迟来税收的公债等）则由地方政府决定。而从纳税人实际负担的角度而言，无论是税收、收费还是借债，均构成对纳税人财产的实质"剥夺"，且由于纳税人与地方政府的长期近距离博弈关系，非税负担的执行力甚至强于正税负担，由此使得在税权高度集中于中央的情况下，地方政府在某种程度实际上拥有对纳税人税收之外的"负担决定权"，导致名义税权中央集中与实质"税权"地方分散的税权划分悖论，并最终导致我国政府收入类型的多元化。

四 税收优惠的预算控制缺失，形成我国宏观税负的税基侵蚀

从税收优惠的运用与管理来看，长期以来，我国税收优惠的运用缺乏统一的标准、体系和机制，往往流于碎片化、权宜化和趋附化，即在相当程度上，我国税收优惠的运用未能与总体税负水平的调整、税负结构的优化、税制体系的完善相对接，通常是根据特定时期和发展阶段的"政治任务"来出台的。历史地看，我国税收优惠以区域优

---

① "两个比重"过低是指 20 世纪 80 年代，中央"放权、让利、搞活"改革实施的财政包干制，导致地方"藏富于民"，最终导致全国财政收入占 GDP 比重下降、中央财政收入占全国财政收入比重下降的"双低"格局。

惠为基础，服务于"以经济建设为中心"的改革战略。改革开放初期，我国税收优惠服务于特区建设和东部沿海开放战略，之后先后服务于西部大开发、东北老工业基地振兴和"中部崛起"区域发展战略，以区域优惠嵌套产业优惠，并未明确产业税收优惠的主导方向。在税收优惠管理上，也未能进行税式支出的有效管理和控制，对税收优惠的总体规模、对税负水平的冲击、对税负结构的影响一直未进行充分的论证和系统的测算，税收优惠的预算控制缺失，使得我国税收优惠的运用在机制层面上缺少"制动"装置，导致税收优惠运行对宏观税负和税负结构的实际影响不明。

五 涉税信息管理的系统性与集成度不足，导致我国宏观税负实践的税收流失

在我国，长期以来，涉税信息管理是制约我国税负结构调整及税制改革的瓶颈所在。受计划经济体制和发展水平的制约，我国的涉税信息管理总体上停留在以企业纳税人为主体、以间接管理为主要模式、以截流管理为基本手段的阶段。受计划经济时期经济管理主要以国有企业管理为中心的影响，我国税务机关对企业纳税人的管理经验大大强于对自然人的管理经验，且由于企业本身的财务管理能力和诚信水平不高，对企业流转税的管理能力要强于对企业所得税的管理。对自然人的管理主要通过对企业纳税人管理的间接通道进行，通过代扣代缴机制实现对自然人纳税人的间接管理，且对自然人税源的管理采取分类、截流管理，按照从企事业等单位获取的收入来源截流一笔、入库一笔。

实际上，当前市场经济迅猛发展，自然人的收入来源日益多元化，已不仅仅限于计划经济时期单一化的工资性收入，各种劳动性收入、资本性收入、技术性收入等五花八门，且对特定群体而言，通过企业纳税人代扣代缴的收入并非自然人纳税人的主体性收入，非劳动性收入正日益成为拉大我国居民收入分配差距的主力推手。但当前我国税务管理的碎片化、截流化模式，难以适应新形势下我国纳税人税基来源广泛、自主性收入陡增的现实，加之现金管理制度的瓶颈性约束，使得我国当前的税收管理难以实现对纳税人涉税信息的综合集中管理和即时跟踪管理，使得以纳税人自主申报为基础的要求难以落实，也使得以纳税人总体收入为税基的量能课税改革难以推进。其基本效应是，高收入者的非劳动性收入、自主性收入的课税难以做到有税尽收，不仅导致税收流失，冲减宏观税负，而且导致税负征收畸轻畸重，降低纳税人税负公平感，增加税负痛感指数，进而会对税收正向遵从产生不利影响。

六　税收决定的公共参与度不足，弱化纳税人对我国宏观税负的内在认同

自20世纪80年代我国全面推开工商税制改革以来，全国人大对国务院进行税收立法授权，我国税收立法即由行政权主导，大部分税收立法都是由国务院以行政法规的名义颁行实施的，如增值税暂行条例、营业税暂行条例、房产税暂行条例等，由全国人大以严格意义上的法律颁布实施的税法只有企业所得税法、个人所得税法、车船税法、税收征管法等几部法律，导致我国的主体税种如增值税、营业税等间接税的立法层级较低，且税收优惠的管理也大多由国务院下属的国税总局、财政部等以部门规章或红头文件的方式颁行实施，导致税制不规范、权威性不高。国务院作为行政机关，其集运动员和裁判员身份于一身，基于对绝对权力怀疑的观点，其可能为了最大限度地保障国库利益，在制定税收政策法规时有利于自身而不利于纳税人，而即便是其出于科学、公正的原则制定了合规律的税法，但由于税收是对纳税人的财产权的减损，依据"无代表、不纳税"的税收决定机理，纳税人也会因为自身或其代表未能亲自参与税收决定而心存不满。

由于纳税人对税收决定的公共参与不足，对于应该推进的税制改革尤其是直接税的增税改革认知不足，且由于理性沟通通道的缺乏，使纳税人对减税格外青睐、对增税"痛感"强烈，不利于我国宏观税负水平的调整和税负结构的优化。

七　税负形成的宪法性约束缺失，弱化我国宏观税负的法治保障

在我国现行的宪法文本中，基于国家利益和集体主义的价值旨趣，更多地强调"依法纳税是公民的义务"，鲜有强调对征税权的底线约束。且由于我国宪法的不可诉性,在"规则内选择"上,在宪法框架下产生的纳税人与征税权之间的争讼案件鲜有发生;在"规则间选择"上,以保障财产权为目标、对征税权设立宪法性约束的"元规则"缺失,由此导致在我国宪法层面上,缺失控制宏观税负增长的"制动"装置。

第三章 我国现代税收体系建设的税负结构布局

从逻辑上看，总量税负水平的判断，为探明我国"稳定税负"的实质内涵确立了基本依据和前提，但总体税负是由不同类型、不同层面的具体负担组成的，只有明晰形成特定税负水平的内在税负布局和结构，始能为我国税负结构的优化明确基本思路、施力方向和着力点。从层次上看，我国税负结构有宏观、中观、微观的三维结构之分；从类型上看，我国税负结构由税收负担和非税负担、直接税负担和间接税负担、产业税负和区域税负、企业税负和自然人税负等类项构成。

第一节 宏观税负结构的实际状况及成因

从宏观层面看，基于收入标准，我国税负结构有大口径政府收入结构和小口径税系结构之分，其中，大口径政府收入结构由税收、社会保障缴款和基金、规费等负担类型组成，小口径税系结构由流转税、所得税和财产税等负担类型组成。当前我国宏观税负结构的形成与决定，具有深刻的内在成因。

一 大口径政府收入结构

当前，在新预算法框架下，我国全口径公共预算收入由公共财政收入、政府性基金收入、社会保障缴款收入、国有资本经营收入"四块"构成，其中，公共财政收入又由税收收入和行政事业性收费、专项收入、罚没收入等非税收入构成。但从类型化的角度看，税收收入作为市场经济条件下的主要财政收入来源，是政府收入的基本类项；作为现代社会保障体系的重要组成部分，社会保障缴款具有专款专用性质，其征缴基础是劳动力工资，是现代政府收入的重要类型，且其在本质上具有税收的属性；此外，作为非税收入的组成部分，各种名目的基金、规费、国有资源有偿使用等收入也是当前我国政府收入的重要来源。因此，本书将我国大口径政府收入结构区分为税收、社会保障缴款和基金规费三大类项。

当前，我国的全口径政府收入结构，基本呈现出税收收入与非税收入"平分秋色"的五五开格局。即税收收入占全部政府收入的比重为50%偏上，社保缴款收入和政府性基金、规费等收入约占全部政府收入的50%，也即税收、社会保障缴款与基金规费收入的基本比例为5∶2∶3。进一步而言，若将社会保障缴款的财政属性界定为税收，则我国税收性质的收入与非税收入的比例大致为7∶3。也即总体来看，我国大口径税收收入对我国政府收入的贡献度约为七成，小口径非税收入对我国政府收入的贡献度仍然高达三成。

从表3-1中可以看出，2012—2019年，我国各项政府收入在中低速通道保持稳健增长，税收收入额从2012年的100614亿元，增长至2019年的158000亿元，但税收收入占政府收入的比重不断下降，由2012年的53.61%下降至2019年的46.45%，波动区间在46.45%—53.61%。社会保障缴款收入额由2012年的31411亿元，稳步增长至2019年的83550亿元，占政府收入的比重由16.74%快速上升至24.56%，浮动范围围绕在15.21%—24.56%。2012—2019年，各项基金、规费收入额由2012年的55670亿元，增长至2019年的98601亿元，占政府收入的比重由29.66%增长至2016年的30.51%，随后有所下降，2019年为28.99%，浮动区间在26.34%—33.58%。总体来看，作为全口径政府收入的基本构成，税收、社保缴款与基金规费的比重大致呈现5∶2∶3的基本格局。

二 小口径税系结构

从税收收入的内部构成来看，我国税收结构由流转税、所得税和财产税三大税系构成。在具体的税收构成中，流转税占据我国税收收入的"比例最高",所得税次之,财产税位居劣位,三者在税制结构中的比例分别为55%、30%、15%。

表3–1　2012—2019年我国全口径政府收入基本结构

单位：亿元、%

年份	总收入	税收额及比重		社保缴款额及比重		基金、规费额及比重	
2012	187695	100614	53.61	31411	16.74	55670	29.66
2013	215853	110531	51.21	32829	15.21	72493	33.58
2014	236320	119158	50.42	39828	16.85	77334	32.72
2015	241767	124922	51.67	44660	18.47	72185	29.86
2016	257046	130354	50.71	48273	18.78	78419	30.51
2017	287170	144370	50.27	67154	23.38	75646	26.34
2018	325243	156403	48.09	79254	24.37	89586	27.54
2019	340151	158000	46.45	83550	24.56	98601	28.99

资料来源：国家统计局官网、财政部官网。

从表3–2中可以看出,2009—2019年,流转税收入额由38030亿元,持续增长至82621亿元,虽然其占税收收入的比重总体呈现下降趋势,从高达64%的占比逐渐"破六",尤其是在当前经济下行压力加大导致税收增速放缓的背景下,流转税占税收收入比重继续下降,2019年降低到54%,仍然维持在"半壁江山"高位。所得税收入从2009年的15486亿元,增长至2019年的47692亿元,其占税收收入的比重由2011年的25%,稳步上升至2019年的31%。就财产税而言,其税收收入额由2009年的6006亿元,增长至2019年的21702亿元,占税收收入比重由2009年的10%,逐步增长至2019年的14%。2019年,作为我国现行税制结构的三大税系组成,流转税、所得税与财产税的比例为55∶31∶14。

分税种来看,当前我国现行税制结构的四大税种分别为增值税、企业所得税、消费税、个人所得税,四税收入合计约占税收收入的

表 3-2　　　　　　2009—2019 年我国税系结构状况　　　单位：亿元、%

年度	流转税 收入	流转税 比重	所得税 收入	所得税 比重	财产税 收入	财产税 比重	税收收入
2009	38030	64	15486	26	6006	10	59522
2010	47611	65	17681	24	7919	11	73211
2011	57217	64	22824	25	9698	11	89738
2012	63455	63	25475	25	11685	12	100614
2013	67413	61	28959	26	14159	13	110531
2014	71070	60	32019	27	16086	13	119175
2015	71700	57	35743	29	17479	14	124922
2016	73320	56	38939	30	18095	14	130354
2017	73963	54	44083	32	19142	14	144370
2018	79850	53	49195	33	20349	14	156403
2019	82621	54	47692	31	21702	14	158000

资料来源：国家统计局官网、财政部官网。

77.6%。从表 3-3 中可以看出，2019 年我国实现税收收入 158000 亿元，其中，国内增值税实现收入 62347 亿元，占税收收入的比重高达 39.46%，是我国长期以来的第一大税种，"营改增"全面实施进一步巩固了这种"一税独大"地位。作为我国第二大税种，企业所得税在 2019 年实现收入 37304 亿元，占税收收入的比重为 23.61%。作为具有特别调节作用的流转税，国内消费税在 2019 年实现收入 12564 亿元，占税收收入比重为 7.95%。作为调节收入分配的重要税种，2019 年我国个人所得税实现收入 10389 亿元，占税收收入比重为 6.58%。我国财产税系税种繁杂，收入较为分散，占税收收入比重较高的税种有土地增值税（4.09%）、契税（3.93%）等，其余税种收入规模偏小。

三　我国宏观税负结构的成因分析[①]

与发达市场经济国家财政收入以税收为主、税制结构以所得税为

[①] 由于本书在第一章已就我国宏观税负的成因进行了系统性分析，而总量税负水平的影响因素在相当程度上也是税负结构的影响因素。因此，本部分在论述我国税负结构的成因时，仅就最切近的影响因素进行阐述，其余不再赘述。下同。

主的状况不同,我国当前政府收入结构由税收、社保缴款和基金规费"五、二、三"分,税系结构由流转税、所得税和财产税"六、三、一"分的内在结构,具有长期而深刻的历史和现实成因。择其要之而言:

表3-3　　　　2019年我国各税种收入规模及其比重　　　单位:亿元、%

税种	收入	比重	税种	收入	比重	税种	收入	比重
国内增值税	62347	39.46	房产税	2988	1.89	关税	2889	1.83
国内消费税	12564	7.95	印花税	2463	1.56	耕地占用税	1390	0.88
企业所得税	37304	23.61	城镇土地使用税	2195	1.39	契税	6213	3.93
个人所得税	10389	6.58	土地增值税	6465	4.09	烟叶税	111	0.07
资源税	1822	1.15	车船税	881	0.56	其他税收	129	0.08
城市维护建设税	4821	3.05	车辆购置税	3498	2.21	合计	158000	100

资料来源:财政部官方网站。

(一)法治财政不健全条件下的"非满收满付制",形成我国税外收费规模膨胀的滥觞

理论上而言,政府收入作为加之于纳税人财产之上的公共负担,无论是非直接偿还的税收,还是具有对等服务品性的收费,其征收均应当在法治框架下明确、规范、统一、透明。但在20世纪80年代初特定的政治经济条件下,为调动各方改革积极性,全国人大对国务院进行了广泛的税收立法授权,国务院按照"放权、让利、搞活"的基本思路,大力推进预算、工商税制等财税改革深化。在预算分配上,改变计划经济体制僵化刻板的"大一统"体制,实施"非满收满付制",即在改革开放初期国家财力不充盈的条件下,国家按照预算盘子对各部门在既定财力下安排部分资金,各部门年度财政支出的不足部分,"授权"部门设置费目自行"收满"。这种变相授予权力部门"征费权"的安排,相当于解开了公权力"攫取之手"的镣铐,虽然在短期满足了政府运转的财力要求,但其非法治化特点所诱致的负面

效果却贻患无穷。其典型表现即是各部门设置的形形色色的收费项目层出不穷、难以根治，也使得法治财政的建设进展缓慢，在政府收入结构上，则表现为非税收入规模庞大，可"创收"的弹性空间大。虽历经20世纪90年代末和21世纪的几次"费改税""清费正税"和结构性减税降费改革，乱收费、乱摊派等现象有所遏制，但制度运行的巨大惯性，以及法治财政建设的步履维艰，使得庞大的非税负担仍然是我国纳税人不得不承受的财政之痛。

（二）高投资主导的经济结构与计划型企业管理经验，形成流转税主导的税收结构

税收是一国税制体系对经济税基汲取的财政结果，但一国税收结构的形成，受制于该国特定的经济税源结构，并受该国税务管理能力的实质影响。我国由流转税主导的税制结构的形成，一方面是我国需求管理范式下高投资主导的经济结构的必然财政反映；另一方面，则是我国现代化税务管理能力薄弱以及纳税人诚信度不足的现实选择。

从税基结构看，高投资经济结构形成丰富的商务劳务流转额，奠定流转税的税源基础。改革开放以来，我国摒弃"以阶级斗争为纲"的发展路线，确立"以经济建设为中心"的基本方针，由此开启了政府主导下的高投资经济发展模式。且受效率发展观的深刻影响，我国实际上遵循"经济总量优先"的发展战略，在低要素成本和国际产业转移的有利条件下，经济上奉行"大投大放"，固定资产投资迅猛增长，由此形成高投资、高外贸依存度和低消费的失衡结构。在税收结构上，以高投资为税基的流转税成为税收收入的主导力量。

从税收管理看，计划经济时期形成的以国有企业为中心的管理经验，主要是制定和管理企业的生产经营计划，由于交易各方钩稽关系的存在，对企业的购销额管理最为强大，此正与流转税的管理需求相契合。与之相比，由于对所得税的管理经验不足，且由于纳税人的诚信度偏低，使得主要依靠纳税人申报纳税的所得税难以成为主导税种。特别是1994年的税制改革，确立了以流转税为重心的税制体系，由此奠定了当前我国税制结构的历史根基。

（三）涉税信息综合归户系统的缺失，钳制所得税与财产税收入规模及比重的有效提升

长期以来，我国直接税收入规模及比重的难以提升，是受制于所得税与财产税税源基础的薄弱。但当前，在我国经济总量已雄踞世界第二、收入水平已迈入"中上等收入国家行列"的背景下，应当说，我国已具备直接税收入规模及比重大幅提升的税源基础。但现实状况是，我国所得税和财产税在税收结构中的比重仍然仅维持在40%的段位上，其钳制性约束在于，我国以自然人为中心的直接税信息管理系统的缺失。其基本表现是，市场经济条件下的自然人收入、财产、消费、行为等涉税信息爆炸式呈现，但在管理上，我国当前缺乏将上述类型多元、形式多样的碎片化信息进行综合、归户管理的基础系统，使得综合、量能课税缺乏必要的信息支撑。实践中，自然人税收管理只能采取单对单的分类"截流"方式进行，抓住一个算一个，这不仅制约征管层面的税收收入规模，也深刻制约个人所得税、房地产税、遗产赠与税等直接税在制度层面的改革深化。

第二节　中观税负的结构性布局及成因

宏观税负结构呈现了我国税收负担与非税负担、直接税负担与间接税负担的基本布局，并受宏观层面的法治财政状况、税务管理能力等因素的深刻影响。而中观层面的税负结构可从产业角度和区域角度切入，有助于探明我国宏观税负是如何在产业间与区域间分配和布局的。

一　产业税负结构

从供给侧角度看，产业是税收之源，一国产业布局和质量结构决定着该国税收收入的总量水平和质量。但具体来看，不同的产业对税收的贡献度是存有差异的。

（一）产业税收差异

从产业税收贡献度看，自2006年我国全面取消农业四税后，我国三次产业承担的税收呈现出明显的差异,第一产业的税收贡献度微小,税收收入主要来源于第二产业和第三产业,且近年来二者呈现此消彼长的"互动"关系。具体如表3-4所示。

从表3-4中可以看出,2006—2018年,我国第一产业的税收贡献度基本维持在0.1%的水平,税收收入贡献额由2006年的14.22亿元,增长至2018年的174.67亿元,波动区间处于0.03%—0.22%之间;第二产业的税收贡献度由2006年的57.63%,逐年下降至2018年的43.11%,税收收入贡献额由2006年的21293.15亿元,增长至2018年的73268.14亿元;第三产业的税收贡献度由2006年的42.33%,逐年增长至2018年的56.79%,税收收入贡献额由2006年的15642.22亿元,增长至2018年的96515.98亿元。由此表明,在当前我国的产业税收结构中,第三产业的税收贡献度已超越第二产业,成为我国税收收入持续、稳健增长的主体性税源。

表3-4　　　　2006—2018年我国三次产业税收收入及比重　单位:亿元,%

年份	第一产业 税收收入	比重	第二产业 税收收入	比重	第三产业 税收收入	比重	总计 税收收入	比重
2006	14.22	0.04	21293.15	57.63	15642.22	42.33	36949.59	100
2007	13.54	0.03	26041.68	53.61	22519.70	46.36	48574.92	100
2008	126.44	0.22	30643.76	52.96	27091.60	46.82	57861.80	100
2009	56.05	0.09	33415.54	52.95	29632.01	46.96	63103.60	100
2010	78.21	0.10	40615.36	52.48	36700.87	47.42	77394.44	100
2011	81.26	0.08	49797.47	52.02	45850.74	47.90	95729.47	100
2012	120.35	0.11	54835.70	49.51	55807.98	50.38	110764.03	100
2013	160.63	0.13	56720.58	47.28	63078.71	52.58	119959.92	100
2014	203.91	0.16	60014.72	46.33	69322.49	53.51	129541.12	100
2015	179.22	0.13	61476.70	45.20	74365.91	54.67	136021.83	100
2016	234.91	0.17	60854.30	43.31	79414.83	56.52	140504.04	100
2017	179.71	0.12	67876.82	43.58	87682.75	56.30	155739.28	100
2018	174.67	0.10	73268.14	43.11	96515.98	56.79	169958.79	100

资料来源:数据来源于《中国统计年鉴》(2019)及《中国税务年鉴》(2019)。税收收入为全部税收,不包括出口退税。

(二) 产业税负差异

从产业税负角度看,2006—2018年,我国小口径宏观税负水平经历了先升后降的过程,从2006年的16.09%,逐步增加至2013年的峰值21.09%。其后又逐渐下降,到2018年下降到18.88%。分产业来看,第一产业的税负水平由2006年的0.06%,增加至2018年的0.27%;第二产业的税负水平由2006年的20.64%,增加至2012年的23.66%,其后下降到2018年的20.02%,税负水平总体稳定;第三产业的税负水平由2006年的17.16%,增加至2018年的20.55%(见表3-5)。

表3-5　　　　2006—2018年我国三次产业税负差异　　　　单位:%

年份	第一产业	第二产业	第三产业	宏观税负
2006	0.06	20.64	17.16	16.09
2007	0.05	20.81	19.57	17.16
2008	0.39	20.69	19.93	17.27
2009	0.16	21.17	19.29	17.46
2010	0.2	21.51	20.31	18.23
2011	0.18	22.29	21.37	18.97
2012	0.24	23.66	22.96	19.36
2013	0.29	22.09	22.86	21.09
2014	0.35	22.08	22.65	20.36
2015	0.29	21.91	21.61	19.84
2016	0.39	20.52	20.71	18.99
2017	0.29	20.40	20.59	18.98
2018	0.27	20.02	20.55	18.88

注:1. 数据根据历年《中国统计年鉴》《中国税务年鉴》计算得出。
　　2. 产业税负=来自产业税收收入/产业产值×100%

总体来看,近年来我国第二产业和第三产业的税负水平呈现趋近之势,基本维持在20%—21%的区间范围上下浮动,但表3-4表明,近年来第三产业对税收收入的贡献度却要高于第二产业,由此说明第三产业的税收"含金量"要高于第二产业。这意味着我国长期依靠高投入、高能耗的重化工业支撑的第二产业的发展效率和质量正趋于下降,以服务业为核心的第三产业的发展动能正在崛起。同时,需要指出的是,由于我国对农业实施免税政策,但由于增值税的进项抵扣机制,农业增值税免税则意味着对其进项税抵扣权的"剥夺",若将此间接的"隐性"税负计入,则第一产业的实际税负水平要高于表中的名义税负水平。

(三) 产业税收弹性系数

从产业税收弹性系数看,2009—2018 年,我国税收弹性从 2009 年的 1.26 逐步下降至 2018 年的 0.94,表明税收收入的增长率与经济的增长率相比持续下降,也即随着我国经济进入新常态,经济增长由高速增长通道驶入中低速增长通道,税收收入的增长则一改长期"超经济增长"的强劲态势,驶入更为低位的中低速增长通道(见表 3-6)。

表 3-6　　　　2009—2018 年我国三次产业税收弹性系数

年份	第一产业	第二产业	第三产业	总体
2009	2.60	1.10	1.30	1.26
2010	0.22	1.23	1.21	1.23
2011	4.68	1.35	0.91	1.18
2012	3.85	0.50	1.42	1.91
2013	3.62	0.28	1.15	0.82
2014	4.94	1.00	0.91	0.98
2015	-2.79	2.26	0.62	0.75
2016	7.59	-0.20	0.63	0.42
2017	-7.21	0.95	0.94	0.99
2018	-0.66	0.79	0.98	0.94

注:1. 数据根据《中国统计年鉴》《中国税务年鉴》有关资料整理所得。
　　2. 税收弹性系数 = 税收增长率/产值增长率。

从产业税收弹性系数看,三次产业间呈现变动不居的较大差异性。2009—2014年，第一产业的税收弹性系数以高弹性为主，除2010年外，大部分年份维持在2.5—5之间，2014年高达4.94，但2015年又出现负值，为-2.79，2016年和2017年产生了较大波动，第一产业税收弹性系数分别为7.59和-7.21，但2018年趋于稳定，为-0.66。第二产业的税收弹性系数的变动区间为-0.20—2.26，谷点出现在2016年，峰点在2015年，其余年份围绕1上下浮动。第三产业的税收弹性系数的波动区间为0.62—1.42，谷点在2015年，峰点在2012年。

总体来看，我国第三产业的税收弹性系数与整体税收弹性系数的变化趋势基本保持一致，而我国产业税收弹性系数变化的不规律性，表明我国税收对经济的稳定机制远未形成。

（四）行业税负变动：源于实地调研的"第一手"数据

在当前我国经济进入"新常态"，并着力推进以"三去一降一补"为重要内容的供给侧结构性改革的现实背景下，为进一步客观判断我国实体经济行业的实际税负及变动状况，本书选取我国东部沿海某实体经济大省的22个重点行业作为分析样本，分析其2015年对2013年的行业税负变动状况。

总体而言，2013—2015年，本省22个行业的主营业务收入从82422亿元增长至93334亿元，年均增幅为6.4%，行业税负水平由2013年的3.25%增长至2015年的3.44%，税负增长率为5.80%（见表3-7）。

分行业看，不同行业间的经济效益和税负变动则呈现"冰火两重天"的分化格局。2013—2015年，本省22个重点行业中，有17个行业的税负水平实现不同程度的下降，有5个行业的税负水平实现较大幅度的提升。其中，税负下降率较高的行业有高端装备（-22.8%）、新材料（-18.02%）、汽车（-32.24%）、地方炼化（-52.23%）、造纸（-54.08%）、平板玻璃（-41.92%）等新兴产业和传统优势行业；税负上升幅度较大的行业有煤化工（209.92%）、钢铁（21.55%）、轮胎（21.41%）等传统行业和产能过剩行业。

表3-7　东部某沿海大省22个重点行业税负变动状况

单位：亿元，%

行业	主营业务收入 2015	主营业务收入 2013	年均增幅	税收收入 2015	税收收入 2013	税负率 2015	税负率 2013	税负变动率
22个行业合计	93334	82422	6.4	3212	2681	3.44	3.25	5.80
食品	16910	15439	4.7	515	491	3.05	3.18	-4.24
信息技术	13600	11300	9.7	463	288	2.74	2.55	7.43
纺织和服装	12794	11437	5.8	410	392	3.01	3.43	-12.04
高端装备	10187	8319	10.7	336	283	2.63	3.40	-22.80
汽车	6514	5657	7.3	205	168	2.01	2.97	-32.24
新材料	5651	4272	15	230	184	3.53	4.31	-18.02
地方炼化	4397	3654	9.6	99	134	1.75	3.67	-52.23
医药	4165	3277	12.7	215	165	4.89	5.04	-2.89
有色金属	2889	2541	6.6	90	71	2.16	2.79	-22.67
轮胎	2957	3075	-1.9	73	64	2.53	2.08	21.41
家电	2642	2395	5	85	71	2.87	2.96	-3.04
钢铁	2643	3351	-12.6	46	48	1.74	1.43	21.55
造纸	1230	1180	2.1	36	35	1.36	2.97	-54.08
工程机械	1060	1109	-2.2	39	39	3.17	3.52	-9.84
农机	1004	843	9.1	31	26	2.92	3.08	-5.18
船舶	930	732	12.8	18	15	1.79	2.05	-12.51
家具	922	821	6	40	35	4.30	4.26	0.89
煤化工	847	1108	-12.6	196	76	21.26	6.86	209.92
水泥	776	878	-6	35	45	4.13	5.13	-19.38
建筑陶瓷	718	595	9.9	31	30	3.99	5.04	-20.77
平板玻璃	498	439	6.5	19	20	2.65	4.56	-41.92

注：税负率=税收收入/主营业务收入。
资料来源：根据东部沿海大省工信部门原始调研数据整理而得。

究其原因，税负水平的下降受主营业务增长率较高和发展质量优良的深刻影响，如高端装备业的主营业务收入年均增幅10.7%，新材料年均增幅15%，汽车7.3%。受产能过剩和行业不景气的影响，煤炭、钢铁价格一度呈现"断崖式"下跌，导致煤化工行业和钢铁行业的主营业务收入年均降幅达 12.6%，且受流转税收入刚性的影响，在行业景气指数下降时期的税负率增长幅度较大。

二 区域税负结构

从中观层面看，区域税负布局也是税负结构的重要内容。按照我国对经济地域的划分，全国大陆地区 31 个省级行政区可划分为三大区域。其中，东部地区包括北京、天津、辽宁、河北、上海、江苏、浙江、福建、山东、广东和海南 11 个省（市），中部地区包括山西、吉林、黑龙江、安徽、江西、河南、湖北、湖南 8 个省，西部地区包括重庆、四川、贵州、云南、西藏、陕西、甘肃、青海、宁夏、新疆、广西、内蒙古 12 个省（市、区）。以下区域税负分析以此地域划分为基础展开。

（一）区域税收结构

从区域税收结构看，当前我国区域税负水平呈现出东部地区最高、西部地区次之、中部地区再次之的基本格局，区域间的税负差异明显。2008—2018 年，东部地区税负水平的变动区间为 17.88%—20.76%，2018 年为 20.55%，税收收入占比较高；西部地区的税负变动从 2008 年的 14.02% 到 2018 年的 14.86%，谷底为 2009 年的 13.94%；中部地区的税负水平变动，从 2008 年的 11.42% 到 2018 年的 12.95%，总体呈现先上升后下降态势，峰值为 2015 年的 13.20%（见表 3 – 8）。

从区域税负差异来看，区域间的税负差异先缩减后扩大。2008 年，东部地区税负水平比中部地区和西部地区分别高出 7 个和 4 个百分点，到 2015 年，这一税负差异分别缩减至 5 个和 3 个百分点，但到了 2018 年，这一税负差异又增加到 8 个和 6 个百分点。尤其是西部地区的税负水平持续高于中部地区的税负水平，此一点值得关注。

就税负差异的成因而言，一是受税源基础的影响，即经济规模、产业结构与"总部经济"；二是受征管能力和征管努力的影响；三是受税制结构与分配体制的影响；四是受非税规模的影响。下文将展开论述，此处不再赘述。

表 3-8　　　2008—2018 年我国东中西部地区税收负担　　　单位：%

年份	东部	中部	西部
2008	18.32	11.42	14.02
2009	17.88	11.24	13.94
2010	18.21	11.41	14.80
2011	18.99	12.02	15.44
2012	19.80	12.99	16.31
2013	19.63	13.14	16.10
2014	19.73	13.06	15.62
2015	18.24	13.20	15.31
2016	19.57	13.08	14.92
2017	20.76	12.89	14.78
2018	20.55	12.95	14.86

注：区域税收负担＝税收收入/地区生产总值×100%。

(二) 区域税收协调系数[①]

从税收协调系数看，我国区域间的税收协调度不足，其基本表现是：东部地区税收贡献超经济贡献，西部和中部地区的税收贡献则低于经济贡献。从表 3-9 可以看出，2007—2018 年，东部地区的税收协调系数基本维持在 1.13—1.22 的水平，2018 年，东部地区对全国的经济贡献度为 54.69%，税收贡献率则为 66.31%；西部地区的税收协调系数的变动区间为 0.79—0.94，2018 年，西部地区经济对全国的贡献度为 20.69%，税收贡献率则为 16.53%；中部地区的税收协调系数变化区间为 0.69—0.77，2018 年中部地区对全国的经济贡献度为 24.62%，税收贡献率为 17.15%。

从纵向看，我国的区域税负结构差异呈现平滑态势，其基本表现为：东部地区的税收协调系数先下降后上升，中部地区和西部地区的税收协调系数先上升后下降。2007—2018 年，东部地区 GDP 占全国

---

① 税收协调系数是衡量税负协调程度的重要指标，地区税收协调系数用于衡量区域税收对全国范围内国民经济的协调程度。税收协调系数明显大于 1，说明税收贡献超经济贡献，小于 1 则反映税收贡献不足。

表 3-9　　2007—2018 年我国东中西部地区税收协调系数

年份	东部地区 税收占全国比重（%）	东部地区 GDP占全国比重（%）	东部地区 税收协调系数	中部地区 税收占全国比重（%）	中部地区 GDP占全国比重（%）	中部地区 税收协调系数	西部地区 税收占全国比重（%）	西部地区 GDP占全国比重（%）	西部地区 税收协调系数
2007	68.33	59.26	1.15	16.51	23.37	0.71	15.14	17.35	0.87
2008	67.21	58.40	1.15	17.09	23.81	0.72	15.69	17.79	0.88
2009	66.54	58.00	1.15	17.06	23.66	0.72	16.39	18.34	0.89
2010	65.47	57.31	1.14	17.23	24.05	0.72	17.31	18.62	0.93
2011	64.39	56.30	1.14	17.73	24.47	0.72	17.86	19.22	0.93
2012	63.18	55.64	1.14	18.35	24.61	0.75	18.49	19.76	0.94
2013	62.80	55.45	1.13	18.61	24.55	0.76	18.57	20.00	0.93
2014	63.24	55.34	1.14	18.52	24.48	0.76	18.25	20.18	0.90
2015	63.30	55.57	1.14	18.76	24.36	0.77	17.94	20.06	0.89
2016	63.75	55.46	1.15	18.39	24.43	0.75	17.86	20.11	0.89
2017	67.04	55.15	1.22	16.85	24.46	0.69	16.11	20.40	0.79
2018	66.31	54.69	1.21	17.15	24.62	0.70	16.53	20.69	0.80

注：地区税收协调系数 = 该地区占全国税收比重/该地区占全国 GDP 比重。

比重由 59.26% 下降至 54.69%，下降了近 5 个百分点。但税收占全国比重由 68.33% 下降至 66.31%，仅下降了约 2 个百分点，税收协调系数则由 1.15 上升至 1.21。中部地区的税收协调系数由 2007 年的 0.71，稳步上升至 2015 年的 0.77，但 2018 年又下降到 0.70，GDP 占全国比重由 23.37% 上升至 24.62%，税收占全国比重由 16.51% 上升至 2018 年的 17.15%，税收协调系数保持基本稳定。西部地区的税收协调系数，由 2007 年的 0.87 逐步上升至 2012 年的 0.94，之后逐年下降至 2018 年的 0.80，GDP 占全国比重由 2007 年的 17.35%，上升至 2018 年的 20.69%，上升了约 3 个百分点，税收对全国贡献率由 2007 年的 15.14%，仅上升至 2018 年的 16.53%。由此表明，在总体上，我国中部地区和西部地区对全国的经济和税收贡献度经历了先逐步提升后快速下降的过程，区域间的经济税收差距虽渐呈缩减趋势，但仍然存在。

（三）区域税负差异系数

为更集中、直观地反映区域税负差异，本书采用综合性指标——税负差异系数，以对我国区域税负差异的动态变化进行总体分析。税负差异系数的计算过程如下：

①根据31个省份税收额、GDP计算出区域宏观税负，并从小到大排序。

②计算累计税收比重

$$U_i = \sum_{i=1}^{31} t_i, V_i = U_{i-1} + U_i, S = \sum_{i=1}^{31} y_i \times V_i \text{。} \quad (3-1)$$

式中，t_i 表示 i 地区税收对全国贡献度，y_i 表示 i 地区 GDP 对全国贡献度，U_i 表示税负由低到高排序下截至 i 地区的累计税收比重，V_i 表示上期与本期截至 i 地区的累计税收比重，S 表示 i 地区 GDP 比重与税收比重乘积累计值。

③得出税负差异系数 $G = \dfrac{10000 - S}{10000}$。

从表3-10中可以看出，2009—2018年，我国税负差异系数呈现逐年下降趋势。具体而言，从2009年的0.1903逐年下降至2018年的0.1466，基本保持年均下降约0.8个点的态势，表明我国区域间的发展差距虽仍存在，但税负差异度在趋于缩减，此与上述对区域税收协调系数的分析结论趋于一致。

表3-10　　2009—2018年我国区域税负差异系数

年份	2009	2010	2011	2012	2013
税负差异系数	0.1903	0.1809	0.1777	0.1667	0.1593
年份	2014	2015	2016	2017	2018
税负差异系数	0.1562	0.1487	0.1472	0.1503	0.1466

资料来源：《中国统计年鉴》（2010—2019）。

三　我国中观税负结构的成因分析

（一）税基厚度与"含金量"是导致中观税负差异的基础性诱因

从我国产业税负和区域税负布局来看，税源的总量与结构、质量与效率是导致税负结构性差异的基础成因。一方面，税源的总量和规模是产出税收的"总盘子"，经济规模的大小从根本上制约着税收贡献度，这是导致产业税负差异和区域税负差异的最基础因素，经济欠发达地区的经济规模小，产业增加值规模小，直接制约着可汲取的税收规模；另一方面，税源结构和含金量是决定税收产出的核心因素。这其中，产业结构又是关键内核。东部地区的税收规模大和增长能力强，核心之点即是其产业结构由传统的"一、二、三"转向"二、三、一"甚或"三、二、一"，中部地区和西部地区的产业结构往往是农业占比较大、传统高能耗、重化工业、低附加值产业占比较高，高端制造业、现代服务业不发达，产业链条短，且多处于价值链的中低端，使得经济中能够转换成"真金白银"的税收含量偏低，从而导致可汲取的税基厚度不足，可贡献税收的经济点较少，从而制约着可汲取的税收额度。东部沿海地区的税收贡献度高于经济贡献度，除了流转税制体系的收入刚性外，基础性的原因还是高技术、高附加值、生态环保的现代农业、高端制造业、战略性新兴产业和现代服务业较为发达，总部经济勃兴，产业链完整，且位于中高端层级，经济税基中的"含金量"高所致。

（二）生产地课税、生产地分税的税收分配体系，是导致区域税负不公的制度性成因

当前，我国区域税负的结构性差异，除了税基规模与税源结构的差异，在流转税主导的税制体系下，生产地征税并分税的税收分配体制，是导致区域税负分配不公平的重要制度成因。长期以来，我国实施由流转税主导的税制结构，流转税的基本特征是对商品劳务的流转额征税，法定纳税人是销售方，但由于其是设置于市场初次分配环节的税种，作为名义税负承担的销售方，会通过市场价格通道转嫁于购买方，从而实现税负名义归宿与实际归宿的脱离，进而，通过层层环节的转移，税负最终归于消费者负担。但在税收分配上，却遵循以法定纳税人为基点的属地原则，而非遵循以实际负税人为基础的属人原则，由此导致东部地区由于总部经济发达，大生产商、经营商较多，规模大的商品劳务流转额多，使得丰润的流转税和所得税收入主要留

存于东部地区尤其是沿海省份,但由于商品劳务的消费者遍布全国,包括中部地区和西部地区的广大消费者,其是流转税的实际承担者,但当前生产地课税、生产地分税的分配体系,使得消费地省份难以获得相应份额的流转税收入,同时,企业所得税汇总缴纳制度也使得拥有分支机构的中西部地区,难以获得相应的所得税收入,从而使得实际对税收做出贡献的区域,难以充分获得相应的税收回报,从而增加制度性交易成本,加大区域间税负分配不均衡。

(三) 任务治税导向下的税费征管努力,是导致中观税负差异的实践性成因

长期以来,在实践中"税收任务"是我国税费征管的重要指挥棒,且税收任务通常是年年刚性增长,从上到下逐级加码,基层税务机关通常会根据辖区内的税源状况来分解当年任务指标,由此便导致税费征管的"冷热不均"和"松紧不一"。税源丰厚的地区,可汲取的税收点较多,税收任务易完成,则其主观上的税收努力意愿不强,并且会在当年任务完成和明年任务基数之间做出权衡,以保障后续年份的任务顺利,因此,可能会出现应征未征的"放水养鱼"问题。而税源相对薄弱的地区,由于可汲取的税源有限,为完成税收任务,其会加大税收努力,通过千方百计拓展税源挖掘手段,最大限度地实现应征尽征,但在经济下行税源收缩且税收任务刚性不减的状况下,则可能会出现"寅吃卯粮"的"过头税"问题,同时,在税收收入挖潜增收空间有限的背景下,非税收入增收会成为其不二选择,从而导致税费征管的"顺周期"行为。

第三节 微观税负的分布结构及成因

从宏观税负到中观税负,从名义税负到实际税负,最终均要归于微观层面的实际负税主体,因为正是每位具体的纳税人承担了实际的税收负担。从政策层面看,唯有明确了微观主体的实际负担状况,始能在特定的施力结构下做到政策操作的有的放矢。

一 企业税负结构

(一) 当前企业税费负担变动的总体状况

近年来,我国面临新冠肺炎疫情的重大冲击,在经济内在结构性矛盾凸显、企业生产经营困难加剧的背景下,探明企业发展面临的现实约束尤其是税费约束状况,对于政策精准施力、促进企业健康长续发展具有极为重要的实践意义。本书根据中国企业家调查系统《企业家对宏观形势及企业经营状况的判断、问题和建议——2016·中国企业经营者问卷跟踪调查报告》(以下简称"调查报告")的"一线"调研资料,对当前我国企业税费负担变动的总体状况进行阐明。

该调查报告的样本分类以地区、规模和经济类型为标准,调查采取问卷方式进行,共回收问卷2062份,其中有效问卷为1960份。抽样样本的基本状况是:

地区抽样:东部地区企业占57.9%,中部地区企业为23.2%,西部地区企业为18.9%。

规模抽样:大型企业占9.2%,中型企业占24.8%,小型企业占66%。

经济类型抽样:国有企业占3.7%,集体企业占0.8%,私营企业占26.9%,股份合作企业占4.2%,股份有限公司占17.6%,有限责任公司占42.5%,其他内资企业占0.6%,外商及港澳台企业占3.7%。

根据调研报告,从表3-11中可以看出,在当前制约企业发展的现实因素中,位列前6位的因素是人工成本上升、社保、税费负担过重、企业利润率太低、整个行业产能过剩、资金紧张和缺乏人才。其中,有50.2%的调查对象认为,当前"社保、税费负担过重",位居现实约束的第二位,且自2012年以来,税费负担重的现实困境稳居前位。2016年,珠三角地区认为"社保、税费负担过重"的调查比例高达71.3%。

从税收负担的同期变化看,2016年,认为企业税收负担基本未变的占54.4%,认为有所减少的占20.2%,认为有所增加的占17.8%,认为明显减少的占2.9%,认为明显增加的占4.7%(见表3-12)。

表 3-11　当前企业发展面临的主要约束与现实困境　　单位：%

	总体					地区		
	2016年	2015年	2014年	2013年	2012年	长三角地区	珠三角地区	京津冀地区
人工成本上升	68.4	719	76.0	79.2	75.3	75.7	75.0	55.0
社保、税费负担过重	50.2	54.7	54.5	51.3	51.8	53.3	71.3	47.0
企业利润率太低	43.4	40.8	40.8	41.1	44.8	46.5	37.5	41.6
整个行业产能过剩	38.2	41.2	41.4	36.9	30.9	38.2	48.8	35.6
资金紧张	35.1	37.9	35.6	36.6	35.0	23.8	22.5	40.9
缺乏人才	33.2	32.8	30.4	28.4	29.7	34.2	28.8	30.9
国内需求不足	24.0	29.4	23.7	28.9	25.5	24.8	30.0	26.8
未来影响企业发展的不确定因素太多	22.0	22.7	18.5	27.6	27.4	22.8	25.0	20.8
缺乏创新能力	16.5	14.8	13.8	11.4	13.8	16.7	12.5	21.5
能源、原材料成本上升	16.1	13.7	19.9	25.3	31.3	13.8	3.8	16.8
企业招工困难	15.0	13.2	20.1	19.4	22.3	16.7	20.0	14.8
资源、环境约束较大	12.1	10.5	9.4	9.8	8.4	12.7	10.0	11.4
企业领导人发展动力不足	9.9	7.7	8.3	7.0	7.8	85	16.3.	10.1
遭受侵权等不正当竞争	9.8	9.7	8.3	7.4	6.0	8.2	15.0	12.1
地方政府干预较多	8.8	7.2	8.8	11.0	6.4	8.2	8.8	8.7
出口需求不足	7.6	9.9	8.0	95	11.6	12.3	163	4.7
缺乏投资机会	3.8	3.5	3.3	3.6	3.2	2.7	6.3	7.4
人民币升值过快	3.5	5.5	89	13.4	7.9	7.2	6.3	2.7
电力供应不足	0.4	0.5	0.6	1.4	1.1	—	1.3	—

分地区看，认为税收负担基本未变的，东部地区中占58.2%，中部地区中占51.9%，西部地区中占45.1%；认为税收负担有所减少的，东部地区中占17.9%，中部地区中占22.7%，西部地区中占24.5%；认为税收负担有所增加的，东部地区中占17.6%，中部地区

中占 16.0%，西部地区中占 20.3%；认为税收负担明显减少的，东部地区中占 2.1%，中部地区中占 3.8%，西部地区中占 4.5%；认为税收负担明显增加的，东部地区中占 4.2%，中部地区中占 5.6%，西部地区中占 5.6%。

表 3-12　　2016 年企业税收负担的同期变化及分类状况　　单位：%

		明显减少	有所减少	基本未变	有所增加	明显增加
总体	2016 年	2.9	20.2	54.4	17.8	4.7
	2015 年	2.3	12.2	59.3	20.0	6.2
	2014 年	1.3	8.7	60.1	25.0	4.9
东部地区企业		2.1	17.9	58.2	17.6	4.2
中部地区企业		3.8	22.7	51.9	16.0	5.6
西部地区企业		4.5	24.5	45.1	20.3	5.6
大型企业		3.4	16.8	55.7	20.7	3.4
中型企业		2.3	19.8	52.0	20.5	5.4
小型企业		3.0	20.9	55.0	16.4	4.7
国有及国有控股公司		2.2	19.4	56.1	18.7	3.6
外资企业		0	15.1	67.1	16.4	1.4
民营企业		3.0	20.4	53.4	17.8	5.4

分企业规模看，认为税收负担基本未变的，大、中、小企业中均占 50% 以上；认为税收负担有所减少的，大型企业中占 16.8%，中型企业中占 19.8%，小型企业中占 20.9%；认为税收负担有所增加的，大型企业中占 20.7%，中型企业中占 20.5%，小型企业中占 16.4%；认为税收负担明显减少的，大型企业中占 3.4%，中型企业中占 2.3%，小型企业中占 3.0%；认为税收负担明显增加的，大型企业中占 3.4%，中型企业中占 5.4%，小型企业中占 4.7%。

分经济类型看，认为税收负担基本未变的，国有企业中占 56.1%，外资企业中占 67.1%，民营企业中占 53.4%；认为税收负担有所减少的，国有企业中占 19.4%，外资企业中占 15.1%，民营企业中占 20.4%；认为税收负担有所增加的，国有企业中占 18.7%，外资企业中占 16.4%，民营企业中占 17.8%；认为税收负担明显减少的，国有企业中占 2.2%，外资企业中占 0，民营企业中占 3.0%；认为税收负担明显增加的，国有企业中占 3.6%，外资企业中占 1.4%，民营企业中占 5.4%。

从非税负担的同期变化看，2016 年认为企业非税负担基本未变的占 54.4%，认为有所减少的占 19.3%，认为有所增加的占 19.3%，认为明显减少的占 2.3%，认为明显增加的占 4.7%（见表 3-13）。

表 3-13　2016 年企业非税负担的同期变化及分类状况　单位:%

		明显减少	有所减少	基本未变	有所增加	明显增加
总体	2016 年	2.3	19.3	54.4	19.3	4.7
	2015 年	2.2	14.7	51.2	26.2	5.7
	2014 年	1.3	11.9	52.5	29.1	5.2
东部地区企业		1.3	17.2	57.5	19.3	4.8
中部地区企业		3.6	20.5	54.7	17.3	3.9
西部地区企业		3.5	24.7	43.9	22.1	5.8
大型企业		2.3	16.4	55.9	20.3	5.1
中型企业		1.9	19.7	53.6	20.1	4.7
小型企业		2.3	19.6	54.5	18.9	4.7
国有及国有控股公司		3.0	19.3	57.7	16.3	3.7
外资企业		0	15.5	62.0	22.5	0
民营企业		2.3	19.5	53.8	19.2	5.2

分地区看，认为非税负担基本未变的，东部地区中占 57.5%，中部地区中占 54.7%，西部地区中占 43.9%；认为非税负担有所减少的，东部地区中占 17.2%，中部地区中占 20.5%，西部地区中占 24.7%；认为非税负担有所增加的，东部地区中占 19.2%，中部地区中占 17.3%，西部地区中占 22.1%；认为非税负担明显减少的，东部地区中占 1.3%，中部地区中占 3.6%，西部地区中占 3.5%；认为非税负担明显增加的，东部地区中占 4.8%，中部地区中占 3.9%，西部地区中占 5.8%。

分企业规模看，认为非税负担基本未变的，大、中、小企业中均占54%上下；认为非税负担有所减少的，大型企业中占16.4%，中型企业中占19.7%，小型企业中占19.6%；认为非税负担有所增加的，大型企业中占20.3%，中型企业中占20.1%，小型企业中占18.9%；认为非税负担明显减少的，大型企业中占2.3%，中型企业中占1.9%，小型企业中占2.3%；认为非税负担明显增加的，大型企业中占5.1%，中型企业中占4.7%，小型企业中占4.7%。

分经济类型看，认为非税负担基本未变的，国有企业中占57.7%，外资企业中占62.0%，民营企业中占53.8%；认为非税负担有所减少的，国有企业中占19.3%，外资企业中占15.5%，民营企业中占19.5%；认为非税负担有所增加的，国有企业中占16.3%，外资企业中占22.5%，民营企业中占19.2%；认为非税负担明显减少的，国有企业中占3.0%，外资企业中占0，民营企业中占2.3%；认为非税负担明显增加的，国有企业中占3.7%，外资企业中占0，民营企业中占5.2%。

（二）当前企业实际税费负担的结构性布局

为更直接、务实、客观地反映企业税负的实际状况，本书根据我国中部某省税务局2015年和2012年对样本企业的二次深度调查数据，来阐释我国企业税负结构。样本企业数为2155户，其中，大型企业349户，占16%；中型企业1006户，占47%；小微企业800户，占37%。调查设计的内资企业2026户，占94%；外资企业129户，占6%。企业的总体负担由三大类项构成：

一是税收负担，包括国税收入、地税收入和社会保险费收入；

二是财政负担，包括政府性基金、专项规费、行政事业性收费、罚没款项等；

三是社会负担，包括职工福利、义务捐赠、责任共建、其他摊派等。

总体来看，2011—2014年，我国企业的总体负担有所增加，负担率由6.95%上升至7.61%，增长0.66个百分点。其中，税收负担增长0.33个百分点，财政负担增长0.01个百分点，社会负担增长0.32

个百分点（见表 3-14）。

表 3-14　　　　　　　企业负担变动情况　　　　　　单位：%

项目		2011 年企业负担率	2014 年企业负担率	变动情况（百分点）
总计		6.95	7.61	0.66
税收负担	国税税收	3.35	3.76	0.41
	地税税收	2.09	1.93	-0.16
	社会保险费	0.78	0.86	0.08
	小计	6.22	6.55	0.33
财政负担	政府性基金	0.07	0.16	0.09
	专项规费	0.25	0.21	-0.04
	行政事业性收费	0.05	0.02	-0.03
	罚没款项	0.01	0.00	-0.01
	小计	0.38	0.39	0.01
社会负担	职工福利	0.33	0.66	0.33
	义务捐赠	0.02	0.01	-0.01
	责任共建	0.00	0.00	0.00
	其他摊派	0.00	0.00	0.00
	小计	0.35	0.67	0.32

注：企业税费负担率 = 当年税费支出额/当年营业收入额×100%，下同。

在税收负担的结构性变动中，国税负担和社会保险费负担有所增加，2014 年对 2011 年分别增长 0.41 个百分点和 0.08 个百分点，地税负担有所减轻，2014 年比 2011 年下降 0.16 个百分点。

在财政负担的结构性变动中，政府性基金负担有所加重，2014 年比 2011 年上升 0.09 个百分点，而专项规费、行政事业性收费、罚没款项三项负担水平有所下降，2014 年比 2011 年分别下降 0.04 个百分点、0.03 个百分点和 0.01 个百分点。

在社会负担的结构性变动中，职工福利负担上升幅度较大，增长 0.33 个百分点，义务捐赠负担水平有所降低，下降 0.01 个百分点。

分行业来看，采矿业企业的负担水平最重，综合负担达到21.61%，其中，税收负担率高达17.06%，财政负担率高达3.22%；其次是房地产业和金融业，综合负担水平分别达到13.79%和12.77%，其中，税收负担率分别高达12.94%和10.89%。综合负担水平相对较低的行业有建筑业和制造业，综合负担率分别为4.05%和6.03%，其中，税收负担率分别为3.36%和5.32%（见表3-15）。

表3-15　　　　2014年分行业抽样企业负担情况　　　单位：户、%

项目	企业抽样数	税收负担率	财政负担率	社会负担率	综合负担
采矿业	47	17.06	3.22	1.33	21.61
制造业	746	5.32	0.23	0.47	6.03
电力、热力、燃气及水的生产和供应业	47	9.43	1.00	1.34	11.77
建筑业	309	3.36	0.14	0.55	4.05
批发和零售业	35	6.56	0.25	0.65	7.46
交通运输、仓储和邮政业	129	6.00	0.18	1.12	7.30
住宿和餐饮业	286	9.43	0.46	0.92	10.81
金融业	109	10.89	0.31	1.57	12.77
房地产业	307	12.94	0.65	0.19	13.79
租赁和商务服务业	140	8.59	0.33	1.08	10.00
合计/平均	2155	6.55	0.39	0.67	7.61

分经济性质来看，内资企业的综合负担水平要重于外资企业，且内资企业的各分类负担水平也均高于外资企业。从表3-16中可以看出，内资企业的综合负担率为8.08%，高于外资企业的6.15%；内资企业的税收负担率为6.87%，外资企业为5.55%；内资企业的财政负担率为0.44%，高于外资企业的0.23%；内资企业的社会负担率为0.77%，尤其是国有企业社会负担率高达1.21%，远高于外资企业的0.37%。

表 3-16　　　　2014 年分经济性质抽样企业负担率　　　单位：户、%

项目	企业样本	税收负担率	财政负担率	社会负担率	综合负担
1. 内资企业	2026	6.87	0.44	0.77	8.08
（1）国有企业	213	7.29	0.33	1.21	8.83
（2）股份公司	192	8.70	0.88	0.87	10.45
（3）民营企业	1621	5.81	0.30	0.49	6.61
2. 外资企业	129	5.55	0.23	0.37	6.15
（1）港澳台企业	45	5.75	0.38	0.55	6.68
（2）外商企业	84	5.53	0.21	0.34	6.08
合计/平均	2155	6.55	0.39	0.67	7.61

分规模来看，当前我国小微企业的税收负担和综合负担偏重。从表 3-17 可以看出，小微企业的综合负担率高达 7.67%，高于大型企业的 7.50%，其中，税收负担率为 6.68%，高于大型企业的 6.41%；财政负担率高达 0.43%，高于大型企业的 0.41% 和中型企业的 0.34%。社会负担率水平则与企业规模相匹配，大型企业最高，中型企业次之，小微企业最低。

表 3-17　　　　　　分规模企业负担情况　　　　　　单位：户、%

项目	企业抽样数	税收负担率	财政负担率	社会负担率	综合负担率
大型企业	349	6.41	0.41	0.69	7.50
中型企业	1006	6.96	0.34	0.65	7.95
小微企业	800	6.68	0.43	0.56	7.67
合计	2155	6.55	0.39	0.67	7.61

二　自然人税负结构

（一）个人所得税分项收入结构

当前，在我国现行税收体系中，以自然人为中心的税种主要是个人所得税，但由于难以实现对涉税信息的综合、归户管理，我国个人所得税只能实施对收入的"截流"治理，实行以分项收入为课征对象的分类征收模式，根据收入来源渠道，可分为工资性个人所得税、经营性个人所得税和财产性个人所得税。①

在当前我国个人所得税的分项收入结构中，工资性个人所得税占主导地位，财产性个人所得税占重要地位，经营性个人所得税居于次位。2018年，工资性所得税占个人所得税的比重高达68.05%，财产性所得税占比为20.41%，经营性所得税占比为11.54%（见表3-18）。

表3-18 2006—2018年我国个人所得税三大分项税收规模与比重

单位：亿元、%

年份	工资性 绝对值	工资性 比例	经营性 绝对值	经营性 比例	财产性 绝对值	财产性 比例	合计 绝对值	合计 比例
2006	1289	53.49	416	17.26	705	29.25	2410	100
2007	1751	55.96	503	16.08	875	27.96	3129	100
2008	2245	61.49	612	16.76	794	21.75	3651	100
2009	2488	64.41	638	16.52	737	19.08	3863	100
2010	3158	66.50	782	16.47	809	17.04	4749	100
2011	3902	65.52	909	15.26	1144	19.21	5955	100
2012	3590	62.98	845	14.82	1265	22.19	5700	100
2013	4095	63.93	880	13.74	1430	22.33	6405	100
2014	4820	66.67	891	12.32	1519	21.01	7230	100
2015	5621	66.47	905	10.70	1930	22.82	8456	100
2016	6728	67.52	990	9.94	2246	22.54	9964	100
2017	8105	68.56	1221	10.33	2495	21.11	11821	100
2018	9331	68.05	1582	11.54	2798	20.41	13711	100

资料来源：《中国税务年鉴》（2007—2019）。

---

① 在我国自然人收入的11项分类中，工资性收入包括工资、薪金所得，经营性收入包括个体工商户生产经营所得、企事业单位承包承租经营所得、劳务报酬所得、稿酬所得和特许权使用费所得，财产性收入包括利息股息红利所得、财产租赁所得和财产转让所得。偶然所得、其他所得性质迥异，比重偏低，未予统计。

从变动趋向上看，2006—2018年，我国工资性个人所得税比重总体呈上升态势，从2006年的53.49%上升至2017年的峰点68.56%，2018年有所下降，为68.05%；经营性和财产性个人所得税的比重总体呈下降态势，经营性个人所得税占比从2006年的17.26%，一路下降至2016年的谷点9.94%，2017年和2018年有恢复性上升，2018年为11.54%，财产性个人所得税比重由2006年的29.25%，持续下降至2010年的17.04%，自2012年以来，维持在21%左右的水平。

（二）个人所得税分项税负结构

从税负率看，我国个人所得税的整体税负率总体呈上升态势，从2006年的2.90%跃升至2018年的3.55%。从分项收入税负率来看，财产性收入税率最高，工资性收入税率次之，经营性收入税率再次之。2018年，工资性收入税负率为4.28%，经营性收入税负率为0.93%，财产性收入税负率为25.22%（见表3-19）。

表3-19 2006—2018年我国居民三大分项收入个人所得税税负率　　单位:%

年份	工资性收入	经营性收入	财产性收入	整体税负
2006	2.64	1.29	37.11	2.90
2007	3.01	1.35	33.65	3.20
2008	3.40	1.38	26.47	3.22
2009	3.36	1.39	21.68	3.14
2010	3.74	1.52	19.26	3.38
2011	3.95	1.44	22.43	3.57
2012	3.17	1.22	22.59	3.03
2013	3.22	1.11	23.44	3.01
2014	3.39	0.98	22.74	3.01
2015	3.73	0.92	24.74	3.29
2016	3.84	0.96	23.66	3.37
2017	4.10	0.88	24.17	3.51
2018	4.28	0.93	25.22	3.55

资料来源：《中国税务年鉴》（2007—2019）。

从变动趋势看，工资性收入的税负率整体呈上升趋势，从 2006 年的 2.64% 上升至 2011 年的峰点 3.95%，2012 年回落至 3.17%，之后呈一路回升态势，从 2013 年、2014 年的 3.22%、3.39% 上升至 2018 年的 4.28%。经营性收入的税负率变动呈倒"V"形趋势，先是从 2006 年的 1.29% 上升至 2010 年的 1.52%，之后一路下行至 2018 年的 0.93%。财产性收入的税负率虽从 2006 年的 37.11% 的高点下降到 2008 年后 30% 以下的水平，但近年来仍然在 22%—25% 的高位运行。

实际上，近年来，随着市场化改革的深入，并在一定程度上受"权力市场化"的深刻影响，我国的居民收入分配差距在持续恶化，收入来源与收入形式的日益多元化，使得经营性收入、资本性收入和财产性收入而非工资性收入，日益成为推高收入分配差距的主力推手。但如上所示，受税制设计与税收征管能力的影响，当前易于间接控管的工资性所得税成为我国个人所得税的主体，而对经营性收入和财产性收入尤其是资本性收入虽有意采取高税负政策调节，但受征管体系和征管能力的约束，非工资性所得税收入规模和比重始终难以获得有效提升，而高税负率、窄税基的实践格局，反而导向税收逃脱与流失，进而也在某种程度上增加了对工资性所得税征管的倚重态势。

三 我国微观税负结构的成因分析

（一）复杂的负担结构及诸多税外因素，深刻影响着企业税负结构

从宏观税负到微观税负，从名义税负到实际税负，从总量税负到企业税负，受诸多因素的影响，其中，既有税制体系本身的因素，更受诸多税外因素的实质影响。一方面，从企业负担结构看，既有来自税务、海关等部门征收的正税负担，也有来自政府各部门征收的非税负担，从细类上看，有税收负担、社会保障缴款负担、政府性基金负担、专项规费负担、行政事业性收费负担、罚没负担、国有资源使用费负担等诸多类别，如此多样、繁杂的财税负担，使得无论是对企业的税基承受能力，还是对企业的财政奉行成本，均造成较大的现实压力；另一方面，企业实际税负结构的形成，受诸多因素的实质影响。除了名义税率的差异外，企业本身的盈利能力、财务管理能力、获得税收优惠和财政补贴的能力、市场议价能力等，均影响企业的实际税负归宿。中小企业与大企业相比，其盈利能力较弱、税收转嫁的能力不强，更难以像国有大型企业更低成本地获得生产要素资源（如金融资源）、税收优惠以及政府补贴，最终使得中小企业的税负承担能力较弱，实际税负率偏高。此外，企业税负结构还受特定历史因素的影响，典型如对外资企业长期实行的低税负政策，巨大的路径依赖惯性，使得当前即便是在名义上所有企业实施"一视同仁"的税制体系，外资企业的税收负担和非税负担仍然要低于内资企业。

（二）面向自然人的税费征管体系的缺失，导致自然人税负结构失衡

当前，我国的税制体系与征管体系仍然固守以企业纳税人为中心，对自然人纳税人的税费征管则处于附属地位，独立、强大的自然人税费征管能力远未形成。具体表现为：个人所得税征管主要依附于法人税征管体系的间接式附征，且其代扣代缴机制与自行申报制度运行脱轨，呈现"两张皮"格局；自然人涉税、涉费信息散落化、碎片化，未能实现综合归集与归户管理；第三方信息获取渠道不畅，涉税、涉费信息控管能力薄弱；同时，当前的税源生长呈现出新型、多元、流动、虚拟的新现象，自然人税费征管面临全新挑战。而长期制约我国自然人税费征管体系确立的因素，从管理层面看，是治理模式长期偏重于技术取向和局限于税务系统的内部调整；从制度层面看，则是自然人税号、现金管理、信息共享、奖惩激励约束等自然人税费征管的支持体系不健全。面向自然人税费征管体系的缺失，牵制着我国直接税比重的提升、税制体系的完善与分税制财政体制的规范，导致自然人税负结构失衡，收入分配差距恶化，加重税负痛感指数，并制约着我国税收法治的现代化进程。

第四节　我国现代税收体系建设的减税降费导向

党的十八届三中全会提出,"稳定税负"构成我国建立现代税收制度、全面深化财税改革的基本约束。通过以上分析表明,我国"稳定税负"的基本含义应是:在总量上,稳定全口径而非小口径宏观税负水平;在结构上,优化税负结构的内在布局;在改革取向上,以结构性减税降负为施力指向;在操作上,应通过制度改革与管理创新,推进我国税收治理体系与治理能力的现代化。

一　总量上：稳定大口径宏观税负

当前,从我国宏观税负水平的实际状况看,我国的小口径宏观税负规模不高,但全口径宏观税负水平已经进入相对偏高的状态。从收入视角看,我国公共财政口径的宏观税负水平,当前基本维持在22%左右的水平,税收收入占GDP比重基本维持在18%左右的水平;但由于公共财政收入只是我国政府收入的"半壁江山",从涵括公共财政收入、政府性基金收入、社保基金收入、国有资本经营收入的全部政府收入口径看,近年来我国宏观税负水平的变动区间在35%—38%,占GDP近4成的政府收入规模已经处于相对较高的水平,维持在35%上下的水平可能是一个较为适度的区间,若宏观税负水平继续下降,则其支撑全面深化改革所需财力的保障能力会显得不足。因此,在总量上,首先稳定大口径宏观税负水平,是我国"稳定税负"的基本内涵。

二　结构上：优化税负内在布局

从我国宏观税负的内在构成看,在税收收入之外,存在着形式繁杂、规模庞大的非税收入,这些都构成纳税人实质意义上的财政负担。由于与税收收入相比,非税收入的规范性、统一性与可统筹性较弱,且在某种程度上成为地方政府和部门"挖潜增收"的重要来源,尤其是在经济和财政收入下行压力加大、地方财力吃紧的形势下,非税收入的增长率明显高于税收收入增长率，对财政收入任务的贡献加大，使得在纳税人的负担结构上，呈现非税负担压力加大的趋势。从"稳定税负"的角度看，在结构上，应进一步优化纳税人负担结构，将政府收入更多地通过税收负担的规范性通道配置，通过深化改革，确立税负配置"税内损失税外补"的制动机制，削减经济下行而非税负担加重的财政冲动，稳定纳税人的税负预期，构建与经济运行相协调的税负自动调整和稳定机制。

三 取向上：凸显减税降费导向

从"税收是公共品价格"的综合角度看，我国的公共品价格指数处于相对偏高的状态，仍然存在进一步结构性减税降负的空间。虽然从公共财政预算口径看，近年来我国的公共品价格指数不断下降，但若以全口径政府预算为基本范畴，结果可能存在不同，且当前我国民生支出的结构仍需深度优化，其实际效率与绩效水平也有待提升，从部分民生支出精准度不足、"为民生而民生"甚至出现贫困者受益度低于富有者的"贫富倒挂"现象中可见一斑。若将政府支出的绩效水平考虑在内，我国公民的税负痛感指数并不低。且从可比较的国际视角看，中国的公共品价格指数抑或称税负痛感指数，在全球59个国家中处于中等水平，与发达国家相比，尚存在一定差距。这从"稳定税负"的实践操作来看，不仅意味着对税负结构的优化调整，还包括对政府支出结构的调整、对支出精准度和绩效水平的提升，以及对纳税人税费遵从成本及负担的降低。

四 实质上：诉求制度体系优化与创新

从我国宏观税负的形成机制看，当前我国宏观税负的形成，不仅仅是间接税主导的税制体系汲取财力的结果，其背后有着深刻的制度性、结构性与管理性成因。实际上，我国宏观税负的形成，既是计划型财政职能向市场型财政职能转变的内在要求，又是高投资主导的经济结构在税收上的必然反映，既是中央与地方税权划分"悖论"的运行效应，又是税收优惠体系与涉税信息管理能力不健全的实践结果，既是行政主导税收立法而纳税人参与深度不足的政治现实，又是限制征税权的宪法性约束缺失的"放任"结果。要"稳定税负"，优化税负内在布局，塑造结构合理、负担公平、痛感较低、宽松和谐的税制体系与税收环境，就必须以整体性、制度性与结构性思维为指引，深化推进与税收相关联的体制机制改革和创新，在制度上构建有能力"稳定税负"的制动装置，防止"堤内损失堤外补"；构建全面涵摄、即时跟踪的税务管理体系，削减税收流失和税负分配不公；构建与标准化税制相协调联动的税收优惠体系，实现税负"一视同仁"与"差别待遇"相得益彰；构建以法治为支撑的纳税人公共参与平台，汇集税收理性，凝聚重叠共识，深化推进后"营改增"时代以直接税和自然人税收为重心的税制改革。

第四章 现代税收框架下我国减税降费的总体状况

源于不同的目标导向,现代税收框架下的减税降费操作可分为基于需求管理的宏观调控式操作、基于供给管理的税制优化式操作以及基于供需两端管理的预期引导式操作。自 2008 年以来,我国减税降费政策实施分别遵循了扩内需、降成本与稳预期的操作脉络,当前新一轮更大规模减税降费是在稳预期导向下,以供给侧改革为重心兼顾需求侧调控的普惠性、实质性与精准性减负。在现代税收建设框架下推进新一轮减税降费,应明确政策实施的需求导向、实体导向与效果导向,以主体税费改革推动制度性减负,以清洁优化税费优惠完善宏观调控,以理顺传导机制打通减负传递通道,切实增强减税降费实质获得感。

第一节 现代税收框架下减税降费的政策类型与传导机制

减税降费,是一国在现行税费体系框架下,为实现既定发展阶段的特定调控目标,通过对具体税费要素的优化调整或制度性重塑,调减纳税人特定税费的负担水平,降低税费遵从成本,提升税费治理效能,从而有效降低纳税人实际税费"痛感"的系统性政策操作。基于不同的观察维度,减税降费的类型可有多种划分。

一　现代税收框架下减税降费的政策类型

（一）普惠性减税降费与结构性减税降费

从受益主体的覆盖面看，减税降费可分为普惠性减税降费与结构性减税降费。其中，普惠性减税降费，是通过对主要税费要素的标准化调整，普遍降低纳税人的一般税率水平，或统一提高纳税人的具体涉税标准，从而实现对所有纳税人"一视同仁"的税费减负操作。结构性减税降费，是通过对特定税费要素的选择性操作，降低特定纳税人、特定税费种类的实际负担水平，同时辅以调增部分纳税人、部分税（费）种的负担水平，从而实现有增有减、算总账是"做减法"的差异化税费减负操作。相较而言，普惠性减税的减负力度大，技术上易操作，纳税人认同度高，但对政府财政收入冲击大，平衡好财政总体承受力以及减负成本在各级政府间的合理分摊是关键点；结构性减税算总账是减税，策略上是有增有减，对政府财政冲击小，政策操作可选空间较大，但技术操作复杂，纳税人受益参差不齐，减负认同度偏低，如何保障总量减负前提下的精准减负是操作关键点。

（二）制度性减税降费与权宜性减税降费

从减负政策的稳健性看，减税降费可分为制度性减税降费与权宜性减税降费。制度性减税降费，是依托现行税费框架体系，通过对具体税费要素的制度性调整，降低税率水平，优化税率结构，清洁夯实税基结构，使纳税人通过享受"更优"税制与税制体系来降低税费痛感的减负操作。权宜性减税降费，是为适应特定时期的特别调控目标，在一定时限内降低特定税（费）种、特定纳税人的负担水平，待形势反转或调控目标促成，取消、终止减负政策并恢复原初税费水平的因应式减负操作。相对而言，制度性减税降费的稳健性强，税收认同度高，具有稳预期的可持续性，但涉及面广，操作难度大，系统性强，如何保障减负的同时塑成可信赖的更优税制是操作难点。权宜性减税降费的操作灵活，策略性强，具有定向调控之效，但预期稳定性弱，朝令夕改易诱发短期行为，如何导向精准调控的同时对接中长期税制改革是操作重点。

（三）周期性减税降费与竞争性减税降费

从政策操作的参照系看，减税降费可分为周期性减税降费与竞争性减税降费。周期性减税降费，是根据逆周期调控原理，对经济下行态势相机进行反向操作，通过总量可控的减税降费对市场让利，以期撬动市场活力、实现经济上行的对冲式减负操作。竞争性减税降费，是一国或地区塑造本土经济发展的比较优势，通过竞相降低辖区内的税费负担水平，打造低负担营商政策洼地，吸引各类优质生产要素争相汇聚的竞争性减负操作。周期性减税降费的政策参照主要是对本土经济周期性波动的综合判断，以及对前期减税降费或加税增费政策的系统评估，对周期评判的准确性和减负政策的剂量控制是操作难点。竞争性减税降费的政策参照主要是本土税费体系对实现优势发展的匹配支持程度，以及对其他经济体税费竞争力的比较评估，打造既具比较优势又有本土执行力的内外平衡的税费体系是操作重心。

（四）实质性减税降费与名义性减税降费

从减负政策的获得感看，减税降费可分为实质性减税降费与名义性减税降费。实质性减税降费，是在现行税费体系框架下，立足纳税人实际诉求，瞄准纳税人主要税费负担，通过确立责权明晰的政府间财政分担机制和执行确认机制，将减税降费红利切实、可执行地传递于纳税人的诚信减负操作。名义性减税降费，是指政府虽然在决策层面出台了一系列减税降费政策，但是，由于传导机制不顺畅、执行裁量偏差大、政策受益成本高等原因，减负红利难以实际到达纳税人的形式化减负操作。实际上，减税降费政策从发布到生效，从执行到落地，从申请到受益，总会存在一定的时滞效应，但导致政策受益难的主要节点在于制度设计、传导机制与执行力三重因素。一般而言，在政策设计上，税率式减税降费操作简便，效果最直接，税基式减税降费具有间接引导作用，操作相对复杂，存在自由裁量空间，而传导机制与执行力则是确保减负红利实质到位的显著关键。

二 现代税收框架下减税降费的传导机制

（一）减税降费的"三维"配置结构

从静态层面看，减税降费作为一国政府对纳税人的政策性让利，具有宏观、中观和微观三个维度的配置结构，即分别是宏观上的基础分配结构、中观上的支撑保障结构和微观上的实际布局结构。其中，基础分配结构，是指减税降费在政府与市场之间的配置关系，即首先在宏观层面上政府向市场释放多大规模的减负红利，减负规模越大，则宏观税费水平降幅越大，市场获益越多，同时也意味着政府减收规模越大。支撑保障结构，是指减税降费在政府内部的配置关系，即减税降费的实施成本在各级政府间如何分配，以及在财政、税务等执行部门间如何协同。减税降费的实施成本分配越明晰，执行部门的运作越协同，减税降费的"中间损耗"越少，执行力越强；反之，若事权、支出责任与财力不匹配，执行协同性弱，则宏观层面的减负宣示会在政府体系内减损，最终传递到纳税人的减负红利会大幅缩水。实际布局结构，是指减税降费在市场内部的配置关系，即减税降费红利在纳税人之间的具体布局。在无"中间损耗"的条件下，传递至市场的减负红利分配越均衡、越普惠、越精准，减税降费的政策绩效越好。整体来看，基础分配结构确定减税降费的总体规模，支撑保障结构控制减税降费的内部损耗，实际布局结构落实减税降费的红利分配，三者相辅相成，共同形成有机联动的系统性操作框架。

（二）减税降费的链式传导机制

从动态层面看，减税降费从决策、执行到落地，至少需要以下环环相扣、系统联动的五大传导机制：一是需求表达与回应机制。作为税费的实际负担者，纳税人是减税降费的需求表达者，其通过各类正式与非正式渠道表达减负诉求，形成减税降费的舆情导向，以期获得政府的关注与回应。二是政策评估与决定机制。政府通过对国内外经济形势的综合判断，前瞻性评估减税降费可能诱致的成效得失，决定实施减负政策。三是预算编制与执行机制。中央政府通过预算程序编制税式支出预算，明确减税总体规模，进而确定各级政府实施成本分担方案，核定转移支付额度，地方各级政府据此编制减负预算，预算通过后进入执行程序。四是市场传导扩散机制。减负政策进入到执行阶段，通过市场供求与价格机制在纳税人之间进行分配，实际生成减负红利。五是绩效评估调整机制。通过事中、事后绩效评估，及时、系统评价减负政策的实施效果，适时优化调整减负政策，提升减税降费实效。

第二节　现代税收框架下减税降费的操作范式

理论上看，在现代税收框架下，减税降费的政策目标可分为三类：一是基于需求管理的政策目标——宏观调控目标，即通过减税降费调控，平衡内外需求，促进宏观经济持续稳健增长；二是基于供给管理的政策目标——成本降减目标，即通过减税降费发力，降低经济运行成本，促进创新能力提升；三是基于供需两端管理的政策目标——预期引导目标，即通过减税降费综合施力，推动产业转型与需求升级互促互进，促进高质量发展。目标决定方向和操作路径，不同的减税降费目标具有不同的操作范式，不同的操作范式又有着不同的"工具箱"和运行机理。基于上述三类目标，减税降费的操作范式可分为宏观调控范式、税制优化范式与预期引导范式，其中，预期引导范式以现代信息治理为核心要义，从操作抓手上可具体化为信息治理范式。

一　操作范式之一：税制优化

（一）内涵界定

税制优化式税负操作，是一国为实现特定的税收目标，通过对税制及税制体系的设立、调整、清理与完善，确立起特定的税制体系框架，进而在此基本框架下，通过对税系、税种及税制要素的制度化调整，调减或调增特定纳税人的税负水平，以形成税负布局的结构性变动，最终发挥税制体系的收入筹措与调节功能的税负操作路径。

税制优化式减税降费，是指为全面降低经济运行的"税楔"成本，以纳税人主要税费负担为施力点，通过对税（费）系、税（费）种与税费要素进行制度性调整，优化税费体系，公平税费结构，降低税费负担，进而通过市场传导机制普遍形成成本降低的乘数效应，最终促进整体供给体系质量和效率提升的政策操作路径。税制优化式减税降费的目标是结构向度的，降成本是其直接目标，调结构是其实质目标，其是旨在对现行经济结构和税费结构进行优化重塑的"规则间选择"操作，政策操作具有结构调整、制度变迁、系统协同等基本特征，施力重心置于供给侧，操作工具以"大手术"的税费改革为主，作用机制是通过对现行税（费）制与税费体系的结构性优化，塑造低负担、宽税基、易遵从的稳定税费环境，实质降低实体经济税费成本，推动经济结构转型升级。税制优化式减税降费的优点是着眼中长期，为经济发展塑造相适应的优良税费体系和税费环境，但制度变迁的过程相对缓慢，且税费改革的有效性受诸多因素影响，制度层面的税费优化尤其需要实践层面的治理能力相匹配。

(二) 基本特征

1. 供给治理

从逻辑上看，一国税负水平与税负结构的形成起点，源起于税制体系的构建，也即源起于一国特定时期对税收制度的体系化供给。理论上而言，在一国顶层设计上，会根据公共产品的供给需求框定财政资金需求，进而依据"以支定收"的基本原则，确定需要筹措的财政收入，在市场化条件下，财政收入一般通过税收收入的形式筹措，从而在制度供给上，一国需要确定与其治理能力相适应的税制体系。经济中的商品劳务流转税丰厚，间接税税务治理能力较强，则可确立流转税主导的税制体系；经济中的收入所得税源丰富，直接税治理能力相匹配，则可确立所得税主导的税制体系；经济高度发达，所得流、支出流、财产存量均富有，对各项涉税信息的控管能力均为强大，则可选择确立直接税与间接税并重的税制体系供给。在供给治理层面上，一国通过对其税制体系的选择，为税制优化式税负优化路径提供可操作的基本体系框架。

2. "规则间选择"

从操作路径上看，税制优化式税负优化是通过对税制的"规则间选择"而非"规则内选择"来实现。在基本税制体系供给框架确立的前提下，对特定纳税人税负的调整，是通过制度重构的方式进行的，并具有税负规则适用的中长期效应。比如在流转税主导的税制体系下，若实行多套税制，如根据课税对象分为产品税、增值税、营业税等税种，由于计税规则与抵扣机制的差异，在同等税基条件下，不同税种生成的税负效应会存在结构性差异，而这有损"一视同仁"的市场规则，若要实现税负公平，需要简并税种、统一税制，通过税制改革将一般流转税统一成现代增值税制，实现中长期税负公平，此与税收优惠对税率调整的"规则内选择"存在重大差异。

3. 结构优化

在调控目标上，税制优化式税负优化重在对经济结构的优化，而相对弱化对总量经济的刺激。由于在逻辑起点上，税制优化式税负优化源起于供给治理而非需求治理，在税收调控作用发挥上，其重心在于中长期的结构调整，而非反周期的总量刺激。如在一国工业化推进阶段，服务业相对不发达，实施制造业与服务业分立的税制体系，制造业适用进项抵扣的规范增值税制度，服务业适用全额计税的营业税制度，由于行业间的界限相对清晰、融合发展尚不充分，适用两套税制尚属合理。而随着后工业化时代到来，行业分工日益细化，行业间界限日益模糊，行业融合交互发展成为常态，制造业服务化与服务业制造化已难以明确区分，此时分立的税制体系将对经济结构产生制度性扭曲，适用全额计税的营业税制的行业将产生严重的重复课税，并将"税楔"传导至上下游行业，从而抑制产业发展与结构优化。在此条件下，实施增值税的税制归并与统一，实施对所有行业"一视同仁"的税负规则，将促进经济结构优化及可持续发展。

4. 系统联动

税制优化式税负变动，往往不是税制调整的"单科独进"，而是税制系统的整体联动。在宏观上，为稳定宏观税负，或保持适度财政规模，税负变动会在税系之间进行结构性调整，降低流转税税负削减市场流通"税楔"，通常会提升直接税税负以维持税负平衡；降低所得税制对生产要素活力的税负扭曲，往往会通过提升流转税税负以弥补财力缺口。在中观层面，实现税负在税系内的结构调整，需要对税系内的税种进行统筹协调，如为实现自然人量能课税，需要个人所得税、房地产税、遗产赠与税、特别消费税等各税系税种的统筹联动。

在微观层面，随着税基的扩张，应该适时降低税率，从而形成"低税率—宽税基—更低税率"的税负良性循环。

(三) 作用机制

1. 通过"规则间选择"的税收顶层设计，确立一国税负优化的基本制度框架

在逻辑起点的"元规则"层面，一国首先需要通过对税制模式或税制结构的选择，奠定一国税负操作的基本制度框架。从形而上的层面看，在每个人对未来均不确定的"无知之幕"下，究竟是选择以直接税为主的税制结构，还是间接税为主的税制结构，抑或是两者并重的税制结构，取决于一国纳税人对于"什么是好的税制"的价值偏好。若一国纳税人偏好于权利义务明晰、税负归宿明确、便于税负公平的税制，则会倾向于选择直接税制模式；若一国纳税人对利于市场中性、税负形式公平、便于税收管理的税制偏好强烈，则会倾向于选择间接税制模式；若二者兼而有之，则可能会选择直接税与间接税并重的税制模式。

从形而下的层面看，一国究竟选择何种税制模式作为其税收体系框架，则取决于各种现实因素的综合考量与平衡。税收目标、发展模式、经济基础、财税体制、税收征管能力、税收法治状况等因素，均是影响一国税收基本框架构建的现实考量。侧重于财政收入目标、粗放型经济发展模式、高投资主导的经济结构、中央集权的财政体制、企业税管理模式、税收法治不健全等现实因素，会导向间接税制模式；经济高度发达、国民财富丰厚、财政收入与调控目标并重、强大的涉税信息控管能力、严格完善的税收法治环境等现实因素，会导向直接税主导的税制结构。作为一国税收安排的顶层设计，税制模式的选择奠定了一国税负操作的基本制度框架，并呈现出相当长一段时期内的体系稳定性。

2. 通过税制及税制体系的构建与完善，促进一国税负布局的合理优化

在选定税制模式的基本制度框架后，一国税负水平的调整与税负结构的优化，是通过税制要素、税种与税种体系的调整和完善来实现

的。在微观层面，欲实现对特定纳税人或课税对象的税负调整，往往需要调整纳税主体、征税范围、税率、计税方式、纳税环节等税制要素，如税收免征以减轻特定纳税人的税负，降低或提高税率以优化税负结构等。在中观层面，欲实现特定的税收调控目标，如实现对贫富差距的调节，则需要对税种及税种体系进行整体布局，在初次分配环节，应注重一般流转税与特别流转税的搭配，在再分配环节，应注重所得税与财产税的搭配，在第三次分配环节，应注重发挥税种体系的政策协同引导作用。在宏观层面，在稳定税负约束下，欲实现税负布局的深度调整，则需要对税系结构进行重构，通过税系结构的优化，来实现税负结构的优化，此又涉及税制模式的选择这一税收顶层设计问题。

二 操作范式之二：宏观调控

（一）内涵界定

宏观调控式税负操作，是一国为实现特定时期的经济调控目标，在既定的税制体系框架下，通过对总量税负与税负结构的相机调整，放松或收紧实际税负对纳税人的实质压力，以释放市场活力或抑制市场过热，最终实现反周期经济均衡或经济结构调整的税负操作路径。

宏观调控式减税降费，是指为熨平周期下行诱致的短期经济波动，以驱动投资、消费、进出口"三驾马车"为着力点，通过实施"一揽子"税费优惠操作，在总量上对宏观税费水平进行降减调整，在结构上对税负水平进行有减有增、以减为主的布局优化，进而通过市场传导机制扩散生成需求增加的乘数效应，最终促进总供需匹配均衡的政策实施路径。宏观调控式减税降费的目标是总量向度的，保增长是首位目标，调结构是次位目标，其是在现行经济结构与税费结构框架下进行的"规则内选择"，政策操作具有总量调控、相机抉择、临时权宜、时效约束等基本特征，施力重心置于需求侧，操作工具以灵活、便宜实施的各项税费优惠为主，作用机理是通过对投资、消费、净出口的减负优惠，向市场快速让渡政策红利，拉动总需求增长，驱动经济止跌上行。宏观调控式减税降费的主要优点是迅捷、灵活、低成本操作，具有短期稳增长的"强针剂"作用，缺点在于过度使用税费优惠会导致税基侵蚀，对需求结构持续加码施力会造成经济结构固化甚至失衡。

（二）基本特征

1. 需求治理

在现代混合市场经济条件下，税收不仅具有筹措财政收入的基本职能，还具备调控经济社会运行的重要职能。税收调控又分为总量调控与结构调整两种不同模式。其中，总量调控模式具有浓厚的"逆经济风向行事"的反周期色彩，呈现出典型的需求治理特征。一般地，在凯恩斯主义经济理论框架下，需求治理的政策操作围绕投资、消费与进出口的"三驾马车"操作框架展开。在经济驶入下行周期通道时，实施积极的财政政策，通过加大财政支出"人为"制造经济需求，或通过缩减税收激发市场活力，其中，减税的目标和作用点一般置于扩大投资、促进消费与鼓励出口，即通过税收激励实现经济动能内外拉力的优化，降低市场主体的实际税负水平，撬动需求动能，将经济运行拉出低谷。在经济过热时，则采取消极税收政策，通过增税通道抑制"三驾马车"车轮装置的过度运转，以消解市场的过剩流动性，促使经济回归供需平衡。

2. "规则内选择"

与税制优化式税负调整以"规则间选择"的方式进行不同，宏观调控式税负优化则以"规则内选择"的方式进行。其基本原因在于，作为一国制度供给的基础，税收系统的体系框架并非短期内可筑成，其是一国在特定时期内根据本国的经济发展水平、税源结构、税务管理能力、法治环境等综合因素而渐进集成的结果，并非一日之功，具有特定时期内的稳定性，并构成所有税收操作的基本体系框架。由此使得，宏观调控式税负操作也须在既定的税制体系框架内进行，而不能超过基本税制范畴。如一国在特定时期实行流转税主导的税制体系，则宏观调控式税负优化也只能围绕作为主体税种的流转税做文章，而由于所得税是辅助税种，即便其税负归宿相对明确，且具有"经济稳定器"功能，也难以发挥支撑作用。

3. 相机抉择

宏观调控式税负优化，以总量经济均衡或经济结构优化为目标，具有特定经济节点的相机权宜性。经济下行时，选择减税式税负调控；经济过热时，选择增税式税负调控；淘汰落后、无效产能，实现传统产能结构优化，需要逆向约束型税负调控；培育高效、先进产能，促进新旧动能转换，需要正向引导型税负调控。而在政策操作的实践中，对经济过冷或过热的判断，进而实施税收调控的广度和力度，则需要决策者的具体把握；同样，经济发展新旧动能的转换，是一个开放性的相对内涵，何为新动能，何为旧动能，其对经济结构优化发展的作用功效如何，也需要税收调控者的相机判断。从此层面看，税负优化的宏观调控式操作，更像是一门实践科学。

4. 时效更迭

与税制优化式税负操作的长效性特征不同，宏观调控式税负优化具有较为明显的时效性特征。无论是对经济周期的逆向调整，还是对经济结构的适时调整，税收调控均具有特定时期的相机权宜性，具有特定时段的时效约束。在经济趋冷时，为刺激经济增长，往往会采取短、平、快的刺激方案，基础品、耐用品、大宗品、产业链长的产品（如房地产、车船、钢铁、煤炭等）往往成为刺激对象，但经济刺激以目标达成为限，不可能持续长久，待调控目标实现，税收政策会淡出，此典型表现是税收优惠调控会附以明确的时效区间，以激励市场资源在此时段内流向调控政策导向的领域或行业。待"旧"的税收政策到期，再相机出台"新"的税收政策，以凸显政府在特定时期的不同政策导向。

（三）作用机制

1. 通过"反周期"的扩张性或紧缩性税收政策，调控经济总量均衡

与财政增支直接增加经济总需求、短期扩张力强、乘数效应明显不同，税负调整的作用机制是间接的，时滞相对较长，有利于市场自我配置资源的深度调整及活力回归。从"三驾马车"理论来看，在经济驶入下行通道时，短期内投资、消费与进出口均会出现较大波动，

税收政策的实施，应在明晰经济下行结构性成因的基础上精准施力，若因外需动力萎缩导致经济下行，则应加大对市场投资与消费的税收政策引导；若因投资效率下降导致经济下行，则应将政策调控重心置于促进消费、进出口和提升投资质量之上。

"逆经济风向行事"的税收政策，一般通过税收优惠的通道进行，具有特定时点的区间约束，其政策工具包括直接式的税率、税额优惠和间接式的税基优惠两种不同的施力方式。其中，前者注重结果导向，直接通过低税率、税额减免的方式进行，操作简便，对纳税人的实际行为导向较弱，如企业所得税低税率优惠，只有企业实现利润始能享受优惠，并在某种程度上会导致纳税人在涉税结果上做文章；税基式优惠注重过程导向，以加计扣除、加速折旧、投资抵免、亏损弥补等优惠方式进行，管理成本较高，对企业的实际投资或创新行为具有实质性引导作用。

2. 通过有保有压、有扶有控的税负结构性调整，促进经济结构优化

作为宏观调控的重要途径，税收可通过有保有压、有扶有控的税负结构性调整，发挥对经济结构调整的支撑、引导与保障作用。在经济发展的过程中，经济结构的形成与运行具有强大的惯性，尤其是在市场经济不健全的条件下，经济结构的优化升级纯粹依靠市场机制难以自发完成，需要税收政策的介入与引导。若一国长期依靠粗放型经济发展模式，经济中传统产能和国有产能比重较高，导致部分长期亏损、已经丧失经济活力的国有企业"僵而不死"，长期无效、低效占用经济资源，对民营经济、新经济发展的生产要素诉求产生"挤出效应"，从而致使经济结构固化，市场活力不足。在此状况下，应以市场化而非行政化的方式进行经济调整，通过建立负向约束与正向引导相结合的税收机制，实现税负布局的结构性调整。对落后产能、无效产能实施税负增压，加大企业运行"税楔"成本，加快促进该行业市场出清，倒逼长期被无效、低效配置的市场资源释放，同时，对先进产能、高效产能、活力产能实施税负减压，降低其税楔运行成本，将生产要素资源充分引入该领域或行业中来，从而实现经济存量结构的

优化与增量结构的扩展，最终通过经济结构优化实现经济发展质量与效率提升。

三　操作范式之三：信息治理

（一）内涵界定

预期引导式减税降费，是指为推动经济发展向高质量阶段全面跃升，以建立与高质量发展相适应的现代税费制度为发力点，以现代信息治理为实质凭借，通过在决策层面确立税费需求表达回应机制，在制度层面对税费体系进行结构优化，在实践层面夯实现代税费治理的征管基石，形成系统性、实质性减税降费的强大预期，进而确立勇于创新、高效投资、高质量消费的良好税费导向，最终促进供需体系高质量匹配的政策操作路径。预期引导式减税降费的目标是导向性的，推动实现高质量发展是其根本目标，其是减税降费操作在税制优化范式与宏观调控范式运用成熟基础上的高级阶段和升级版，政策操作具有顶层设计、综合施策、精准引导等基本特征，以供需两端的高质量匹配为施力方向，政策操作注重"大手术"税费改革与"小手术"税费优惠的整体协同，注重纳税人需求表达与高质量回应的上下联动，集税费需求、税费制度与税费治理"三位一体"，形成与现代经济体系相适应的现代税费体系。而由于预期引导是以信息治理为基础和依据的，在具体的操作抓手上，预期引导式减税降费表现为信息归户式税负操作。

信息归户式税负操作，是一国为实现税收治理现代化的根本目标，通过建档立户，将纳税人的财产、收入、支出、行为等所有涉税信息流实行综合归集、入户管理，形成全面统摄、动态管理的涉税信息归户系统，为税收决定、调整与执行提供实践凭依，最终实现税负与税基"量能"对接的税负操作路径。

（二）基本特征

1. 顶层设计

信息，是治理与决策的基础凭依。尤其在现代社会，信息治理居于国家治理最为基础和核心的位置。对税收治理而言，无论是税收决策层面，还是税收执行层面，涉税信息是决策基础和实践依据。从税收制定层面看，在确定了财政规模后，确定何种程度的税负水平，依赖一国税基的广度和厚度，而这有赖于一国对税基信息掌控的完整度和充分度。若实际掌控的税基信息趋近于潜在税基，则可制定出科学、合理的税率水平；若对税基信息掌控不力，只能控制部分涉税信息，则在同等财政规模需求下，需要制定更高的税率水平，始能满足财政需求，而税负水平过高会诱致税收不遵从，从而会形成高税负—窄税基—更高税负的恶性循环。由此使得一国须在顶层设计层面，强化对信息治理的认知高度，通过建章立制、建档开户，为每位纳税人设立可有效存储和追踪涉税信息的制度装置，做到信息归户，为税收决定、调整与执行提供实质依据。

2. 精准治理

信息归户式税负操作，其实质内核是实现税负分配的精准治理。在现代市场经济条件下，纳税人的收入来源多元化、形式多样化已成主流，财产跨区域、跨国度布局，消费行为多元化、消费样式虚拟化已成现实，源于市场主体的信息供给繁杂多样且变动不居，涉税信息呈现出强烈的爆发式增长态势。在此现代语境下，单靠传统单对单的信息治理模式，已难以满足现代税收治理的内在要求。在现代市场条件下实现税负的公平操作，唯有依靠涉税信息的综合归户管理，将纳税人的收入、财产、消费等静态和动态的所有涉税信息归集，置于实际的负税主体之上，进而依据涉税主体的综合税负能力进行税负设计，从而实现对碎片涉税信息的集中治理、对散落涉税信息的精准治理。

3. 量能课税

现代税收治理的根本价值旨趣是实现以量能课税为基础的税收公平。信息归户式税负操作的根本目标，即是实现量能课税。通过对纳税信息的完整、充分掌控，实现对税基的完全掌控，从而在税法制定层面，确定合理的税负水平和公平的税负结构；通过对涉税信息的充分、即时掌控，从而在税收执行层面，实现有税尽收；通过对涉税信息的综合归集和立户管理，实现依据主体负税能力为基础的量能课税。就实质而言，在单一收入来源的工薪社会，做到量能课税相对简单，只需根据工资水平的高低不同确定上下有别的税率结构即可。但在收入来源多元化、分散化的后工薪社会，针对工资的单一治理模式不仅不能做到量能课税，反而会加剧税收不公，在此状况下，唯有实现所有涉税信息的归户管理，再根据综合收入设计高低有别的税率结构，始能符合现代税收治理的量能课税要求。

（三）作用机制

1. 通过全面拓宽税基并降低税率，形成一国合理税负水平与税负结构

从税负水平的形成来看，税负总额是税基与税率的有机结合，在稳定税负约束下，财政规模既定，总体税基与税负水平存在消长关系。税基越宽，则税率水平越低；税基越窄，或即便有足够的税源，却难以有效控管，为获得同等财政规模，则须提高税率水平。其中，以涉税信息控管为核心的信息治理是影响税基宽度与厚度，进而影响税负水平高低的核心因素。

从逻辑上看，在税基、税制与税负的关系上，经济税源是基础，税收制度是法定依据，实际的税负水平则依赖以信息归户为核心的信息治理能力。在涉税信息治理能力强大的条件下，一国税务机关有能力实现对各种涉税收入、支出与财产信息的有效控管，其基本效果是：一方面，在法定税制框架下，可极大拓宽税基的可得性和可征性，为宽税基、低税率的税制改革突破瓶颈；另一方面，对税基的有效掌控，则是税制优化与健全的基础支撑，如对高收入者财富的综合、归户控管，不仅可以为综合累进的个人所得税改革与房地产税改革确立基础，而且能够为遗产赠与税的开征创造前提条件。在税基丰富、税种健全的框架下，经济中可以有效筹措的税收将稳定、持续增长，从而为降低税率创造条件，而低税率又为经济发展提供良好的税收环境，将进一步激发市场创造性与活力，使得经济中的税源更为丰富，从而进入税收治理的"宽税基—低税负—更宽税基—更低税负"的良性循环轨道。

2. 通过对涉税信息的综合控管与动态跟踪，实现税负公平与量能课税

从法定税负到实际税负，税基的宽窄如何、税率水平如何确定，税制的实际执行力如何，实际税负分配能够实现量能、公平，均依赖于一国对其涉税信息的治理能力。以自然人所得税为例，若一国有能力将所有涉税收入流进行综合、归户控管，则宽厚税基可见，由此具备采行综合制所得税与选择低税负水平的税制设计基础。若自然人税收治理水平薄弱，只能通过企业税间接机制控管劳动性所得，对资本性收入、流动收入、跨区域收入等多元化、多渠道收入无力控管，则可控税基偏窄，只能选择截流式、单对单的分类制所得税与较高的税率水平，而高税负又会进一步刺激税收脱逃行为，导致税基进一步收缩，税制公平分配负担的有效性将大打折扣。由于高收入者具有较强的避税能力，若对其涉税信息无法做到综合、归户管理，则公平课税的基础缺失。在现代税收治理框架下，通过建章立制、开档立户，实现对多元、繁杂、碎片化涉税信息流的综合控管与动态追踪，实现对所有涉税信息流的入户管理，使得每位纳税人的税基状况清晰可见，从而有能力实现公平税制条件下的量能课税。

综上，我国税负结构的优化具有三种不同却又紧密相连的操作范式：一是基于供给管理的税制优化范式，通过税制及税制体系的构建与完善，促进一国税负布局的合理优化；二是基于需求管理的宏观调控范式，通过"反周期"的扩张性或紧缩性税收政策，促进经济总量均衡和经济结构优化；三是基于税收治理现代化的信息归户范式，通过对涉税信息的综合控管与动态追踪，来全面拓宽税基、降低税率，实现税负公平与量能课税。三种操作范式具有特定的内涵、特征及作用机制，但又相互影响、相互制约：税制优化范式确立税负操作的基本制度框架，但税制模式的选择与税制执行力的判定有赖于信息归户范式下的涉税信息治理能力，一国税负水平的调整也受制于宏观调控范式下税收优惠的运用广度与强度；宏观调控范式是反周期操作的便捷抓手，但其操作空间受税制基本框架的制约，实施效果也受信息治理能力的影响；信息归户范式是现代税收治理的基石，但其并非能单

科独进，需要一系列制度体系的保障，也只有与税制优化范式和宏观调控范式的系统性耦合，才能真正实现税负公平与量能课税。

第三节 基于现代税收治理的我国减税降费总体评估

自2008年国际金融危机爆发以来，我国先后于2008年"实行结构性减税"、2015年"实行减税政策"、2016年"在减税、降费、降低要素成本上加大工作力度"、2019年"实施更大规模减税降费"，且随着以美国为代表的新一轮国际减税潮的兴起与扩散，减税降费已然成为我国政府对市场和纳税人的一种明确持续的政策宣示。

一 近年来我国减税降费的基本轨迹

（一）扩内需主导阶段（2008—2012年）

2008年年底，为应对由美国次贷危机诱发的国际金融危机的迅猛冲击，我国选择以需求管理为导向的宏观调控范式，实施了以扩大政府投资为主、结构性减税为辅的政策调控体系。其中，扩大政府投资以4万亿投资计划主导[1]，结构性减税以保出口、促投资、稳消费的"一揽子"税费优惠政策为主，如在短期内多频次调高出口退税率、实施特定时限内的多项增值税、企业所得税和车辆购置税优惠、调高个人所得税免征额、取消停征百余项行政事业性收费等，即便是2009年在全国范围内实施的增值税由生产型向消费型转型改革，由于其前期遵循分区域、分行业、分时段的分步实施方案，其实质也是以"税制优惠"的方式推出的。总体而言，此一阶段结构性减税政策的操作呈现出需求刺激、相机权宜、多点发力、时效约束的基本特征，对短期内稳增长、保就业、惠民生起到一定积极作用。

---

[1] 2008年11月，为抗危机，保增长，我国推出4万亿元经济刺激政策，重点用于基础设施建设，保障性安居工程，灾后重建等领域，形成一轮以需求刺激为重点的大规模投资热潮。

（二）降成本主导阶段（2012—2018 年）

随着"4 万亿"投资政策的效力扩散，强经济刺激所诱致的投资效益递减、产能过剩加剧、经济结构失衡、通货膨胀攀升等负面效应也逐步浮出水面，积极财政政策重心逐渐由偏重投资的支出面操作向收入层面的减税降费操作平台位移，而且，在操作范式上，以降成本为主要目标的供给侧操作逐步成为政策新场景。其中，增值税和社保费等税费改革是政策操作的主要抓手。自 2012 年起，我国在上海分行业首推"营改增"试点，之后试点地区和领域逐步扩大，及至 2016 年 5 月在全国范围内全行业推开，不动产得以纳入进项抵扣范围，在制度层面上我国多档税率并行的完全消费型增值税得以确立。社保费改革主要是在现行低统筹层次的费制框架下，通过适度下调社会保险综合费率，来降低作为企业纳税人主要费类的负担水平。同时，通过简政放权让利改革，降低企业融资、电力、物流等成本，削减制度性交易成本，力求为纳税人全面减负。

（三）稳预期主导阶段（2018 年至今）

虽然"营改增"改革在制度层面统一了作为我国主要税类的流转税制，但增值税作为现代工业社会的产物，其运行具有一整套精致特殊的系统装置，"营改增"减负效果取决于实践层面的匹配度。受多档税率并轨、小规模纳税人比重过高、服务业轻资产化、专用发票难获取、税负转嫁等多重因素影响，"营改增"改革在微观层面的减负效果呈现出显著的异质性，高新技术企业、国有企业、上市企业、规模以上工业企业等减负效果明显，而民营企业、中小企业、部分制造业和服务业企业等税负仍然高位运行。下调社保综合费率的"规则内"微调，使得纳税人的费负水平仍然未能实质性下降，且在由税务机关统一征收的体制改革背景下，缴费基数长期不实的状况将难以为继，费负预期上升压力反而加大。减税降费获得感的参差不齐，导致纳税人对减负政策的信心不足，提振减负预期、增强减负实效是政策操作当务之急。当前，我国实施新一轮更大规模减税降费，即是在稳预期导向下，以供给侧改革为重心，兼顾需求侧调控，以更大格局、更大力度、更高水准来推进普惠减负、实质减负和精准减负。

二 我国减税降费的基本面相与特征

总体来看,当前新一轮减税降费以税率式减负为主,兼顾税基式减负,以主体税费减负为主,兼顾辅助税费减负,通过将减税降费红利以"透明"方式明确宣示,凸显出引导预期、增强政策向心力的鲜明色彩,为下一步更具普惠性、实质性和公平性的减税降费奠定操作基石。

(一) 普惠性减税与结构性减税并举

当前,新一轮更大规模的减税降费以普惠性减负为主导,同时辅以实施结构性减负。在具体操作上,瞄准作为我国第一大税种的增值税,以"税制优化"和"税负优惠"的混合方式进行,采取全面降低税负的"大手笔",对纳税人形成减税降费的良好政策预期。具体体现为全面降低实体经济税负水平,重点降低制造业税负,将制造业等行业现行16%税率降至13%,将交通运输业、建筑业等行业现行10%税率降至9%,保持6%一档税率不变,但采取增加税收抵扣等配套措施,确保所有行业税负只减不增,力图通过降低税率、简化税制、完善链条,打造环环相扣、轻负易行的现代增值税制,实现纳税人主体税负的明显降低。

(二) 实质性降费与公平性降费同取

在大力度降低实体经济税负的同时,当前降费的施力重心置于作为我国纳税人第一大费类的社会保险费。长期以来,受社会福利体制、征管体制和征管能力等现实约束,我国社会保险费名义费率过高,纳税人社保负担过重,导致缴费基数不实,虚报、瞒报、漏报现象盛行,社保费陷入"高费率、窄费基、松征管"的泥淖,尤其是在由税务机构统一征收的体制改革背景下,按现行费率统一、规范征收将极为加大中小企业缴费压力,部分企业甚或有灭顶之灾。当前的减税降费操作,以大力下调费率为操作起点,将现行20%的职工养老保险单位缴费比例降至16%,同时稳步降低其他社会保险费率,并要求稳定现行征缴方式,在征收体制改革过程中各地不得自行清缴历史欠费,确保小微企业社保缴费负担有实质性下降。

（三）主体税费减负与辅助税费减负兼顾

在大力度降减现行税费结构主体负担的同时，新一轮减税降费尚通过深化体制改革，进一步降低纳税人各类非税负担和制度性交易成本。如深化电力市场化改革，清理电价附加收费，降低制造业用电成本，一般工商业平均电价降低10%，中小企业宽带平均资费降低15%，移动网络流量平均资费降低20%以上等。

三 我国减税降费的成效、问题与不足

（一）在目标导向上，偏重直接减负效应，对减税降费所诱致的多元衍生效应统筹不足

当前，新一轮减税降费以普惠性、实质性、精准性减负为目标导向，对微观税负主体形成强烈的预期减负效应。但除直接减负效应外，在我国现行税费体系框架下实施大规模减税降费，仍能诱发一系列具有浓厚本土色彩的正向效应。具体表现为：一是促进"地下经济"正规化。长期以来，受制于税费征管能力、市场经济发育程度和信用体系不完善等因素，我国税费制度的名义税（费）率水平过高，实际征收率偏低，税费执行弹性大，导致部分税源"隐匿化"，成为非正规经济。大规模降低名义负担水平，降低经济运行税费成本，有助于纳税人将"地下经济"正规化，提升经济税费规模和运行质量，为进一步下调税费水平腾出空间。二是促进增值税制"中性化"。作为当前我国第一大税种，增值税理论上具有市场中性效应，但由于我国增值税标准税率长期过高，增值税环环抵扣运行的市场环境不完备，纳税人会根据议价能力将高税收成本在各环节之间进行分散转嫁，不均衡的税负分配使得中小企业实难受益，名义上的"税收中性"难显公平。大力度降低增值税标准税率，降低市场运行总体"税楔"成本，有助于减少税负转嫁，彰显税收中性，保障税收公平，激发市场活力。三是推动税费治理现代化。普惠性、大规模减税降费会对政府收入形成冲击，进而传递至支出层面影响政府效能发挥，但是，降低名义负担水平，会增加税费遵从度，降低弹性执法和选择性执法，提升税费制度执行力，从而形成"降低负担、拓宽财源、公平征管、优化税（费）制"的良性格局。一定程度而言，当前的减税

降费更多地考虑降低名义负担水平的直接减负，若能将上述拓宽税基、增加收入的各项衍生效应测算在内，则减负目标将更为全面，减负水平将有加力空间。

（二）在操作路径上，偏重降低名义税率的预期引导，对"宏观调控"与"税制优化"操作方式的协同挖掘不足

当前以降税率为代表的预期引导式减税降费，契合经济由高速增长阶段进入高质量发展阶段的内在要求，但在供给侧结构性改革主线下，要有效引导预期，需综合、灵活运用"税制优化"与"宏观调控"两种操作范式，统筹处理好税基与税率、标准化税制与税收优惠、间接税与直接税的关系，最终对纳税人形成制度性减税降费的良好预期。当前大幅度降低增值税、社会保险费名义负担水平，会在宏观上降低政府收入水平，若短期内不能合理开源，将极大地加重政府尤其是基层政府财政压力，进而可能会使政策执行大打折扣。实际上，新一轮减税降费的主要目标是供给侧减负、间接税减负、企业纳税人减负，相应地，需求侧税费、直接税、自然人纳税人税费可成为主体税费减负的对冲空间。一方面，近年来我国以需求侧为重心的宏观调控式减税降费，过度运用几乎涵盖所有税种的税收优惠操作，已经对税制体系造成相当程度的税基侵蚀，并对税率式减税降费形成掣肘，全面清理、整合、归并需求侧税费优惠政策，深度清洁税基，可为税率式减税降费腾挪空间；另一方面，在制度操作层面，纳税人"痛感"较强的企业所得税、残疾人就业保障金、工会经费等尚未纳入操作范围，从中长期看，预期引导式减负应与我国税费结构优化的基本方向相对接，当前降低名义负担水平是建立低负担、宽税基、广覆盖的现代增值税制和社会保险税制的开端，并应与增加直接税比重、建立以自然人为中心的税费体系的改革方向相衔接。

（三）在受益获得感上，减负传导机制未理顺，减税降费的有效性有待实践检验

一是预算机制不健全。由于我国税式支出预算长期缺失，减税降费规模与操作缺乏严格的预算程序约束，更多的是依靠行政程序推动，对透明性、规范性、严密性的法治化减负方式运用不足，导致减

税降费的精确性欠缺。

二是财政归宿不明晰。减负红利通过政府间的层层传递到达市场,但当前政府间减税降费实施的成本分担机制不明确,尤其是在基层政府的支出责任与财力严重不匹配的条件下,大规模减税降费造成的财政冲击会降低其向市场减负让利的意愿,导致政策落地难、加大征管力度甚或另辟财源,从而降低减税降负实效。

三是受益归宿不明晰。增值税减负受益归宿取决于产业环境、纳税人议价能力、税务管理水平、专用发票获取难易程度等综合因素,受益程度具有差异性,而社会保险费减负以"稳定现行征缴方式"的行政化方式进行,短期内具有减负效应,但随着税务统一征收的改革推进,中长期征管力度加大是趋势,通过降低费率、拓宽税基、严格征管实现实质性降负需要一系列整体联动的配套改革,中长期减负实效仍待观察。

第四节 现代税收框架下我国减税降费的施力方向与着力点

新一轮减税降费的直接目标,是在保持前期减税政策延续性基础上,通过瞄准主要税费负担,普惠性、实质性降低纳税人实际税费水平,以降成本引导预期,激发释放经济活力;其制度目标是通过统筹税率下调与税基调整、税费优惠清理与标准化税制建设、间接税降减与直接税改革,优化税制与税制体系,打造"低税率、宽税基、简税制、严征管"的现代税费制度;其实质目标是通过降低宏观税负水平,优化国民分配格局,推动税收治理现代化,助推高质量发展。

一 范式转向:从需求侧施力向供给侧施力

长期以来,我国税收治理的基本范式是重收入总量、轻收入结构与质量,重需求侧施力、轻供给侧施力。改革开放以来,在以经济建设为中心的指向下,与对经济规模和总量扩张的"GDP崇拜"相适应,我国的税收治理也具有浓重的财政收入政绩观色彩,即在投资财政和建设财政的支出需求下，筹集财政收入、积累建设资金成为各级政府工作的重中之重。而这通常是通过税收和财政任务的方式下达并考核的，由此产生的行为激励必然是重财政收入入库规模和增速，财政收入的质量、效率与结构则是次位的目标，并在一定程度上导致对依法治税的弱化。其结果即是税收收入超经济增长、非税收入规模膨胀，税负归宿难以明晰的流转税在税收结构中的规模与比重居高不下，税负归宿明晰、征管难度大、作为现代税制体系代表的直接税的收入规模和比重迟迟难以获得有效提升。

在税收对经济的调控上，与对总量扩张的追求相适应，税收对经济的施力重心长期置于需求侧，而相对弱化供给侧。近年来，为应对经济下行压力，尤其是2008年为应对国际金融危机的深度冲击，我国出台了"一揽子"应急刺激的税政方案，将施力重心置于房地产、汽车、进出口等，力求扩大内需，驱动经济增长。其政策效果虽具有一定的短期效应，但时至今日，其负面效应已渐渐浮出水面，如实体经济和民生被房地产"绑架"，汽车数量骤增导致交通拥堵并加大环保压力等。当前及今后一段时期，在现代税收体系建设下，我国税收政策的调整，应摒弃依靠"短、平、快"的税收政策盲目刺激需求的思路，应在适度提升有效需求的同时，将施力重心更多地置于供给侧的产业结构与税制结构优化，以及行之有效的结构性减税降负。

二　法治导向：非税负担与税收负担的结构优化

在稳定税负的现实约束下，税负结构调整的第一指向是非税负担与税收负担的结构调整，其实质性的导向即是践行税费法治原则。当前，我国税收负担与非税负担的基本格局是平分秋色的五、五分立，若将社会保障缴款的性质认定为税收，当前税收、社保缴款、非税的比重大致为五、二、三，即小口径非税负担仍然占据我国宏观税负总量的三成多，而这又是由形式多样、名目众多的政府性基金、专项规费、行政事业性收费、罚没收费等项目构成，不仅数量繁多、负担重，也造成纳税人沉重的奉行成本。在现代税收体系建设下，实现税负结构的调整，应以税费法定原则为指引，深度清理"非满收满付制"的现实遗留，大面积清理、简并无对等服务、重复收费、多环节收费等项目,并将所有非税收费项目由全国人大统一立法,赋予地方政府一定的立法权限,明示收费类型和依据。除此之外,法不授权则无权,以深刻清理税基,为有效拓宽税收与社会保障缴款税源基础、降低名义税率开辟空间。

三 税系导向:间接税负担与直接税负担的结构优化

在税收体系内部,税收结构的优化方向即是从传统流转税主导的税制模式,向直接税与间接税并重的"双主体"税制模式转变,大力提升现代直接税在税制体系中的规模和比重。实际上,早在20世纪80年代初期工商税制全面改革时期,我国即有建立所得税与流转税并重的"双主体"税制模式的提法,但时至今日,在我国现实的税收结构中,流转税仍然是独占鳌头,所得税和财产税的地位迟迟难以获得有效提升。究其原因,一是理念上,我国长期坚持"效率优先、兼顾公平"的价值观念,更多地关注税收的收入筹措功能,在一定程度上弱化税收对收入分配的调节功能;二是在制度建设上,在保持原税负不变的原则下,我国长期重视收入型税制的建设,相对弱化调节型税制的建设;三是在实践有效性上,对流转税的征管便宜,对所得税和财产税的征管成本高、难度大,配套支持体系不健全。在现代税收体系建设下,实现直接税负担与间接税负担的结构优化,直接税的"加法"与间接税的"减法"应同时进行,并下大力破除我国税制结构优化在理念、制度与实践"三维层面"的实质约束。

四 产业导向:构建负担公平、有保有压的产业税负体系

作为供给侧结构性改革的重要内容,产业结构的优化升级是我国经济持续、健康发展的重中之重。就我国三次产业税负的基本状况而言,第二产业的名义税负最重,第三产业的税负水平较高,第一产业的实际税负不轻,由此使得如何构建规范高效、精准施力的产业税负体系是我国税制建设的重大课题。在标准化税制层面,各产业应当适用"一视同仁"的税制体系,不宜采用差异化方案,营业税与增值税并立的差异化税制体系即减损了基本税制对各产业的同等待遇,造成对服务业的税负区别待遇,损害了税收公平,同时,对农业的增值税免税政策虽然在名义上是对农业的轻税,但由于增值税特殊的进项税

抵扣机制，免税的同时也意味着对进项税抵扣权的"剥夺"，且由于农业主体多处于市场交易的弱势方，税负难以转嫁，大部分的增值税税负多被农业承担。在保障基本税制公平的同时，应根据产业结构调整的要求，进行有保有压、有扶有控的差异化税收政策，而这主要应通过作为非标准化税制的税收优惠的通道来进行。由于各产业在市场环境、发展前景、价值链结构、盈利能力等方面存在重大差异，差异性产业税收政策的实施不宜大而统之，应根据各行业的特点、发展规律等因业施策，对于过剩产能、落后产能清理税收优惠，以清洁税基，对于先进产能、清洁产能，应形塑税收优惠体系，加大税收优惠力度。

五　区域导向：实现区域税负政策公平

长期以来，在激励经济规模和增速的发展背景下，我国税收政策的实施以区域优惠为主，即产业优惠依附于区域优惠，区域优惠嵌套产业优惠。从改革开放初期的东部开放城市和沿海地区战略，到西部大开发战略，再到东北老工业基地振兴和"中部崛起"战略，我国的税收优惠政策附随不同时期的国家区域发展战略"环绕"了全国一圈，并由此形成了惯性的区域优惠思维及行为模式。以至于我国近年来推行的税制优化式的税制改革，也以区域试点的方式被当作政策洼地的"税收优惠"来使用，如2009年推行的有限消费型增值税改革，被首先用于东北地区的试点，使得该区域的纳税人在全国范围内可优先抵扣进项设备，再如2012年的营业税改征增值税改革，被作为区域试点首先在上海推行，该地区的试点服务业可在全国范围内优先享受增值税抵扣权，并外溢至该区域的制造业。就税负公平而言，税收优惠尤其是整体性的税制改革，不宜采用区域试点的方式推行，且就税收优惠的实施而言，其主要的适用对象应该是产业而非区域，应以产业优惠主导来嵌套区域优惠，保障税收优惠政策在全国的法制统一性和公平性，在产业税收政策体系框架下，可根据区域倾向调减或调增政策剂量。

六　主体导向：实现税负公平与量能课税

就主体层面的税负调整而言，一方面涉及企业纳税人与自然人纳税人之间的税负调整；另一方面，涉及企业税负结构与自然人税负结构的内部调整。企业与自然人之间的税负调整，与间接税和直接税之间的税负优化紧密相关，因为流转税和企业所得税的纳税人主要是企业，个人所得税、房地产税、遗产赠与税的纳税人是自然人，这涉及宏观层面降低间接税比重、提升直接税比重的税制及税制结构优化。后者涉及微观层面的税负结构调整，就企业税负结构的调整而言，应继续以公平税负的原则，平衡内外资企业的税负水平，同时，以"降成本"为指向，深度实施对中小企业的结构性减税降负政策，切实降减其财政负担成本。就自然人税负结构优化而言，应在继续凸显公平理念的同时，建立以信息综合归户管理为基础的面向自然人的税费征管体系，夯实自然人税费征管的实践基础，在制度上推进综合与分类制个人所得税改革、房地产税改革以及遗产赠与税改革，实现对自然人税负的综合累进与量能课征，真正实现对高收入者、超高收入者的应收尽收和足额课税，将工薪阶层从自然人税负主力承担者的位阶中剥离出来。

第五章 税制优化式减税降费与我国现代税收体系构建

长期以来,作为税负操作的基本范式,税制优化式税负操作一直是我国税负调整的主要实现方式。尤其是近年来,随着我国经济发展进入增速放缓、结构调整与动力转换的新常态,税制改革频仍,税制优化式税负操作成为我国税负调整的主要抓手。

第一节 我国税制优化式税负操作的脉络

从 2008 年至今的十余年来,我国经济税收发展经历了繁复多变的国际国内经济形势,经济改革进入"攻坚期",税制改革进入"深水区"。总体来看,如表 5-1 所示,在不同的阶段,基于不同的改革目标,我国推出了不同的税制改革,表现为税制改革频仍,税种消减变化,税负调整多变。但尽管如此,我国税制操作仍然有一定的规律可循:

一是在总体脉络上,遵循降低间接税比重、提升直接税比重的税制结构优化进路。其中,间接税制改革处于深度整合优化期,直接税制改革全面进入"深水区"。

二是在目标导向上,遵循规范税制、公平税负的基本规诫,此以内外资税制体系合一最为典型。

三是在税负调整方向上,存在"做减法""做加法""加减结构性操作"之分。

四是在经济互动上,税制操作反映出特定的经济形势变动,如

2009年增值税消费型转型是对国际金融危机的回应,2016年全面"营改增"是对供给侧结构性改革的回应。

五是在税负协调上,税制建设向协同型、绿化型税制体系转型,如成品油消费税改革、资源税和环境保护税改革等。

表 5–1　2008—2019 年我国税制改革操作脉络

路径	税种	主要内容	目标导向
做减法	增值税	2009 年,生产型增值税在全国范围内实现消费型转型改革;小规模纳税人征收率降至 3%	规范税制 促进投资
		2012 年起,营业税改征增值税改革启动,截至 2015 年年底,已扩展至交通运输业、现代服务业、铁路运输和邮政业、电信业等行业。2016 年 5 月 1 日起,全面实施"营改增"	优化税制 公平税负 激发活力
	企业所得税	2008 年,内外资企业所得税合一,统一实行 25% 的标准税率	统一税制 公平税负
加、减结构操作	个人所得税	2009 年,将工薪所得税目费用减除额提高至 2000 元,2011 年进一步提高至 3500 元,并加重对高收入者税收征收调节力度	公平税负 促进消费
		2019 年,实施"小综合"分类制改革,对工资薪金、劳务报酬、稿酬、特许权使用费四类劳动所得实行综合征收,将费用扣除额提高至 5000 元,在专项扣除基础上,增加学费、养老、房租等六项专项附加扣除	健全税制 量能课税
	车船税	2012 年,依排量大小,对乘用车税负做出调增、不变与降低的结构性调整	节能减排 公平税负
做加法	消费税	2009 年、2014 年和 2015 年,成品油消费税改革,上调成品油消费税单位税额	节能减排 公平税负
	资源税	2010 年,石油、天然气资源税从价计征改革;2014 年,煤炭资源税从价计征改革	优化税制 节能减排
	房地产税	2011 年,上海、重庆启动居住用房地产税试点	健全税制 公平税负

续表

路径	税种	主要内容	目标导向
做加法	外资增税	2009年，内外资房地产税制统一； 2010年，内外资城市维护建设税制统一	统一税制 公平税负
	环境保护税	2018年1月1日实施	健全税制 节能减排

资料来源：财政部、国家税务总局官网。

第二节　我国税制优化式税负操作的问题

近十年来，我国税制改革频仍，通过税制及税制体系的不断调整，促进着税负结构的不断优化，对经济社会发展起到了重要的支撑、引导与保障作用。但税收作为综合范畴，税制优化式的税负操作不仅是税收领域的单维度问题，更涉及税外因素的多维向度。单纯瞄准税负本身进行"管中一窥"式的调整优化，仅具有短期效应，若相关涉税衔接不到位，在长期会掣肘税制优化的实际效果，甚至会诱致名义税负与实际税负的重大背离。最终，制度惯性运行的实践累积，会使税负调整的空间缩减，难度加大。就我国税制优化式税负操作而言，仍然存在如下不足：

一　间接税制改革"单兵独进"，造成实际税负结构扭曲

作为我国税制结构的主体，间接税一直是我国税制建设与改革的重心。1994年我国进行了以增值税和营业税为重点的大规模的税制改革，自此间接税长期成为我国企业税负的主体，2009年实施消费型增值税转型改革，机器设备等进项得以抵扣，2016年实施全面"营改增"改革，全环节抵扣环节得以打通，一般纳税人服务类进项得以抵扣，企业总体减负。

但另一方面，从企业税负运行的纵深层次看，由于税收运行体系的不协同、不配套，企业间接税负担的总体降低，并未诱致其实际负担的完全降低，甚至出现明减实不减、边减边增等"体内损失体外补"的实践格局。其基本成因即是，税制改革未与分税制改革协同联动，现代税制完善未与地方税体系构建相对接。历史的看，我国1994年税制改革与分税制改革是相互联动的，通过税种改革、分税改革与机构分设改革等系列改革，解决了当时财政收入占GDP比重过低、中央财政收入占全国财政收入比重过低的问题，由此也确立了后续我国税制改革与分税制改革的基本体系框架。但及至今日，我国以间接税为主体的税制改革进行了多次重大改革，而作为税收运行体制基础的分税制改革始终未进行"大手术"的实质调整，长期维持事权与财权高度集中下的支出责任不断下放、财力不断上移的"剪刀差"格局，致使地方政府尤其是基层政府的财政治理能力趋于弱化，为维持财政平衡，地方政府在向上"跑部钱进"的同时，向下则在间接税收入外向企业开掘财源，并在不同程度上导致企业非税负担上升。典型如"营改增"改革，在总体减轻企业间接税负担的同时，导致间接税收入中央"大头"分成，地方主体税种被架空，地方政府进而通过依靠惯性的收入来源通道筹措财政资金，如土地财政、非税收入、地方性债务等。而由于企业仍然是地方政府财政收入的主要承担者，最终使得其间接税负担的相对减轻，并不意味着其总体公共负担的实际降低。

二 直接税制改革受多重因素掣肘，税负深度调整仍未破题

在稳定税负约束下，与间接税制改革的"减法"相呼应，直接税制改革的路径是"做加法"，即通过深化税制改革，在优化直接税负结构的基础上，有效提升直接税的收入规模及比重。近年来，我国围绕企业所得税等内外资税制合一、个人所得税费用减除额提高、车船税税负结构性调整、房地产税试点等直接税改革，进行了实践探索，对直接税税负结构调整起到了一定积极作用。

但从实质效果来看，直接税改革并未深度破题。直接税主要由企业所得税、个人所得税、车船税、房地产税和遗产赠与税构成，而从我国的实际状况看，我国直接税无论是在收入规模上，还是在税收比重上，远未实现制度改革的初始目标，离现代税收制度尚有较大距离。从个人所得税看，其是现代税制的典型代表，以量能课税为原则

实现高收入者多课税、低收入者少课税是制度改革的基本目标，但实际情况是，虽然建立综合与分类相结合的个人所得税的改革目标已经确立，但基础制度、征管条件、纳税环境、信用体系等的制约，纳税人统一税号缺失，涉税信息难以实现综合、归户管理，从而使得税制运行只能采取分类征收模式，抓住一个算一个，进而使得通过间接代扣代缴通道征收的工资所得税成为税收"大头"，资本性、财产性收入的征管不到位。在当前居民收入来源多元化、多样化的条件下，非劳动性收入是拉大贫富差距的主要成因，但由于我国对自然人涉税信息缺失综合归户管理的制度体系，只能长期依赖间接征管模式，税收治理高度依赖代扣代缴而非自主申报，使得高收入者、超高收入者的税收难以足额、量能征收，也导致自主申报沦为形式，不具有作为课税基础的实质效力。最终使得个人所得税停滞于分类征收模式，对日益拉大的国民财富分配差距难以起到"削高保低"的效果，反而在一定程度上导致低收入者足额课税、高收入者缺额课税的逆向调节效应。

从企业所得税来看，2008年内外资税制合一是我国公平税负的重大举措，但实际上，自20世纪末、21世纪初我国通过市场化改革告别"短缺经济"以来，资金约束已经不是制约我国经济发展的决定性因素，内外资税制合体理应被提上议事议程，但受外资企业以撤资为由的利益阻滞，我国直到2008年才推出新企业所得税法，2009年和2010年才分别实现内外资房地产税和城市维护建设税制度统一，且时至今日，由于历史惯性与过渡期等因素的影响，外资企业的综合税负水平仍然低于内资企业，税负公平并未完全实现。

三 试点式税制改革造成"政策洼地"，诱致税收不公平

长期以来，为保障改革的稳妥性和防范风险，我国重大税制改革多采取试点方式推进，待试点成熟后，再推向全国。但就实质而言，在市场经济体制下，税制统一是市场竞争的基本规则要求，税负上的差别待遇通常以非标准化的税收优惠方式进行，且统一税制是常态、差别税制是例外，因此，为税制改革的规范性、公平性考量，应控制试点式税制改革的运用，或尽力缩短试点的时间。从近年来我国税制

改革的实践来看，试点方式存有被过分运用之嫌，某些本应全盘推开的税制改革被人为地当作区域性"税收优惠"来使用，不仅导致税收不公平，而且造成短期税收政策"洼地"，诱发市场投机行为。以消费型增值税转型改革为例，早在 2004 年即在东北三省实施试点，先是"增量抵扣"，后改为"全额抵扣"，再又改回"增量抵扣"，在试点推行 3 年后，2007 年试点范围扩大至中部六省，2008 年又扩大至内蒙古自治区东部 5 个盟市和四川省汶川地震受灾地区，及至国际金融危机全面爆发，2009 年开始在全国推开。从特定区域试点到逐步扩大试点范围，再到全面推开，历时近 5 年，使得本应对所有纳税人一视同仁的税制改革，被人为地进行区域分割，并按先后次序进行排序，其操作方式呈现出浓厚的行政配置色彩，且在区域优惠政策的框架下推行，不仅滞缓税制改革进程，也导致税收不公平。

四 税负操作的法治化程度不足，影响税制体系实施的公信力与执行力

一方面，在税负决定上，税收法定原则践行不足。典型的如 2012 年居民居住用房地产税试点改革，通过国务院常务会议决定，并未经过纳税人意见征集和全国人大常委会决定，引发各界热烈讨论，并囿于各方阻力，使得本应在全国范围内尽早开征的直接税税种被搁置至今；另一方面，在税制执行上，依法治税原则践行不足。实践中，仍然存在税收配额的"任务治税"现象，且在地方经济和财政下行压力加大的背景下，部分税收优惠政策的执行也存在一定程度的不到位现象。

第三节 典型案例剖析：以"营改增"税制改革为例

当前，按照财税〔2016〕36 号文的要求，自 2016 年 5 月 1 日起，我国房地产业、建筑业、金融服务业和生活服务业已全面实行"营改增"，这意味着在我国税收史上有着悠久实践并在财政收入中占据重要地位的营业税,彻底退出我国现行税制体系。实际上,作为我国供给侧结构性改革导向下新一轮财税政策调控的重头戏,"营改增"始自2012年的分地区、分行业试点改革,随着"营改增"的全面实施,其"结构性减税"的效应将得以显现。

一 算总账:企业总体减负

从减税机理看,一是增值税差额征税,营业税全额征税。在税负总体不变或只减不增的指导思想下,税基的缩小,也就是税额的减少。二是营改增的全面推开,意味着增值税链条机制真正完整运行。在增值税、营业税同时并存的情况下,企业购买营业税业务所发生的成本费用性支出,会形成本企业制度性的新价值,即形成重复征税,而全面的营改增,这一不正常的税收增收渠道将不复存在。三是也意味着真正意义上的消费型增值税确立。在全面营改增的背景下,所有企业实施的增值税在我国首次成为真正意义上的消费型增值税,而构成企业生产经营中极大支出份额的不动产购进支出所含税金将得到全额抵扣。因此,其直接效应将是大面积减税。

据测算,截至2015年年底,我国"营改增"已累计实现减税6400多亿元。而纳入全面营改增的建筑业、房地产业、金融业和生活服务业涉及的纳税人就多达近1000万户,且从房地产业、建筑业、金融服务业这些新增试点行业的营业税贡献来看,三者2015年的占比分别高达31.6%、26.6%和23.6%,再加上不动产购进在所有企业的抵扣及其他新增抵扣,因此,此次营改增引致的减税将是涉及纳税人最多、行业最广、税收收入规模最大的一次,据测算,该减税额将高达9000多亿元。

二 小规模纳税人:税负全面降低

全面"营改增"后,原按照含税营业额全额计税的营业税纳税人,将转为按销项税减去进项税计税的一般增值税纳税人,或按照简易计税方法征税的增值税小规模纳税人。其中,增值税小规模纳税人的计税依据为不含税营业额,且征收率统一为3%。由于原营业税的适用税率分别为3%、5%或20%,则"营改增"后,由于税率的降低,或同等税率条件下计税依据由含税额转为不含税额,则小规模纳税人的税负将全面降低。假定小规模纳税人的营业额为 A，则改革前后的税负比较如表 5-2 所示。

表 5-2 小规模纳税人税负测算

营业收入	改革前		改革后		税负变化
	税率	税额	税率	税额	
A	3%	A×3%	3%	〔A/(1+3%)〕×3%	-2.91%
	5%	A×5%	3%	〔A/(1+3%)〕×3%	-41.75%
	20%	A×20%	3%	〔A/(1+3%)〕×3%	-85.44%

三 一般纳税人：税负变化不确定

全面"营改增"后，增值税一般纳税人的计税方法将是销项税减去进项税的差额，销项税＝销项额×适用税率，进项税＝进项额×适用税率。因此，"营改增"后，一般纳税人的税负能否降低，取决于销项税与进项税的平衡，若拥有法定抵扣权的进项税较多，则税负降低的概率大，反之则反。而进项税的抵扣额度，一方面，取决于适用税率是否提高；另一方面，则取决于是否购买、购买什么、购买数量、进项渠道等因素。因此，"营改增"后，一般纳税人的税负变动在一定程度上受纳税人的生产经营策略安排、税务管理能力以及行业环境等的实际影响。实践中，一般纳税人中约有 1/3 出现税负上升。

理论上而言，假定纳税人的营业额均为不含税销售额 A，购进扣除项目金额为 B，增值税税率、扣除税率、营业税税率分别为 T_1、T_2、T_3，则，税负平衡点 $B = A(T_1 - T_3) \div T_2$。以增值税适用税率为 17%，原营业税税率为 3%，而扣除税率分别为 17%、13%、11%、6%、3% 为例，则税负平衡点分别为 82.35%、107.69%、127.27%、233.33%、466.67%。现有增值税制度安排下，增值税一般纳税人适用税率、扣除税率，及原营业税适用税率如表 5-3 所示。

表 5-3　　　　　　增值税一般纳税人适用税率　　　　　　单位：%

服务业增值税适用税率	增值税扣除税率	原营业税适用税率
17	17	3
11	13	5
6	11	20
	6	
	3	

四　典型案例分析：以建筑业企业为例

(1) 从成本结构看，假定一般地上工程耗材占比情况为：

①钢材等占比40%以上；

②水电占比2%；

③水泥占比8%；

④砂石料占比8%；

⑤辅料占比2%。

(2) 若现场混凝土搅拌

①②③⑤四项成本购进均可取得合规的增值税专用发票，准用于进项抵扣，即可抵扣比例达至总成本的52%；

税率为17%（自来水为13%）。

(3) 则增值税税负测算如下

若工程总造价10000万，包含大宗建材等。"营改增"后其税负为：

①销项税额 = 10000/1.11 × 11% = 991万；

②可取得进项税抵扣 = 10000 × 52%/1.17 × 17% = 756万；

③应纳增值税 = 991 - 756 = 235万。

(4) "营改增"前后税负比较

营业税 = 10000 × 3% = 300万；增值税235万，"营改增"后少缴税65万，税负减轻21.67%；

增值税税负率 = 235/10000 = 2.35%，较营业税降低0.65个百分点。

（5）税负平衡点的测算

若企业欲保持"营改增"后税负不变，其无差别平衡点 X 的测算为：

$10000 \times 3\% = 10000/1.11 \times 11\% - X/1.17 \times 17\%$

$X = 4755.64$

即该企业若想保持"营改增"后的税负不增加，在 17% 的抵扣税率下，其必须获得 4755.64 万元的进项抵扣，也即该企业的进项抵扣率应达到其工程总造价的 47.56%。若低于此平衡点，该建筑企业的税负水平将调增。

第四节 税制结构优化对税收公平的影响分析

探析税制结构优化对税收公平的影响，是从收入分配视角，探索税制结构的优化路径。本节一方面从税收公平的价值取向切入，厘清税收公平的理论意涵；另一方面，在探明税制结构对税收公平的影响机理基础上，围绕我国现行税制结构对税收公平的引致影响进行实证考察，以此从税收公平维度，探寻税制结构优化的政策方案与可行路径。

一 税收公平的价值取向

自资本主义生产方式兴起、重商主义产生以来的三四百年中，西方国家逐步形成了关于税收公平的"利益说""能力说"与"牺牲说"观点。时至今日，这三种理论学说依然对世界各国税收，特别是个人所得税的税制设计与改革方向，产生深远影响。梳理税收公平问题的理论源流，可以发现，税收公平是一个历史的、动态的价值观念，应从多维立体视角来审视税收公平的制度设计。而在聚焦税收公平的同时，不应以过度损害税收效率为代价。

在税收公平取向上，从价值维度考察，税收公平包括形式公平与实质公平；从规范对象维度审视，税收公平不仅包括征纳双方之间、纳税人之间权利义务分配的公平性，同时涵盖央地政府、地方不同级次政府之间的税收分配公平；从领域视野而言，税收公平包括税收政治公平、税收经济公平以及税收社会公平；从实现过程维度考察，税收公平包括起点公平、规则公平、结果公平与补偿公平；从时间维度考察，税收公平包括代内公平与代际公平；从空间维度考察，税收公平包括国内公平与国际公平（秦蕾，2008）。综观既有文献研究，税收现代化框架中的公平机制涵盖税收权利公平、税收制度公平、税收管理公平与税收使用公平四维层面的内容（张津等，2019）。

具体而言，一是税收权利公平。从现代国家治理的基点来考察，只有遵循税收权利公平的理念，才能实现税收本质的公平。同时，税收权利公平要求坚持税收增长与经济增长相协调的原则以及税负适度原则，以限制政府不顾纳税人的纳税能力而随意征税，形成税收超额负担。可以用宏观税负和税收弹性两个指标来测量税收权利公平实现的程度。

二是税收制度公平。税收制度公平要求税收制度的设计应充分贯彻公正与平等原则，国家征税要使各纳税人承受的负担与其经济状况相适应，并使各纳税人之间的负担水平保持均衡。从理论上讲，直接税较间接税对收入分配的调节功能更强。因此，税收制度公平理念要求一国的税制结构应科学合理，应充分反映该国经济发展状况对税收公平的客观要求。一般可以用税制结构中直接税与间接税的比重和税前税后基尼系数两个指标测度税收制度的公平程度。

三是税收管理公平。税收权利公平与税收制度公平作用于起点公平，而税收管理公平将决定过程公平。税收管理公平要求税务机关税收执法行为的过程和结果应该遵循和体现公正与平等的原则。它既包括征纳双方在税收征管关系中权利与义务的对等性，也包括税务机关对所有纳税人一视同仁地公平执法。如果没有税收执法的公平，税制即便是公平合理的，也将因无法付诸实施而失去实际意义。

四是税收使用公平。"取之于民，用之于民"是社会主义税收的目的，因此，用税公平才是结果公平。税收使用公平是税收民主的重要组成部分，它要求纳税人有权对税收的使用进行民主决策、依法监督，确保纳税人所缴纳的税收能被高效合理地使用，最终达到民生税收的目的。

总体而言，税收权利公平与税收制度公平分别从纵向（征纳双方）与横向（纳税者之间）方面决定着税收起点公平，税收管理公平决定着税收过程公平，而税收使用公平最终决定着税收结果公平。因此，税收权利公平、税收制度公平、税收管理公平、税收使用公平体现了现代税收公平机制的一体化价值体系。

二 税制结构对税收公平的影响机理

从纳税人与负税人的关系角度，将税收划分为直接税和间接税两种类型，而鉴于直接税主要对所得、收入以及存量财产等征税，且能直接调节纳税人的收入流量以及财富存量，因而是纳税人收入及财富配置的重要调节工具，也因此而成为反映税收公平的重要标志。与此同时，间接税可通过价格渠道，将税负向上下游纳税主体疏散，从而引发实际税负归宿与法定归宿的背离，继而可将改变纳税人既有收入分配格局，对税收公平产生引致影响。后文将从直接税与间接税二维层面切入，对税制结构影响税收公平的作用机理展开探讨。

（一）直接税对税收公平的影响机理

税收与商品供求关系的相关性强弱，对税负转嫁程度产生直接影响。于直接税而言，商品供求弹性在直接税中的介入程度相对较低，因而税负一般不易转嫁，使其在收入分配差距调节与税收公平作用发挥方面，具有较好的调控效果。在我国现行税制框架下，企业所得税、个人所得税与财产税同属直接税范畴，而三者对于税收公平的贯彻深度上，存在一定差异。具体而言，作为以微观企业为纳税主体的企业所得税，其着力点在于对企业主体之间收入分配差距的调节，在以自然人为收入分配差距调控施力重心的税收调节上，其与税收公平的意涵具有相对较低的契合度。因此，学界对企业所得税与税收公平的探讨相对较少。此外，房产税等直接税作为我国税制结构中的非主体税种，其占比相对较低，因而本部分将探讨重点聚焦于调节自然人收入分配的个人所得税。

个人所得税作为直接参与我国自然人收入再分配的主体税种，以个人取得的各项收入额或所得额作为计税依据，税负归宿明确，纳税人与负税人同为一个主体，一般不存在税负转嫁的情形，可通过对居民可支配收入进行直接调节，进而对居民收入分配公平性产生深刻影响。

目前超额累进税率的设置，是个人所得税调节纳税人收入差距的主要方式，其通过反映"低收入者—低税率—轻负担"与"高收入者—高税率—重负担"的超额累进税率形式，直接对纳税人收入差距进行调节，与税收的量能负担原则相切合。在超额累进税率语境下，随着居民收入逐步提升，所适用的边际税率呈递增态势，适用的税率级次也相应提升，通过缴纳更高水平税收的"削高"方式，使高低收入阶层的收入差距得以缩小。进一步而言，从边际效用递减维度审视，若对高收入者和低收入者采用单一比例税率征税，则在该税率之下，低收入者效用降低的程度高于高收入者，比例税率对调节收入分配产生累退性，与税收的量能负担原则相悖，从边际效用角度来看，个人所得税的超额累进税率方式更有利于实现税收公平。

除采用超额累进税率进行"削高"以外，个人所得税通过免征额的设置"提低"，进而提升低收入者的可支配收入水平。同时，个人所得税免征额的设置，是量能课税原则的重要体现，其为保障低收入家庭基本的生活需要，对满足生活必需的刚性收入流进行免税，以此降低低收入群体的税收负担，在一定程度上缩小了居民收入差距水平。

总体来看，直接税主要依赖个人所得税发挥收入差距的调节作用，个人所得税的设计从理论上可以较好地缩小居民收入差距，因而个人所得税比重越高的税制结构，越有利于缩小居民收入差距，越有利于税收公平的实现。

（二）间接税对税收公平的影响机理

我国间接税以增值税与消费税为主体税种，其在筹集财政收入方面，是我国税收收入的主要来源，并占据主导地位。从间接税对收入分配的调控路径上看，间接税通过税负转嫁，实现实际税负归宿与法定归宿的背离，进而改变居民的实际可支配收入，并调节收入分配差距。正如亚当·斯密所言"赋税如果不平等地落在它所影响的特定私人收入上，必然会引起不平等"①，间接税在理论上不利于缩小自然人收入分配差距。

具体而言，在增值税方面，增值税通过不同收入阶层居民消费商品的差异，将商品价格中包含的税负进行转嫁，并通过改变不同收入阶层的税收负担，从而调节居民收入差距。对于在税收收入中占据最大份额的增值税而言，增值税对商品、劳务以及服务在流转过程中的增值额进行征税，具有环环征收、普遍征收的特点。我国商品在实际销售时，增值税税额已然嵌入商品价格中，通过提高商品价格的方式将其转嫁给下游消费者，因此消费者是增值税的最终负税人。

从税率形式上看，增值税采用比例税率，具有较强的累退性。受消费者边际消费倾向递减影响，尽管从收入绝对额上来看，随纳税人收入提升，消费绝对额不断增加，但不应忽略的是，其消费额在收入中的占比不断下降，承担的税收占收入的比重也在下降，因此在比例税率下，低收入群体承担的税负水平实际上要高于高收入群体。同时，根据税负转嫁理论，需求弹性越小的商品，越容易实现税负转嫁。生活必需品的需求弹性相对较小，价格变动对购买数量的影响较小。低收入阶层购买生活必需品的支出在收入中的占比较高，因此低收入阶层承担了大部分生活必需品的增值税负担，使不同收入阶层群体之间的收入差距扩大。增值税的累退性以及易于转嫁的特性，理论上不利于缩小居民收入差距，进而对税收公平性产生负向影响。

于消费税而言，消费税也是间接税的重要组成部分，其主要通过对特定消费品进行征税，对居民消费产生引导和调节效果。在部分消费税税目中，消费税影响购买该类特定商品的消费者所承担的消费税，进而实现调节不同收入阶层居民收入差距的目标导向。例如，对于高档手表、高档化妆品等奢侈品，高收入阶层的消费支出要远远高于低收入阶层，因而高收入阶层通过消费应税消费品，成为消费税的

---

① [英]亚当·斯密：《国富论》，郭大力、王亚南译，商务印书馆1997年版，第384页。

负税者，从而对高收入群体的实际可支配收入产生"削高"效果，有利于弥合不同阶层群体之间的收入差距。

但与此同时，需考虑对特定消费品征税的局限性，随着经济的发展，高档消费品的种类日渐繁多，除了物品之外还存在高档服务行为，消费税未能及时调整涵盖这些项目，同时消费税出于某些特殊目的，例如出于对健康的考虑，对烟酒等征税，低收入阶层也存在购买这些消费品的行为从而承担消费税负，使得消费税缩小城镇居民收入差距的作用有所减弱。

总体而言，间接税的税制设计，理论上不利于缩小居民收入差距，在间接税比重较高的税制结构中，税收公平将难以充分诠释。其中，增值税不利于缩小居民收入差距，消费税在一定程度上可以缩小居民收入差距。在"营改增"全面实施的背景下，增值税比重越低、消费税比重越高的税制结构，越有利于体现税收公平性。

三 我国现行税制结构对税收公平的实证考察

（一）税制结构与税收公平的统计分析

在税制运行中，我们用税制结构中直接税与间接税的比重和税前税后基尼系数两个指标来衡量税收制度的公平程度。

1. 税制结构与税收公平

着眼于税制结构的分析，不仅能探析同类税种的聚集程度及与异类税种的分布差异，也为纳税主体维度的税源增长趋势和税负调整方向提供必要指引。依据税收负担是否容易转嫁，可将税收分为直接税与间接税。直接税包括直接对个人所得或企业利润开征的所得税以及财产税。就税收公平而言，直接税因其能够有效地调节纳税人的收入及财富分配，与税负公平特征更加贴合。间接税是指纳税义务人能够通过提高价格等渠道将税收负担向其他纳税主体扩散的税收类型。在理想情况下，即间接税能够实现将税收负担完全转嫁的前提下，消费者所承担的间接税税额与其消费支出呈正相关关系，这也是间接税累退性的客观反映。进一步而言，在间接税税负完全转嫁至下游消费者的前提下，低收入群体将比高收入群体承担更高水平的间接税，低收入群体的"税负痛感"相对更为强烈。为此，间接税难以体现税负公平和量能负担的原则,过高的间接税比重将影响税收的公平程度。

从直接税与间接税结构来看,当前间接税在我国税制结构中比重畸高,直接税比重虽有上行态势,但未见明显改观。如表5-4所示,我国间接税连续多年在总体税收收入中占比过半,依照统筹考虑进(出)口征(退)税的口径计算,2011—2018年,我国间接税比重保持在48.58%—60.82%浮动并呈缓步下行趋势;直接税比重保持在39.18%—51.42%浮动并呈稳步上升趋势,尽管已超过50%水平,但相对于以所得税、财产税为代表的直接税比重较高的美国、英国、日本、德国等发达国家(平均64%左右)而言,我国直接税比重依然相对较低,距离税收公平的实现,仍有较大的提升空间。

表5-4　　　　2011—2018年中国直接税与间接税结构　　　　单位:%

年份	直接税比重	间接税比重
2011	39.18	60.82
2012	40.05	59.95
2013	42.27	57.73
2014	43.50	56.50
2015	43.68	56.32
2016	46.54	53.46
2017	47.31	52.69
2018	51.42	48.58

资料来源:根据历年《中国财政年鉴》整理计算。

2. 直接税系内部结构与税收公平的统计分析

总体而言,直接税通过调节纳税人的收入及财富分配,继而对税收公平产生直接影响。作为直接税系的重要税种,个人所得税与财产税在收入与财富再分配调节中的作用机制与路径又存在一定差异。其中,个人所得税主要调节纳税人的当期收入,个人所得税因其公平效应集中体现于累进机制,即随着收入的增加,应纳税所得额相应增加,应纳税额也随之增长,形成"削高补低"的作用效应,能够在一定程度上弥补市场初次收入分配中所形成的分配扭曲问题。与之相对的是，财产税主要聚焦于对财富存量的调节。不应忽略的是，我国目前仅在上海和重庆两地开展房产税试点，且未开征遗产赠与税，因而难以有效调动财产税的社会财富再分配效应，这将在一定程度上掣肘税收公平性的有效发挥。

如表5-5所示，在我国2011—2018年直接税税系内部结构中，个人所得税尽管比重已由2011年的6.75%渐次爬坡至2018年的8.87%，实现8%的突破，但其占比依然较低，从而牵制个人所得税在收入分配中的作用发挥。从所得税系内部结构来看，在企业所得税和个人所得税之间，具体呈现为企业所得税"一边倒"的分布状况。2011—2018年，两税收入差距总体呈现不断扩大趋势，从两者在税收总收入中的具体份额来看，8年间，个人所得税占比在5.78%—8.87%浮动，尽管比重有逐年提升趋向，但上升空间依然广阔。同时，统计显示，工资薪金所得依然是个人所得税的最主要来源，由此导致源泉扣缴的工薪阶层税负沉重，而难于控管的资本性、财产性所得，税收贡献则较为稀少，这也与构建结构优化、税负公平的现代税收制度目标相背离。

表5-5　　　　　2011—2018年我国直接税税系结构　　　　单位:%

项目	2011年	2012年	2013年	2014年	2015年	2016年	2017年	2018年
企业所得税比重	18.69	19.53	20.29	22.19	22.18	22.13	22.24	22.58
个人所得税比重	6.75	5.78	5.91	6.19	6.90	7.74	8.29	8.87
财产及其他税系比重	13.75	14.73	16.07	15.12	14.60	16.66	16.78	19.97

资料来源：根据历年《中国财政年鉴》整理计算。

同时，尽管财产税及其他税比重在微幅波动中上升，并于2018年升至8年来的最高点（19.97%），但相对而言仍处于占比最低的劣位，与我国多年来已集聚巨额财富的现实税源远远不相匹配。

（二）我国现行税制结构与税收公平的变动趋势

从理论上而言，流转税具有收入分配的累退性，税制结构中过高的流转税比重会拉大收入分配差距,从而影响税收公平。所得税和财产税具有收入分配的累进性,增加所得税和财产税比重有利于缩小收入分配差距。本部分以基尼系数作为反映收入分配差距,继而影响税收公平的核心指标。

从我国流转税占税收收入比重与基尼系数的变化趋势看(见图5-1),总体而言,流转税比重呈下降趋势,基尼系数的先呈增长态势后大致趋于平缓,这表明流转税比重下降似乎不利于缩小收入分配差距,但具体观察却发现,流转税比重升降与基尼系数变化的方向具有不确定性,如1998—2001年流转税比重显著下降,基尼系数缓慢上升,但2001—2003年形势出现戏剧性变化,流转税比重反弹上行,基尼系数也显著增大,说明流转税比重过高会拉大收入分配差距,而2003—2010年,流转税比重进入一个先降后升的"V"形期,基尼系数却呈缓慢上行趋势,2010—2018年流转税比重显著下降而基尼系数缓慢下行。因此,仅依据折线图可知,流转税占税收收入比重的高低与基尼系数的变化关系具有不确定性,因此,需要进行更深入的实证分析考察。

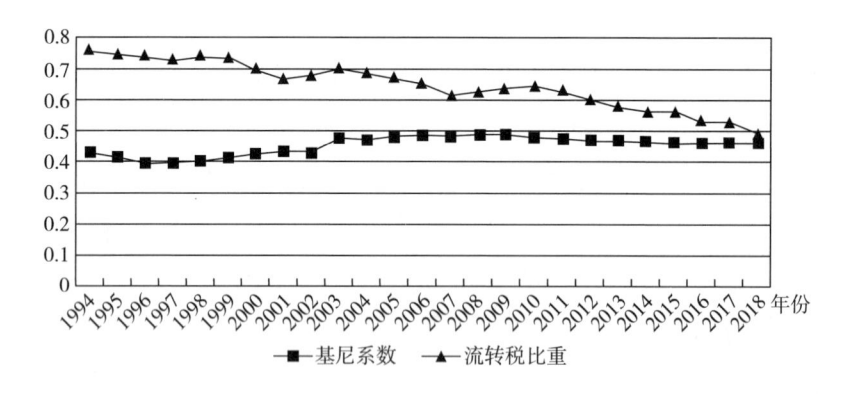

图5-1 流转税比重与基尼系数变动趋势

从我国所得税占税收收入比重变动与基尼系数变化的趋势看(见图5-2),所得税比重呈上升趋势,基尼系数总体为上行态势,说明所得税比重的上升会导致基尼系数变大,没有起到调控收入分配的应有作用。但仔细观察发现，两者关系仍有与总体趋势相悖的区间，如 2001—2003 年，所得税占税收收入比重呈下降趋势，基尼系数却显著上升，同样的情形出现在 2008—2010 年，但自 2010 年以后，所得税占税收收入比重为上升趋势，基尼系数却呈下行态势。因此，折线图所呈现的所得税比重变动与基尼系数变化之间的关系也具有不确定性，需要进行进一步的实证分析予以佐证。

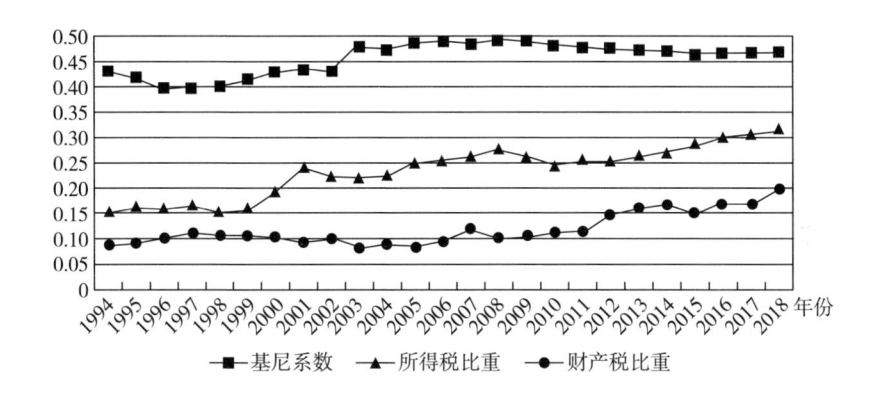

图 5-2 所得税和财产税比重与基尼系数变动趋势

图 5-2 显示，从我国财产税占税收收入比重与基尼系数变动可知，两者变动关系可大致分为以下四个阶段：第一阶段是从 1994—1997 年，财产税比重呈上升趋势，基尼系数呈下降趋势，说明财产税比重上升有利于缩小收入分配差距；第二阶段是 1998—2005 年，此时期内财产税比重呈下行态势，基尼系数呈稳定提升趋势，说明财产税比重下降，收入分配差距拉大；第三阶段是 2006—2010 年，财产税比重先降后升，基尼系数缓慢提升，表明财产税比重增大，收入分配差距拉大；第四阶段是 2011—2018 年，财产税比重呈明显上升趋势，基尼系数缓慢下降，说明财产税比重上升，收入分配差距逐步缩小，有利于缩小收入分配差距。而对实际情况的探究，则需要更进一步的经验证据。

(三) 我国税制结构与税收公平的计量分析

1. 变量选择与模型构建

本部分通过选取相关税收变量，来测度我国现行税制结构对税收公平的影响，对一国经济体而言，收入分配差距水平是税收分配是否公平的直接反映。故而，本部分对税收公平的测度，采用目前国际上通用的衡量标准——基尼系数来反映。同时，对一国整体税制结构的衡量，有总量指标与结构指标之分，总量指标是绝对性指标，是指一国税制在特定年度内所筹措的税收收入量；结构指标是相对性指标，是指特定年度内各税类或税种占税收总收入的比重。具体而言，变量选择情况如下：

（1）被解释变量

本书选择基尼（Gini）系数来衡量我国现有税制结构下的收入分配差距情况，并将其作为模型的被解释变量。

（2）解释变量

一是总量维度。根据本书的主要研究对象，选择各年份的税收收入总量和各税类的实际收入值为解释变量，即：全部税收收入（All Tax，简称AT）、流转税收入（Turnover Tax，简称TT）、所得税收入（Income Tax，简称IT）、财产税收入（Property Tax，简称PT）。

二是结构维度。税制结构的核心问题是各税类在质上的结合方式与量上的比例关系，主体税和辅助税的区分是通过其占税收总收入的比值大小来衡量的，因此，本书选择解释变量为：流转税占税收收入比重（Turnover Tax Proportion，简称TTP）、所得税占税收收入比重（Income Tax Proportion，简称ITP）、财产税占税收收入比重（Property Tax Proportion，简称PTP）。

（3）控制变量

由于尚存在许多影响收入分配的基础性因素，如政府的民生性支出对实现我国的收入分配公平具有重要的调节意义，为获取更加稳健的估计结果，本书选择住房事务支出（Housing Fiscal Spending，简称HFS）作为控制变量。

根据税制结构优化的实质公平衡量标准，在选定上述被解释变量

和解释变量的基础上,本书确立简约的计量模型如下:

$Y = \alpha + \beta Tax + \gamma Control + \varepsilon$

其中,Y 代表被解释变量（$Gini$）,Tax 代表相关税收变量,$Control$ 表示控制变量（HFS）,α 表示截距项,β 与 γ 代表相关系数,ε 是扰动项。

2. 数据来源与数据处理

由于缺失官方的权威统计与测算,近年来关于我国基尼系数有数据基础、连续测算的研究主要有：向书坚（1998）、曾国安（2001）、陈宗胜和周云波（2002）、程永宏（2007）、尹虹潘和刘姝伶（2011）、田卫民（2012）等。[①] 由于采用的口径不一、测算方法不同,关于我国基尼系数的数据零零散散,使得关于我国基尼系数的精确判断无法达成完全统一的共识。由于我国从计划经济时期的国有资产收益国到改革开放时期的税收国,是伴随着市场化改革进程的不断深入而渐进形成的,因此,本书使用国家统计局历年公布的全国居民人均可支配收入基尼系数测算数据作为计量分析依据。所有税收数据来源于 1996—2020 年《中国统计年鉴》,其中,流转税包括国内增值税、国内消费税、进出口货物增值税与消费税、营业税、城市维护建设税、车辆购置税和关税,以及 2002 年以前的固定资产投资方向调节税,所得税包括企业所得税和个人所得税,财产税包括房产税、车船税、船舶吨税、耕地占用税、城镇土地使用税、印花税、契税和土地增值税,以及作为其他税的烟叶税（2006 年之前为农业各税）和资源税。住房事务支出数据来源于历年《中国财政年鉴》。

表 5-6 为相关变量的描述性统计,且本表报告的 1994—2018 年

---

① 向书坚:《全国居民收入分配基尼系数的测算与回归分析》,《财经理论与实践》1998 年第 1 期;曾国安:《论中国居民收入差距的特点、成因及对策》,《中国地质大学学报》（社会科学版）2001 年第 4 期;陈宗胜、周云波:《再论改革与发展中的收入分配——中国发生两极分化了吗?》,经济科学出版社 2002 年版,第 150—152 页;程永宏:《改革以来全国总体基尼系数的演变及其城乡分解》,《中国社会科学》2007 年第 4 期;尹虹潘、刘姝伶:《中国总体基尼系数的变化趋势——基于 2000—2009 年数据的全国人口细分算法》,《中国人口科学》2011 年第 4 期;田卫民:《中国市场化进程对收入分配影响的实证分析》,《当代财经》2012 年第 10 期。

我国全部税收收入、流转税收入、所得税收入和财产税收入都是经过以 1994 年为基期的物价指数调整的实际值。

表 5-6 显示，1994—2018 年基尼系数平均值为 0.455，且在不同年度之间存在一定差异，收入分配差距最大的年份基尼系数达到 0.491，而最小则为 0.395。在税收收入中，流转税收入平均值在三者之中最高，为 33016.37 亿元，与前文我国税制结构分析相一致，且在不同年度之间呈现较大差距。所得税居于次位，财产税占比为最低。

表 5-6　　　　　　　　变量的描述性统计

变量名称	变量解释	平均值	标准差	最小值	最大值
$Gini$	基尼系数（数值）	0.455	0.032	0.395	0.491
AT	全部税收收入（亿元）	56329.27	50499.77	5126.88	156402.90
TT	流转税收入（亿元）	33016.37	26661.99	3901.56	76068.48
IT	所得税收入（亿元）	15208.77	15201.01	770.57	49195.68
PT	财产税收入（亿元）	8124.696	9075.999	454.75	31226.67
TTP	流转税比重（%）	64.85	7.65	48.58	76.10
ITP	所得税比重（%）	23.28	5.12	15.03	31.45
PTP	财产税比重（%）	11.87	3.24	8.21	19.97
HFS	住房事务支出（亿元）	5885.55	5782.02	720.19	19052.74

3. 实证分析与计量结果

表 5-7 和表 5-8 是运用 STATA 软件对模型估计的结果，且在模型估计时，对被解释变量和各解释变量都进行了取对数处理。

表 5-7　　　　　　解释变量为实际值的模型估计结果

	解释变量	系数值	标准误	t 值	可决系数
模型 1	$\ln\_AT$	0.24***	0.00	8.10	0.855
	$\ln\_HFS$	-0.22***	0.00	-6.59	
	C	0.12***	0.00	4.03	

续表

	解释变量	系数值	标准误	t 值	可决系数
模型2	ln_TT	0.23***	0.00	7.42	0.835
	ln_HFS	-0.17***	0.00	-5.74	
	C	0.08**	0.03	2.32	
模型3	ln_IT	0.17***	0.00	8.70	0.871
	ln_HFS	-0.18***	0.00	-6.75	
	C	0.41***	0.00	17.17	
模型4	ln_PT	0.16**	0.04	2.17	0.524
	ln_HFS	-0.16	0.11	-1.67	
	C	0.44***	0.00	5.50	

注：***、**、*分别表示系数在0.01、0.05、0.1的显著性水平上显著。

(1) 总量标准的实证分析结果

从表5-7中可以看到，模型1到模型3的可决系数都在0.8以上，模型4的可决系数达到0.5以上，这表明表5-6中解释变量对被解释变量的解释力是相对比较高的。模型1显示的是解释变量为全部税收收入 ln_AT 和住房事务支出 ln_HFS 时模型的估计结果，从模型1中可以看出，ln_AT 的系数显著为正，且在1%的显著性水平上显著，这表明 ln_AT 与基尼系数呈正比例关系，全部税收收入每增长1个百分点，将导致基尼系数提高0.24个百分点，从而全部税收收入的增长加剧了收入分配的不平等。

模型2显示的是解释变量为流转税收入 ln_TT 和住房事务支出 ln_HFS 时模型的估计结果，从模型2中可以看出，ln_TT 的系数为正，且在1%的显著性水平上显著，这表明 ln_TT 与基尼系数呈正比例关系，流转税收入每增长1个百分点，将导致基尼系数提高0.23个百分点，从而流转税收入的增长加剧了收入分配的不平等。

模型3显示的是解释变量为所得税收入 ln_IT 和住房事务支出ln_HFS 时模型的估计结果，从模型3中可以看出，ln_IT 的系数为正，且在1%的显著性水平上显著，这表明 ln_IT 与基尼系数呈正比例关系，所得税收入每增长1个百分点，将导致基尼系数提高0.17个百分点,从而所得税收入的增长显著加剧了收入分配的不公平性。

模型4显示的是解释变量为财产税收入 ln_PT 和住房事务支出 ln_HFS 时模型的估计结果,从模型4中可以看出,ln_PT 的系数为正,且在5%的显著性水平上显著,这表明财产税收入规模的变化会在一定程度上影响我国收入分配的不平等状况。

此外,在模型1到模型4中,解释变量 ln_HFS 住房事务支出的系数均为负,且都在0.1以上的显著性水平上显著,且除模型4外,均在1%或5%的显著性水平上显著,可以看出,ln_HFS 与基尼系数呈反比例关系,政府在住房事务方面公共支出的提高将会降低税收收入分配的不平等程度。

(2)结构标准的实证分析结果

从表5-8中可以看出,模型1的可决系数大于0.5,模型2的可决系数在0.7以上,模型3的可决系数接近0.8,说明表5-7中解释变量对被解释变量具有较高的解释力。模型1显示的是解释变量为流转税占税收收入比重 ln_TTP 和住房事务支出 ln_HFS 时模型的估计结果,从模型1可以看出,ln_TTP 的系数为正,但在统计上不显著,这表明 ln_TTP 与基尼系数不相关,流转税占总税收比重的变化不会影响收入分配格局。

表5-8　　　　　解释变量为比重的模型估计结果

	解释变量	系数值	标准误	t 值	可决系数
模型1	ln_TTP	0.18	0.60	0.53	0.530
	ln_HFS	0.07	0.04	1.65	
	C	0.25***	0.08	3.04	
模型2	ln_ITP	0.36***	0.08	4.67	0.710
	ln_HFS	-0.03	0.02	-1.51	
	C	0.78***	0.11	7.16	
模型3	ln_PTP	-0.33***	0.05	-6.42	0.798
	ln_HFS	0.12***	0.01	9.07	
	C	-0.27***	0.09	-2.98	

注:***、**、*分别表示系数在0.01、0.05、0.1的显著性水平上显著。

模型 2 显示的是解释变量为所得税占税收收入比重 ln_ITP 和住房事务支出 ln_HFS 时模型的估计结果，从模型 2 中可以看出，ln_ITP 的系数显著为正，且在 1% 的显著性水平上显著，这表明 ln_ITP 与基尼系数呈正比例关系，所得税占总税收比重每增长 1 个百分点，将导致基尼系数提高 0.36 个百分点，进而所得税比重增加越多，收入分配越不公平。

模型 3 显示的是解释变量为财产税占总税收比重 ln_PTP 和住房事务支出 ln_HFS 时模型的估计结果，从模型 3 中可以看出，ln_PTP 的系数为负，且在 1% 的显著性水平上显著，这表明 ln_PTP 与基尼系数呈反比例关系，即财产税占总税收比重每提高 1 个百分点，基尼系数将下降 0.33 个百分点，财产税比重增加得越多，收入分配越公平。

此外，从模型 1 到模型 3 解释变量 ln_HFS 住房事务支出的系数符号不稳定，在模型 1 和模型 3 中为正，但在模型 2 中为负。同时，模型 1 和模型 2 在统计上并不显著，模型 3 中 ln_HFS 在 0.01 的显著性水平上显著，说明住房事务支出的扩大反而拉大了收入分配差距，此与总量标准模型得出的结论相左。

4. 基本结论与政策含义

综合分析我国税制结构的总量标准模型结果和结构标准模型结果，可以得出以下基本结论：第一，我国税收收入总量与基尼系数呈正相关关系，我国税收总收入增长越快，基尼系数越大，整体税制对收入分配结构，进而对税收公平产生逆向调节效果。第二，流转税与基尼系数呈正相关，流转税收入增长越快，其税制累退性越明显，此与理论上的分析相一致，且由于流转税是我国现行税制结构的主导性税系，这与第一点总体税收对收入分配的反向调节相吻合。第三，所得税与基尼系数呈正相关，所得税收入增长越快，收入分配差距反而越大，此与理论上的分析相矛盾，这说明我国当前以企业所得税为主体、以分类制个人所得税为辅的所得税制并不具有调节收入分配的应有功能。第四，财产税与基尼系数呈负相关，说明财产税具有一定的收入分配调节功能，但由于我国财产税收入规模相对较小，且居民非营业用房地产税并未在全国范围内推开，遗产赠与税并未开征，财产税的进一步完善有较大的制度优化空间。

第六章 宏观调控式减税降费与我国现代税收体系构建

作为我国税负操作的重要范式，宏观调控式税负操作主要是通过税收优惠通道实现的。其基本成因在于，税收优惠的差异性、针对性与时效性特征符合宏观调控的内在要求。自改革开放以来，我国对税收优惠的运用伴随经济发展的全过程，并对促进经济快速发展起到重要的支撑、引导与保障作用。

第一节 我国宏观调控式税负优化的操作脉络

自改革开放以来，我国即通过宏观调控式的税负操作，主动运用税收优惠实现经济赶超式发展，待市场经济逐步发展，经济周期性波动频现，税收优惠又成为反周期调控的重要抓手，至当前我国进入供给侧结构性改革的"新常态"，税收优惠成为促进经济高质量发展的重要推力。

一 从区域税负调控到产业税负调控

改革开放以来，为尽快释放长期被计划经济体制捆绑的生产力，快速实现经济的赶超式发展，我国全面实施了差异化的税收调控战略。一方面，为破解资本短缺约束的困境，通过对外企实施低税负政策，以大力引进外资，为经济建设提供资金支持；另一方面，通过实施以区域为标准的税负优惠政策，支持特定地区优先发展。从时间维度看，在改革开放初期，我国实施了经济特区和东部沿海地区优先发展战略，在此区域全面实施低税负政策，在全国范围内诱致活力生产要素"孔雀东南飞"；在东部沿海地区经济迅速腾飞后，我国又实施西部大开发战略，对西部区域实施税收优惠政策；进而，实施东北老工业基地振兴战略和"中部崛起"战略，至此，将区域性税收优惠覆盖至全国范围。

应该说，在改革开放初期的"短缺经济"阶段，我国生产力发展总体滞后，产业发展水平整体偏低，在此背景下，实施"先富带动后富"的差异化发展战略，符合经济实现快速赶超的现实要求，相应地，实施以区域为标准的税收优惠政策，以重点和优先发展特定区域的外向型产业，具有促使我国经济快速融入国际经济体系的合理性。随着我国市场化改革的逐步深入，生产要素活力逐步被释放，这种以"区域优惠嵌套产业优惠"的政策效应呈现"抛物线"式的发展趋势，在初期其区域激励带动效应显著，但在中后期，随着政策区域覆盖面的逐步扩大，以及"短缺经济"瓶颈的破除，区域性税收优惠的正向政策效应逐渐消减，负面因素逐渐显现。究其原因，在产业发展初具规模和全国性市场逐步打通之后，将产业优惠嵌套于区域优惠的政策布局，会将市场主体配置资源的重心和方向导向优惠区域而非产业本身，进而千方百计在获取区域优惠资格上做文章，而非将发展重心置于发展优质、高端产业本身。由此会导致税收优惠资源配置的"逆向调节"效应，即享受区域税收优惠的产业和企业可能并不符合我国经济高质量发展的基本方向，而高质量、高成长性产业和企业因其未符合区域优惠标准不能获得政策支持。因此，近年来，在我国经济由高速增长阶段进入高质量发展阶段的新时期，我国的区域税收优惠导向正趋于减弱，以产业优惠为基本导向的税收优惠体系正逐步形成。

二　从偏重需求侧调控到注重供给侧调控

从市场化经济调控的基本范式来看，有需求调控范式与供给调控范式之分。其中，需求调控范式以凯恩斯主义的"三驾马车"施力框架为基础，注重总量调控，认为放任市场自发调节会引致经济危机，应通过公共政策主动作为，对投资、出口、消费进行"人工"刺激，激发经济有效需求，方能熨平经济的周期性波动，实现经济平稳发展。供给调控范式以经济供给体系的质量和效率为施力方向，注重经济质效提升和结构优化，认为过度的需求管理意味着过多的政府干预，长期会固化经济结构，抑制经济自动调整机制作用发挥，延缓市场出清的过程，应将施力重心置于调结构、降成本与促创新等着力点之上。

自20世纪90年代初期我国确立社会主义市场经济体制的改革目标以来，建立市场适应型税收体系，实施税收宏观调控即成为我国税收制度的重要职能。与我国实施"总量扩张"模式实现经济赶超的发展路径相匹配，自20世纪90年代以来，我国税收调控长期遵循的是需求调控范式，为应对1998年亚洲金融危机，我国实施了扩大内需、强化税收征管的调控政策，为应对2008年国际金融危机的深度冲击，我国在短期内出台了"一揽子"促进投资、稳定出口和扩大消费的税收优惠政策，其中，以促进房地产投资和汽车消费的税收优惠政策为典型代表。应该说，在我国经济处于破除"经济短缺"的赶超期，实施以偏重扩大内需的总量扩张和调控政策具有合理性，但在产能相对过剩的后赶超时代，经济短缺已经转换为经济过剩，再延续长期的需求刺激范式，不仅会固化高投资主导的经济结构，也会使得经济发展难以实现向中高端层次迈进。因此，近年来，在我国经济由高速增长阶段向高质量发展阶段转变的条件下，我国税收调控的基本范式逐步向供给调控范式转换，此从以降成本与促"双创"为施力方向的结构性减税降负路径中可见一斑。

第二节　我国宏观调控式税负操作的问题

近年来，在供给侧结构性改革导向下，我国实施的结构性减税降负政策起到了积极功效，但从体系性、结构性与有效性角度看，仍然存在一定的不足与问题。

一 制度化的规则支撑体系缺失，政策操作"零敲碎打"

长期以来，我国缺乏系统、规范的税收优惠调控体系，缺失从政策决策到跟踪，再到执行与反馈应用的高度法治化的权威规则体系，导致政策出台零敲碎打，呈现碎片化格局，从而也导致税收优惠的整体规模不明确、实施效果不明晰。

一是在调控政策决策和制定上，税收法定原则践行不足。当前，我国税收优惠基本法缺失，税收优惠政策的出台，主要由国家税务总局、财政部等部门主导，以部门规章的形式公布实施，税收调控政策的论证充分度、公共参与度、法治依从度不足，且往往就具体政策单独发文，缺失基本法的实体和程序约束，往往导致政策出台就事论事，缺失统筹协调、规模测算和整体联动。

二是在税收调控政策执行上，效果跟踪与评价机制缺失，且税收法治约束不足。在税收优惠政策出台后，缺乏制度化、常态化的效果反馈、回应、调整机制，从而在一定程度上使得政策出台后，实际效果处于不明确甚至放任状态。在实际税收执行上，受基层财政困难等约束的影响，部分地区税收法治让位于财政任务，税收优惠服从于行政性分配，部分税收优惠在实践中的落实存有折扣。

二 以区域和产权性质为依据的操作惯性仍然存在，有违市场型税收原则

一方面，受政策操作惯性的深刻影响，"区域优惠嵌套产业优惠"的操作模式在实践中仍然存在，以区域战略为基础寻求税收政策优惠的惯性思维仍然存在。当前，特定地区因实施新旧动能转换战略、协同发展战略、一体化发展战略等区域战略，向中央寻求税收优惠支持的状况仍然存在，以开发区、高新区等区域为标准的税收优惠操作仍然存在。

另一方面，在税收优惠政策的受益上，由于主体身份的不同，实践中存在着不同程度的受益度差别。当前，由于财政下行压力加大、涉税信息控管能力薄弱等因素的制约，税收优惠政策在具体执行上会制定一系列标准和条件，达到规定标准和条件者方能享受优惠，实践中税收优惠的获取条件往往是向内收紧式的高标准，实际使得国有企

业、大型企业更有条件、有能力满足受惠条件而获益，民营企业、中小企业囿于多方因素制约，要么很难满足受惠条件，要么受益成本高昂，从而难以获取甚或放弃税收优惠政策。

三 政策配置"重果轻源"，弱化税收调控的实践效果

以创新税收优惠政策为例，当前我国政策激励的重心在创新结果，而非实际的创新过程或创新行为，导致科技创新实践重"果"轻"源"。具体而言，在政策优惠对象上，强调重点支持创新的产出成果，其优点是操作简便，对政策管理能力要求较低，但其劣势却遗患无穷，直接导致企业重产品成果、轻研发投入，重既定成果推新、轻创新成果转化，并导致部分企业在"新产品""新技术""高新企业"等创新名号上做文章，在某种程度上导致税收优惠的滥用。同时，在优惠方式上，以税率式直接优惠为主，以税基式间接优惠为辅，典型如企业所得税税率优惠，但所得税优惠以创新企业实现所得为前提，企业在创新过程中高昂的研发投入、科技成果转化投入等成本费用支出，并非一定能实现收益，在此优惠格局下，创新企业的亏损难以获得弥补，其效应同样引导企业重"果"轻"源"。

四 政策运用过多过滥，导致名义税负水平居高不下

税收优惠作为对标准化税制体系的减损，其实质是财政对市场的财富让渡，基于现代财政预算"以支定收"的基本原理，税式支出规模应该作为确定宏观税负水平的重要依据。但受制于税务管理能力的约束及税收优惠过多过滥的现状，对税式支出的税基测算与税额评定缺失精确、可靠的操作依据，导致税式支出预算缺失，进而使得税收优惠的全口径规模不明晰，并在某种程度上导致对税收优惠支出额度的放任。另外，由于税收优惠的运用缺失制度化的制动机制，使得实践中的运用过多过滥，其对税制体系的直接冲击即是导致税收上的补丁越打越多，且其实际规模的庞大，掣肘着整体税制体系一般名义税率的下调。从而使得在稳定税负约束下，欲实现名义税率的有效下调，应以清理税收优惠对税基的过度侵蚀为前提。

第三节 典型案例剖析：以企业所得税产业调控为例

税收优惠作为宏观经济调控的基本抓手，其如何引导资源配置、实现产业升级与产业结构优化是理论界和实务界共同关注的重要问题。本书考察了企业所得税优惠引导税收资源配置、影响企业税负分配的有效性，进而拓展了宏观经济政策影响微观企业行为传导机制的研究。研究发现，总体而言，企业所得税优惠作为产业政策的重要工具，有效支持了产业政策的推行，获得产业政策支持的企业适用税率和实际税率均较低。但产业政策对税收资源的引导性配置存在产权性质歧视，获得产业政策支持的国有企业获得了更多税收优惠。同时，区域税收优惠政策的存在，削弱了产业政策引导税收资源配置的有效性，在广泛享受税收优惠的特定地区，税收优惠难以体现产业导向。

一 研究假设：产业政策与税收负担

首先，从定义来看，产业政策是政府为了实现一定的经济和社会目标而对产业的形成和发展进行干预的各种政策的总和，而税收优惠则是指国家在税收方面给予特定纳税人和征税对象的各种优待的总称。直观来看，税收优惠需要配合和支持产业政策的推行，是产业政策的一项重要工具。事实上，每当政府决定引导和扶持某一产业的发展，确实总是伴随着相应的税收优惠政策。例如：高新技术产业是国家重点支持发展的战略产业，伴随的是高新技术产业普遍按照15%的税率征收企业所得税。其次，"五年计划"是中国国民经济计划的一部分，主要是对全国重大建设项目、生产力分布和国民经济重要比例关系等做出规划，为国民经济发展远景规定目标和方向，是中国产业政策制定的重要依据，在对整体产业分布和经济发展设定目标时，往往会同时对财政政策和金融政策提出要求。如：十二五规划把战略性新兴产业设定为国家重点发展产业，同时也明确指出，综合运用风险补偿等财政优惠政策，鼓励金融机构加大信贷支持力度，通过政策支持和引导扶持战略性新兴产业的发展。最后，从国外一些国家的成功经验来看，税收优惠与产业政策总是相伴相生。孟庆启（2003）总结和分析了美国运用税收优惠工具扶持高新技术产业发展的成功经验，并据此提出我国加入 WTO 后完善高新技术产业税收优惠政策的建议。因此，税收优惠会支持产业政策的推行，通过税收资源的倾斜，降低产业政策支持企业的税收负担，引导和扶持该产业的发展。基于以上分析，我们提出如下假设。

假设1：产业税收政策可以降低企业税收负担。

研究假设：关于产业政策、产权性质与税收优惠

已有文献表明在我国信贷资源配置中存在产权性质歧视的现象（Brandt and Li，2003；Allen et al.，2005；方军雄，2007；余明桂、潘红波，2008），我国当前的金融体系主要由四大国有商业银行主导，国有企业与四大国有商业银行具有共同的终极控制人，即政府，享受着天然的信贷优势，而民营企业则难以获得信贷融资的支持。连立帅等（2015）研究发现产业政策支持可以帮助高成长企业获得更多银行借款，但是该作用仅限于国有企业。此外，在资本市场的资源配置中也同样存在产权性质歧视。Lin 和 Tan（1999）研究发现由于预算软约束问题的存在以及国企改革的需要，政府在上市审核程序中会优先照顾国有企业。Aharony 等（2000）的研究也表明，保护性行业中的国有企业在 IPO 和股权再融资（SEO）中更有可能获得特殊照顾。祝继高和陆正飞（2012）以 2004—2008 年上市的企业为样本，研究发现证监会发审委更有可能批准国有企业的上市申请。对以上研究总结可以发现，在转型经济期的背景下，由于制度缺失、法制不健全和意识形态等，民营企业在许多方面遭受不公平的待遇（张敦力、李四海，2012），股票市场资金和信贷资金的配置会向国有企业倾斜已得到学界的一致认可。

税收资源是另一重要资源，把有限的资源分配到最需要的地方，实现资源最优配置是税收管理工作的目标（李渊、王静，2011），税收优惠是实现该目标的主要政策工具。税收优惠政策虽然以政府的政策文件正式颁布，但是除了像经济特区、经济开发区等享受税收优惠

不需要政府官员个案审批以外，绝大部分都需要政府官员个案审批，而且审批程序中软性条件或可用软性条件替代的情况非常普遍，导致审批程序具有很大的随意性，企业是否可以享受税收优惠以及享受多少税收优惠具有很大的弹性空间（吴文锋等，2009），这给税收优惠的执行留下不小的寻租空间。国有企业与政府有"天然的"联系和政治资源优势（雷海明等，2014），当政府出台相关税收优惠政策扶持产业发展时，国有企业可以凭借其与政府的联系和政治资源更容易通过相关政府部门的税收优惠政策的认定和审批。吴联生（2009）的研究也发现，国有企业税负普遍高于民营企业，但是，税收优惠政策降低企业税负的作用要显著高于非国有企业。因此，我们认为，政府为了配合产业政策出台相关税收优惠政策，其实是使用税收优惠政策对税收资源进行配置，该资源配置过程依然存在产权性质歧视，国有企业获得产业政策支持可以获得更多税收优惠。基于以上分析，本书提出如下研究假设。

假设2：产业政策的支持可以降低企业税收负担，而且这种作用存在产权性质差异，国有企业获得产业政策支持降低税收负担的作用更显著。

研究假设：关于产业政策、地域差异与税收优惠

区域税收政策是我国税收优惠政策体系的重要组成部分（万莹，2006）。中国是一个幅员辽阔的国家，但是发展相对落后，针对这种现状，改革开放以来，政府出台一系列区域税收优惠政策，如改革初期设立的经济特区，为了推动特区经济发展，特区企业普遍享受税收优惠，再如2000年政府推行的西部大开发战略，为了吸引投资，西部地区企业也享受各种税收优惠的待遇。在经济发展初期，这种税收政策为我国非均衡区域经济发展战略的顺利推进做出了巨大贡献。但是，随着经济的发展，该政策的弊端也逐渐显露，由于违背了税收中性原则，导致地域之间税负不均，进一步加大了地区间的经济发展差距，更为严重的是区域税收优惠政策无法体现产业结构调整的需求（柳光强、田文宠，2012）。其根本原因在于，区域经济政策与产业政策的协调性不足，两者的目标存在冲突，税收优惠同时作为这两种宏

观经济政策调控的工具，无法兼顾两者的目的，而且区域税收优惠强于产业税收优惠（孟庆启，2003）。在这种情况下，产业政策对企业税收负担的影响在不同地域存在差异，那些本来受到区域税收优惠政策优待的企业，产业政策的作用会被削弱。基于以上分析，本书提出如下假设。

假设3：由于区域税收优惠强于产业税收优惠，产业政策对企业税收负担的影响在不同地区之间存在差异，对本身享受区域税收优惠的企业，产业政策对企业税收负担的影响会被削弱。

二 研究设计

A. 研究样本与数据来源

本书以沪深两市A股上市公司为研究对象，样本期间为2001—2010年，并按以下原则进行筛选：（1）剔除金融类上市公司样本；（2）剔除当年发生亏损的上市公司样本；（3）剔除实际税率大于1或小于0的样本；（4）剔除样本期间财务数据不全的上市公司样本；（5）税率优惠模型中还剔除了CSMAR数据库披露了多个名义税率的上市公司样本。最终，适用税率模型得到5850个有效公司年样本，实际税率模型得到8662个有效公司年样本。

本书产业政策数据借鉴Chen等（2013），陆正飞、韩非池（2013），祝继高等（2015）的研究，依据"十五计划"和"十一五规划"中关于行业发展的整体规划，手工整理国家产业政策支持发展的行业和非国家产业政策支持发展的行业。适用税率数据来自Wind数据库，其他数据均来自CSMAR数据库。为了消除极端值的影响，本书对所有连续变量均在1%和99%分位进行Winsorize缩尾处理。数据处理与分析工作使用Stata12.0完成。

B. 模型设定与变量定义

为了检验本书的研究假设，建立如下回归模型：

$$Tax\_preferences = \alpha_0 + \alpha_1 IP + \sum \alpha_k Control + \varepsilon \tag{1}$$

$$Tax\_Preferences = \alpha_0 + \alpha_1 IP + \alpha_2 IP * Nature + \alpha_a Nature + \sum \alpha_k Control + \varepsilon \tag{2}$$

其中，模型（1）用于检验研究假设1和研究假设3。对于研究假设1，我们主要是需要关注产业政策（IP）的系数 α_1；对于研究假设3，我们按照地域分组回归，主要关注 α_1 在不同地域样本间的变化和差异。模型（2）用于检验研究假设2，我们需要关注的是产业政策与产权性质的交乘项的系数 α_2。表6-1给出了各变量的定义，说明如下：

表6-1　　　　　　　　　　　　变量定义表

变量名称	变量符号	变量定义
名义税收负担	Tax_Rate	等于适用税率，取自Wind数据库
实际税率	Tax_ETR	等于所得税费用扣除递延所得税费用后除以税前会计利润
产业政策	IP	企业所属行业属于产业政策支持发展的行业时取值为1，否则为0
产权性质	Nature	国有企业取值为1，否则为0
地域差异	Area	依据区域税收优惠政策分为五类
企业规模	Size	等于企业总资产取自然对数
资产负债率	Level	等于企业总负债除以总资产
资产报酬率	Roa	等于息税前利润除以总资产
资本密集度	CapInt	等于固定资产除以总资产
无形资产密集度	IngInt	等于无形资产除以总资产
存货密集度	InvInt	等于存货除以总资产
年度虚拟变量	Year	根据样本涉及年度设置相应个数虚拟变量

a. 被解释变量

被解释变量为企业税收负担（Tax_Preferences）。如前文所述，本书关注产业政策对企业所得税负担的影响，检验所得税优惠是否支持了产业政策的推行。所得税优惠最常见的是税率优惠，如高新技术企业享受15%的优惠税率，与现行法定所得税税率25%相比优惠幅度达到40%。此外，还有税基优惠和税额优惠等，其综合体现为企业的实际所得税税率的降低。因此，本书参照（吴文锋等，2009）的做法，选取了以下两个指标来衡量企业税收负担：（1）名义税收负担（Tax_Rate），等于企业适用税率；（2）实际税收负担率，即实际税率（Tax_ETR），它不仅考虑了企业税率优惠，还包括税基和税额优惠。

b. 解释变量

解释变量为产业政策（IP）。借鉴 Chen 等（2013），陆正飞、韩非池（2013）与祝继高等（2015）的做法，"五年计划"是我国国民经济计划的一部分，主要是对全国重大建设项目、生产力分布和国民经济重要比例关系等作出规划，为国民经济发展远景规定目标和方向，为各产业发展做出明确指导方针是"五年计划"的重要内容之一（陈冬华等，2010）。因此，本书依据"五年规划"中关于行业发展的整体规划，将样本企业所属行业分为产业政策支持发展行业（包括明确鼓励和重点支持两类）和非产业政策支持发展行业，并据此定义产业政策变量，若样本企业所属行业属于产业政策支持发展行业，则产业政策（IP）取值为1，否则为0。税收优惠政策其实是税收资源的配置过程，为了考察该资源配置过程中是否存在产权性质歧视，本书还考察了在不同产权性质企业中，产业政策对税收优惠的影响。本书对产权性质（$Nature$）的定义如下：国有企业取值为1，民营企业取值为0。

本书依据王延明（2003）的划分，把地域分为以下五类：经济特区、上海、东部地区、中部地区和西部地区，考察在不同地域间产业政策对企业税收负担的影响是否存在差异。自改革开放设立经济特区以来，深圳、珠海、汕头、厦门和海南省这五个经济特区企业普遍享受大幅度的所得税税收优惠；上海的经济地位本身就非常特殊，再加上浦东开发区，鉴于此把上海单独列为一类。东中西的划分与传统区域划分的方法一致，具体如下：（1）东部地区（除经济特区及上海），包括北京、天津、河北、辽宁、江苏、浙江、福建、山东和广东；（2）中部地区，包括山西、吉林、黑龙江、安徽、江西、河南、湖北和湖南；（3）西部地区，包括四川、重庆、贵州、云南、西藏、陕西、甘肃、青海、宁夏、新疆、广西和内蒙古。

c. 控制变量

参照已有研究（Derashid and Zhang，2003；吴文锋等，2009）我们选取了以下控制变量：企业规模（Size）、资产负债率（Level）、资产报酬率（Roa）、资本密集度（CapInt）、无形资产密集度（IngInt）和存货密集度（InvInt）。此外，我们还控制年度虚拟变量（Year）。

三 实证分析结果

A. 描述性统计分析

描述性统计结果如表 6-2 所示，需要说明的是，在名义税收负担模型中剔除了企业披露多个适用税率的样本，样本量为 5850 个，其他变量的观测值均为 8662 个。其中名义税收负担（Tax_Rate）的均值为 0.223，最大值为 0.330，最小值为 0，即享受免征企业所得税待遇。实际税率（Tax_ETR）的均值为 0.211，低于适用税率的均值，说明企业普遍享受税收优惠。解释变量产业政策的均值为 0.630，表明样本企业中有 63.0% 的企业属于产业政策支持发展的行业。其他变量的基本情况与前人的研究类似。

表 6-2　　　　　　　　描述性统计结果

变量	N	mean	sd	p25	p50	p75	min	max
Tax_Rate	5850	0.223	0.087	0.150	0.180	0.330	0	0.330
Tax_ETR	8662	0.211	0.160	0.100	0.178	0.297	0	0.796
IP	8662	0.630	0.483	0	1	1	0	1
$Nature$	8662	0.708	0.455	0	1	1	0	1
$Size$	8662	21.452	1.122	20.714	21.358	22.087	18.494	24.866
$Level$	8662	0.499	0.245	0.353	0.492	0.621	0.082	2.391
Roa	8662	0.047	0.040	0.019	0.037	0.061	0	0.218
$CapInt$	8662	0.297	0.190	0.153	0.268	0.425	0.002	0.795
$IngInt$	8662	0.039	0.055	0.005	0.021	0.049	0	0.315
$InvInt$	8662	0.163	0.149	0.061	0.126	0.217	0	0.727

B. 相关系数分析

相关系数分析的结果如表 6-3 所示。名义税收负担（Tax_Rate）与产业政策（IP）相关系数为 -0.085，且在 1% 的水平上显著，表明在未控制其他影响适用税率的因素的情况下，受产业政策支持的企业适用税率更低，即获得税率优惠的可能性更大。实际税率（Tax_ETR）与产业政策（IP）的相关系数为 -0.073，也在 1% 的水平上显著，表明在未控制其他影响实际税率的因素的情况下，受产业政策支持的企业实际税率更低，即获得的税收优惠更多。以上结果表明本书的研究假设 1 得到初步验证，当然最终结果有待于后文回归分析进一步验证。此外，从表 6-3 我们可以发现，其他变量两两之间的相关系数都较小，最大是资本密集度（$CapInt$）与存货密集度（$InvInt$）的相关系数为 -0.471，但未超过 -0.5，表明本书的研究不存在严重的多重共线性问题。

C. 回归结果分析

a. 产业政策对企业税收负担的影响

表 6-4 报告了产业政策对企业税收负担的影响的回归结果。列（1）是产业政策对名义税收负担影响的回归结果，产业政策（IP）的系数为 -0.015，且在 1% 的水平上显著，这表明获得产业政策支持的企业适用税率比未获得产业政策支持的企业低 1.5%。列（2）是产业政策对实际税率影响的回归结果，产业政策的系数为 -0.028，也在 1% 的水平上显著，这表明获得产业政策支持的企业实际税率比未获得产业政策支持的企业低 2.8%。以上结果表明产业政策支持的企业税收负担显著降低，即本书的研究假设 1 得到验证。此外，比较列（1）和列（2）的系数可以发现，产业政策对实际税率的影响要大于对名义税收负担的影响，这也与前文所述一致，因为企业适用税率是税收优惠的主要形式，但是除此之外还有税基优惠和税额优惠，而实际税率是企业税收优惠的综合体现。从控制变量来看，表 6-4 报告的情况与前人的研究基本一致。

表 6-3　相关系数分析结果

变量	Tax_Rate	ETR	IP	Nature	Size	Level	Roa	CapInt	IngInt	InwInt
Tax_Rate	1									
ETR	0.328***	1								
IP	-0.085***	-0.073***	1							
Nature	-0.100***	-0.073	0.037***	1						
Size	-0.010	0.056***	-0.049***	0.224***	1					
Level	0.077***	0.039***	-0.041***	-0.156***	0.179*	1				
Roa	-0.052***	-0.209***	-0.022*	-0.014	0.078***	-0.118***	1			
CapInt	0.124***	-0.003	-0.027*	0.139***	0.128***	-0.075***	-0.011	1		
IngInt	-0.001	-0.035***	-0.032***	-0.057***	-0.098***	0.027**	0.013	0.006	1	
InwInty	0.030**	0.097***	-0.020*	-0.093	0.082***	0.172***	-0.084***	-0.471***	-0.184***	1

注：*、**、*** 分别表示 10%、5%、1% 的显著性水平。

表 6-4　　　　　产业政策影响企业税收负担的回归结果

变量	Tax_Rate (1) 系数	T值	Tax_ETR (2) 系数	T值
IP	-0.015***	-6.715	-0.028***	-7.982
Size	-0.002*	-1.946	0.011***	6.683
Level	0.021***	4.194	-0.054***	-7.767
Roa	-0.042	-1.407	-0.823***	-19.14
CapInt	0.069***	10.42	0.004	0.438
IngInt	0.036*	1.662	0.002	0.072
InvInt	0.056***	6.280	0.098***	7.394
Constant	0.181***	8.283	0.019	0.558
Year	控制		控制	
F值	44.13		48.22	
Observations	5850		8662	
R-squared	0.108		0.082	

注：*、**、***分别表示10%、5%、1%的显著性水平。

b. 产业政策对企业税收负担影响的产权性质差异检验

表6-5报告了产业政策对企业税收负担影响的产权性质差异的回归结果。如表所示，列（1）至列（3）是名义税收负担的结果，我们同时做了分组和交乘项检验，列（1）和列（2）是分组回归的结果，在国有企业中和非国有企业中产业政策（IP）的系数分别为-0.015和-0.017，且均在1%的水平上显著，两个子样本间回归系数不存在显著差异。列（3）是加入产业政策与产权性质交乘项的回归结果，交乘项 $IP \times Nature$ 依然不显著，这表明不同产权性质的企业，产业政策对企业名义税收负担的影响没有显著差异。但是在列（4）至列（6）实际税率的结果中，国有企业样本中产业政策的系数为-0.035，且在1%的水平显著，这表明国有企业获得产业政策支持可以降低3.5%的实际税率，而在非国有企业样本中产业政策的系数为-0.012，在10%的水平上显著，系数大小和显著性水平均降低，

这表明非国有企业获得产业政策支持对实际税率的影响较小。且列（6）的结果显示产业政策与产权性质的交乘项（$IP \times Nature$）的系数为 -0.020，在1%的水平显著，表明国有企业获得产业政策支持降低税收负担的作用更显著。以上结果表明尽管在适用税率方面产业政策对企业税收负担的影响不存在产权性质歧视，但是税率优惠仅是税收优惠的一部分，实际税率才是税收优惠的综合体现，而在实际税率方面，受产业政策支持的国有企业较非国有企业享受了更多的税收优惠。因此，本书的研究假设2得到验证。

表6-5　产业政策对企业税收负担影响的产权性质差异结果

变量	Tax_Rate 国有企业 (1)	Tax_Rate 非国有企业 (2)	Tax_Rate 全样本 (3)	Tax_ETR 国有企业 (4)	Tax_ETR 非国有企业 (5)	Tax_ETR 全样本 (6)
IP	-0.015*** (-5.726)	-0.017*** (-3.897)	-0.014*** (-3.387)	-0.035*** (-8.737)	-0.012* (-1.796)	-0.013** (-2.144)
$IP \times Nature$			-0.001 (-0.243)			-0.020*** (-2.711)
$Nature$			-0.014*** (-3.392)			0.004 (0.700)
$Size$	0.000 (0.155)	-0.005** (-2.253)	-0.000 (-0.438)	0.011*** (5.596)	0.012*** (3.545)	0.012*** (6.974)
$Level$	0.020*** (2.642)	0.012* (1.739)	0.018*** (3.541)	-0.061*** (-5.606)	-0.047*** (-4.586)	-0.056*** (-7.970)
Roa	-0.051 (-1.360)	0.000 (0.00802)	-0.044 (-1.478)	-0.807*** (-14.74)	-0.914*** (-11.77)	-0.830*** (-19.28)
$CapInt$	0.060*** (7.805)	0.097*** (7.304)	0.072*** (10.77)	0.008 (0.725)	-0.017 (-0.787)	0.006 (0.594)
$IngInt$	0.033 (1.287)	0.019 (0.450)	0.034 (1.570)	0.049 (1.334)	-0.090 (-1.549)	0.001 (0.0220)
$InvInt$	0.029*** (2.693)	0.119*** (7.647)	0.055*** (6.255)	0.059*** (3.521)	0.142*** (6.228)	0.096*** (7.232)
$Constant$	0.142*** (5.476)	0.270*** (5.410)	0.163*** (7.381)	0.023 (0.565)	0.001 (0.0170)	-0.001 (-0.0158)

续表

变量	Tax_Rate			Tax_ETR		
	国有企业	非国有企业	全样本	国有企业	非国有企业	全样本
	(1)	(2)	(3)	(4)	(5)	(6)
Year	控制	控制	控制	控制	控制	控制
F 值	29.47	17.43	41.10	27.81	25.78	43.53
Observations	4,234	1,616	5,850	6,132	2,530	8,662
R-squared	0.101	0.132	0.113	0.068	0.125	0.083

注：*、**、***分别表示10%、5%、1%的显著性水平，系数下面括号内的数值为对应系数的T值。

导致产业政策对适用税率的影响不存在产权性质差异，而对实际税率的影响则存在产权性质差异的原因可能是，由于税率优惠大多属于硬性指标，而税基优惠和税额优惠则大多属于软性指标，政府官员在软性指标上具有较大的支配权力和决策空间（吴文锋等，2009）。因此，企业的国有产权性质并不能在税率优惠上获得更多税收优惠，但是，可以凭借其政府联系和政治资源寻租获取更多税基优惠和税额优惠。以上结论表明，在税收资源配置中也在一定程度上存在产权性质歧视。

c. 产业政策对企业税收负担影响的地域差异检验

表6-6报告了产业政策对税收负担影响的地域差异的回归结果。我们参照王延明（2003）的做法，把全样本分成经济特区、上海、东部地区、中部地区和西部地区五个子样本，分别检验每个地域中，产业政策对税收优惠的影响。如表所示，列（1）至列（5）是名义税收负担的回归结果，在经济特区、上海和西部地区，产业政策（IP）的系数均不显著，而在东部地区和中部地区，产业政策的系数均在1%的水平显著。列（6）至列（10）是实际税率的回归结果，在经济特区，产业政策（IP）的系数依然不显著，在上海，虽然显著，但是显著性水平比较低，只在10%的水平上显著，在西部地区的显著性也较东部地区和中部地区弱。这是因为改革开放初期，政府设立经济特区的目的在于实现"让一部分地区先富起来"，经济特区企业普遍

表6-6　产业政策对企业税收负担影响的地域差异结果

变量	Tax_Rate 经济特区 (1)	上海 (2)	东部地区 (3)	中部地区 (4)	西部地区 (5)	Tax_ETR 经济特区 (6)	上海 (7)	东部地区 (8)	中部地区 (9)	西部地区 (10)
IP	0.004	-0.002	-0.020***	-0.020***	-0.003	-0.003	-0.020*	-0.034***	-0.029***	-0.022***
	(0.491)	(-0.425)	(-6.181)	(-4.033)	(-0.604)	(-0.260)	(-1.887)	(-6.283)	(-3.861)	(-2.838)
Size	-0.004	-0.004*	-0.000	-0.003	-0.006**	-0.001	-0.012***	0.019***	-0.000	0.0111***
	(-1.100)	(-1.802)	(-0.030)	(-1.369)	(-2.348)	(-0.214)	(-2.640)	(7.715)	(-0.013)	(3.016)
Level	-0.001	0.017	0.0268***	0.043***	0.022*	-0.070***	-0.086***	-0.033***	-0.064***	-0.047***
	(-0.047)	(1.549)	(3.421)	(3.998)	(1.944)	(-3.105)	(-3.530)	(-2.946)	(-4.109)	(-3.268)
Roa	-0.080	-0.166**	-0.056	-0.109*	0.216***	-1.240***	-1.406***	-0.736***	-0.808***	-0.492***
	(-0.829)	(-2.573)	(-1.272)	(-1.726)	(3.195)	(-7.957)	(-9.927)	(-10.84)	(-8.777)	(-5.495)
CapInt	-0.005	0.020	0.075***	0.082***	0.024	-0.019	0.019	0.007	0.071***	-0.046**
	(-0.194)	(1.342)	(8.003)	(5.378)	(1.460)	(-0.465)	(0.567)	(0.450)	(3.115)	(-2.043)
lngInt	0.069	0.051	0.039	0.173***	-0.012	-0.050	-0.043	0.024	-0.013	0.139**
	(0.899)	(1.094)	(1.183)	(3.749)	(-0.241)	(-0.425)	(-0.411)	(0.469)	(-0.213)	(2.132)

续表

变量	Tax_Rate					Tax_ETR				
	经济特区	上海	东部地区	中部地区	西部地区	经济特区	上海	东部地区	中部地区	西部地区
	(1)	(2)	(3)	(4)	(5)	(6)	(7)	(8)	(9)	(10)
lnvlnt	0.050*	0.028*	0.043***	0.030	0.115***	0.090**	0.110***	0.098***	0.067**	0.100***
	(1.937)	(1.663)	(3.416)	(1.308)	(5.052)	(2.017)	(2.945)	(4.846)	(2.022)	(3.353)
Constant	0.208***	0.227***	0.147***	0.204***	0.242***	0.244**	0.540***	−0.166***	0.228***	−0.013
	(2.898)	(5.112)	(4.615)	(4.075)	(4.473)	(2.083)	(5.440)	(−3.154)	(3.059)	(−0.162)
Year	控制	控制	控制	控制	控制	控制	控制	控制	控制	控制
F值	1.91	3.58	37.10	19.56	4.31	6.01	10.36	24.21	12.59	8.45
Observations	203	868	2568	1162	1049	627	911	3619	1825	1680
R − squared	0.141	0.063	0.189	0.215	0.063	0.136	0.156	0.097	0.100	0.075

注：*、**、***分别表示10%、5%、1%的显著性水平，系数下面括号内的数值为对应系数的T值。

享受各种优惠政策,其中就包括所得税适用税率优惠,经济特区企业所得税适用税率普遍为15%。上海本身的经济地位特殊,而且具有浦东开发区,也广泛享受税收优惠的待遇。再加上2000年国家推出的西部大开发计划,西部地区企业也普遍享受税收优惠待遇。而这种区域税收优惠政策,在一定程度上与产业政策的目标是相悖的,无法实现产业导向和产业结构调整的目的,削弱了产业政策税收优惠工具的有效性。因此,在经济特区、上海和西部地区税收优惠工具对产业政策的支持作用非常有限,从本书的实证结果来看,税率优惠完全无法体现产业政策产业结构调整的作用,而实际税率优惠的效果也大打折扣。

D. 稳健性测试

考虑到所得税优惠包括税率优惠、税基优惠和税额优惠等形式,前文采用了两个指标来衡量税收负担,一个是用企业适用税率作为名义税收负担的衡量指标,另一个是用企业实际税率作为企业税收负担的综合指标。用企业适用税率作为名义税收负担存在一个问题是,有些企业有多个适用税率,我们对这类样本进行了删除处理,损失了差不多1/3的样本,为了消除这一因素对研究结论的影响,借鉴吴联生(2009)的做法,依据企业适用所得税税率与法定税率进行比较,观察一个企业是否享受税率优惠,并据此生成一个名义税收负担的虚拟变量 Tax_Rate_Dum,若企业适用税率小于法定税率,则取值为1,其中披露多个适用税率的企业我们也认为享受了税率优惠,名义税收负担较轻,也取值为1,其他适用税率等于法定税率的则取值为0。此外,国内外文献计算企业实际税率时,由于对递延所得税处理方式的不同,得到四种不同的实际税率计算方法,前文我们采用了其中一种。另外三种的计算方法如下:Tax_ETR2 = (所得税费用 - 递延所得税费用)/(税前会计利润 - 递延所得税费用/法定税率);Tax_ETR3 = 所得税费用/税前会计利润;Tax_ETR4 = 所得税费用/(税前会计利润 - 递延所得税费用/法定税率)。因此,我们得到一个名义税收负担的替换指标(Tax_Rate_Dum)和三个实际税率优惠的替换指标(Tax_ETR2、Tax_ETR3 和 Tax_ETR4),我们用以上指标对前文的研究结论进行重新检验。

表6-7报告了稳健性测试结果。列（1）的结果显示产业政策（IP）的系数为0.057，且在1%的水平显著，这表明获得产业政策支持的企业适用税率降低的可能性增加了5.7%。列（2）至列（4）的结果则显示用其他三种计算方法得到实际税率，产业政策支持均能显著降低企业实际税率。这与前文的研究结论一致。限于篇幅我们仅报告了假设1的稳健性检验结果，产业政策对企业税收负担影响的产权性质差异和地域差异的结果也与前文一致。

表6-7　　　　　　　　稳健性测试结果

变量	Tax_Rate_Dum	Tax_ETR2	Tax_ETR3	Tax_ETR4
	（1）	（2）	（3）	（4）
IP	0.057***	-0.028***	-0.029***	-0.028***
	(5.512)	(-8.545)	(-6.902)	(-8.937)
Size	-0.001	0.006***	0.005***	0.006***
	(-0.143)	(3.909)	(2.690)	(4.419)
Level	-0.012	-0.058***	-0.066***	-0.054***
	(-0.562)	(-8.644)	(-7.970)	(-8.596)
Roa	0.287**	-0.851***	-1.098***	-0.926***
	(2.249)	(-20.64)	(-21.39)	(-23.86)
CapInt	-0.217***	0.038***	0.059***	0.034***
	(-7.151)	(3.870)	(4.833)	(3.631)
IngInt	0.046	-0.019	-0.060	-0.040
	(0.497)	(-0.622)	(-1.620)	(-1.418)
InvInt	-0.141***	0.155***	0.219***	0.145***
	(-3.574)	(12.20)	(13.83)	(12.07)
Constant	0.984***	0.099***	0.116***	0.094***
	(9.901)	(3.094)	(2.904)	(3.123)
Year	控制	控制	控制	控制
F值	24.87	57.63	65.19	66.88
Observations	8662	8662	8662	8662
R-squared	0.044	0.096	0.108	0.110

注：*、**、***分别表示10%、5%、1%的显著性水平，系数下面括号内的数值为对应系数的T值。

四 研究结论

本书以沪深两市 A 股上市公司为样本，实证检验了产业政策税收优惠工具（企业所得税优惠政策）的有效性。研究结果显示：(1) 税收优惠政策支持了产业政策的推行，获得产业政策支持的企业税收负担显著降低；(2) 税收优惠政策是政府为了达到特定目标而对税收资源进行的再配置，与信贷资源等类似，在该资源的配置过程中也存在着产权性质歧视现象，获得产业政策支持的国有企业可以凭借其"天然的联系"和政治资源优势，较非国有企业获得更多的税收优惠，且该差异主要体现在实际税率优惠上，在对硬性条件居多的适用税率优惠方面无显著差异；(3) 区域税收优惠政策无法体现产业导向作用，在经济特区、上海和西部地区，广泛享受区域税收优惠政策优待，在这些地域，产业政策税收优惠工具的效果被削弱。

本书的结论对政策的启示主要有以下三点：一是加大税收优惠力度，配合产业结构升级和优化。整体而言，税收优惠工具对于产业政策的推行实有助益，且较金融政策工具而言，税收优惠可以使资金更好地流入实体经济，刺激产业投资。二是完善税收优惠政策的制定、执行和监管制度，消除产业政策税收优惠工具的产权性质歧视。税收优惠政策中的审批制度存在较大的随意性，政府官员在审批中具有较大的自由裁量权和决策空间，尤其是在扩大市场化导向的税基式间接优惠的改革方向下，应深度清理、规范、厘定、细化优惠对象、标准和条件，强化政策透明度和操作刚性，完善税收优惠审批中的监管制度，使税收审批更加公开和透明，缩小国有企业的寻租空间，保证经济发展的公平性。三是产业政策的推行需要其他宏观经济政策的协调和配合。区域税收优惠政策在经济发展初期为推动区域经济发展做出重要贡献，但是其违背了税收中性原则，导致贫富分化进一步加大，而且无法体现产业导向作用，削弱了产业政策税收优惠工具的有效性。在经历 30 余年粗放式的经济发展后，我国已成为世界第二大经济体，"调结构、促转型"的供给侧结构优化是当前经济发展的主要任务和主攻方向，因此，区域经济发展政策应该配合产业政策的推行，逐步弱化区域税收优惠政策。

第四节 减税降费对金融服务实体经济的影响分析

当前，经济下行压力叠加新冠肺炎疫情影响，致使原本处于低迷期的实体企业更加步履维艰，"脱实向虚"则成为众多实体企业路径选择中的占优选项。本书立足税收负担维度下的企业金融化问题，利用我国高新技术企业认定这一"准自然实验"，系统考察了减税降费对企业金融化的引致影响。研究发现，减税总体上对企业金融化产生显著的抑制效应。这种抑制作用主要源于，高新技术企业认定政策有利于激发企业专注创新研发、助力实体税负调减，从而使实体企业形成专注实业经营的内生动力。进一步研究显示，高新技术企业认定的政策效应在高杠杆企业和大型企业中更为显著。本书从企业成本负担端着眼，以期为把握企业金融化的深层机理、纠偏企业"脱实向虚"倾向，力求提供可能的新视角和新思路。

一 "脱实向虚"问题源起

当前，在全球新冠肺炎疫情冲击的语境下，世界经济遭受重挫，全球供应链与产业链面临阻滞，叠加后金融危机余波未平，国内经济下行压力持续加码，我国经济面临前所未有的挑战。从微观层面而言，作为市场经济主体的企业特别是传统实体企业、中小微企业、特定行业企业困难尤为凸显，金融领域风险不断积聚。

具体而言，一方面，新冠肺炎疫情冲击致使本就低迷的实体经济雪上加霜，由于各国封锁和企业被迫停工，导致制造业与服务业几近陷入停滞，消费需求端走弱，企业利润端大幅削减。然而，实体企业成本端刚性依旧，税费、租金、利息、人工等成本负担将成为压垮实体企业的"最后一根稻草"；另一方面，在实体企业投资回报率每况愈下、经营近乎停滞的情形下，各国央行力挽狂澜，纷纷实施了空前的经济刺激计划，为资本市场注入大量流动性。同时，各国降息热情高涨，截至 2020 年 3 月 24 日，有 44 个国家与地区先后实行降息，累计67次，其中18个国家与地区降息2次以上，致使本就刚性攀升的金融投资规模增量扩容，诸多企业，特别是在实体经济中屡受重创的微观企业转向有价证券等投资周期短、回报预期高、轻量化资产配置的虚拟经济，引致企业金融化程度不断加深。

值得欣慰的是，近年来，我国持续在企业成本负担端发力，以减税费、降成本提升实体经济企业发展质效，是我国重要的社会经济政策目标取向。在财税维度，2019年全年我国减税降费规模即达到2.36万亿元，其规模力度之大、惠及范围之广、优惠方式之多前所未及，其中制造业和小微企业尤甚。为缓解新冠肺炎疫情对实体企业的负向影响，2020年《政府工作报告》中进一步明确支持减税降费、减租降息等举措，助力企业复工复产。

毋庸置疑，尽快助力实体经济恢复元气，纠偏实体企业的"脱实向虚"倾向，引导其向实业投资理性回流，既是防范化解重大金融风险、建设现代化经济体系的焦点问题，也是推进国家治理体系和治理能力现代化的重要议题。税负水平高低，不仅关涉企业缓解实业经营融资约束所形成的预防性储蓄水平，更易致使企业因"税往低处流"与"投资回报差"而形成投资决策偏转。作为减税降费政策"组合拳"的重要内容，减税的作用空间何在？为实体企业释放减税红利，能否有效纠偏实体企业的金融化倾向？又能否成为振兴实体的"救命稻草"？均是本书接下来需着力探究的问题。

值得关注的是，自2008年以来，我国相继推出了多项减税举措，其中，我国多部门联合制定并发布的《高新技术企业认定管理办法》，确立了符合一定条件的高新技术企业可享受15%的企业所得税税率优惠，这为探究企业认定前后因税率降低而对企业金融化行为产生的引致效应创造了良好契机。为此，本书将基于高新技术企业认定的政策冲击，使用双重差分的方法进行实证考察，以此检验税负减低对于企业金融化行为偏向的矫正效应是否存在。

综括而言，本书可能有以下三个方面的边际贡献：其一，跳出传统的企业金融化之"投资回报观"视角，从企业成本负担维度挖掘其背后的"脱实向虚"致因，并考察了减税对企业金融化的作用效应，继而为全面把握企业"脱实向虚"的深层机理提供经验支撑。其二，以高新技术企业认定政策为突破口，阐释了政策所引发的企业所得税税率下降影响企业"脱实向虚"的传导路径，探究税负减降在企业金融化动因中的内驱效果，是对企业金融化领域研究的拓展与丰富。其三，高新技术企业认定这一"准自然实验"满足样本随机性和趋势一致性的假设前提，为有效识别税负减降创造了有利条件。

二　文献回顾与理论分析

置身后金融危机时代，随着虚拟经济对资本的"虹吸效应"逐渐增强，虚实经济失衡问题愈加凸显，经济"脱实向虚"也因此而广受社会各界热议。而企业金融化作为经济金融化的微观直接表现（杜勇等，2020），已然引起学界关注。整体而言，融资及投资回报视角主导企业金融化的动因分析，并形成了"预防性储蓄说"与"投资回报说"两类观点。

对于"预防性储蓄说"而言，企业持有金融资产是出于缓解实业投资融资约束的需要（Opler等，1997；Zheng等，2019），并形成资本的"蓄水池"效应（张成思、张步昙，2016；罗来军等，2016）。而论及"蓄水池"效应的源起，则是流动性约束使然。现金流作为企业正常经营运转的血液，当税负攀升，不仅对企业经营利润造成实质性折损，还将对企业形成切实的现金流扰动，从而加速企业通过投身虚拟经济沉淀更多资金，借此"反哺"实体经济。

在"投资回报说"方面，其主要从追逐金融资产的短期高收益率视角（戴赜等，2018），指出我国企业金融化的主要动因在于市场套利。随着金融资产与固定资产的收益差距不断扩大，企业愈加倾向于投资金融资产（刘骏民、伍超明，2004；宋军、陆旸，2015）。聚焦实体企业侧，该类企业往往易陷于经营风险高、税费负担重、利润水平偏低等制约性因素共同引致的窘境，由此所形成的市场竞争劣势，将可能引发虚拟经济对传统实业领域的"挤出效应"，与之相对应的是，成本及税费负担较低、投资回报率高、制度性交易成本偏低的虚拟经济，更易获得传统实体企业的青睐，从而加速企业的金融化取向（蔡明荣、任世驰，2014）。

而我国于 2008 年出台的《高新技术企业认定管理办法》，对属于国家重点扶持的高新技术企业所适用的企业所得税税率，由 25% 的法定税率调减至 15%，降幅高达 40%；叠加固定资产加速折旧、研发费用加计扣除等税收政策红利，继而可从投资回报及融资约束二维向度引导企业投资流向，并于一定程度上矫正企业金融化。

具体而言，一方面，企业所得税作为直击企业税负痛感的直接税，形成企业利润的显性切割，而企业所得税率的显著调低，可形成对企业净利润的有形补偿，提高其盈利水平，继而在一定程度上缓解虚实经济投资回报差的问题，提升实体经济投资回报预期，削弱虚拟经济对产业资本的吸引力，从而使实体企业更加专注实业经营；另一方面，税率下降所引起的企业税负减轻，直接带来企业资金宽裕度提升，可在一定程度上缓解实业投资融资约束的问题，减少虚拟经济融资反哺实业的诉求，从而降低企业投资的预防性储蓄动机。而不应忽略的是，企业税负下降所带来的资金流充裕度提升，也可能引发企业调整资金配置组合，将资金投入到资产配置轻量化、资金周转率高、制度性交易成本低的虚拟经济领域。基于以上分析，本书提出研究假设：

H1a：企业取得高新技术认定所享受的税收优惠政策，将对企业金融化形成抑制效应。

H1b：企业取得高新技术认定所享受的税收优惠政策，将对企业金融化形成激励效应。

高新技术企业认定政策作为选择激励型支持政策，可显著降低特定企业的研发投资风险（Mamuneas and Nadiri，1996），减轻企业税收负担，形成对创新研发的"挤入效应"。现有研究普遍表明，研发相关税收优惠政策可直接降低企业研发成本，对企业研发投入数量（杨杨等，2013；刘放等，2016；储德银等，2016）和创新质量（陈红等，2019）产生外生激励，且对研发投入的长期激励效应要大于短期激励效应（Bloom 等，2002；Guellec，2003）。

而高新技术企业认定政策在筛选所支持的目标企业时，拥有一套相对系统化、标准化、程式化的研判体系，且向高新技术企业、战略性新兴产业等领域聚焦，对技术创新质量有相对更高的要求，更容易激励企业为达到认定门槛而专注于技术创新质量提升（陈强远等，2020），而相对配置更多资金投入到实业创新领域，继而形成对金融资本配置的弱化效应。此外，根据相关制度规定，高新技术企业认定实行三年动态调整机制，到期之前不提出复审申请抑或复审不合格者，其高新技术企业资格到期自动失效。通过复审的高新技术企业资格有效期仍为三年。因此，在实现高新技术企业认定后，企业为享受长期、不间断的税收优惠，仍需专注于创新活动，加大创新投入、注重研发产出，从而可形成对企业金融化行为的有效纠偏。基于以上分析，本书提出以下研究假设：

H2：企业取得高新技术认定激励企业专注创新研发，形成对企业金融化的抑制效应。

部分学者认为，获利能力危机，是企业金融化的发展源起。随着实体经济投资回报率逐步下探，产业资本脱离实物生产循环的问题频生，虚拟经济对资本的虹吸效应越加凸显。进一步而言，在全球经济低迷的语境下，重资产配置的实体经济，受制于成本侧的刚性约束以及利润端的悲观预期，倒逼实体企业特别是传统实体企业涌入资本市场"赚快钱"的热情高涨，引致市场主体产生主观缩短回报周期的现实诉求，借此形成企业金融化的深度蔓延态势。

在支出流维度的企业税负方面，税收负担是影响企业投资回报水平的重要元素。特别是就盈利企业而言，企业所得税是切割企业利润最显性、最直接的方式，亦将引起市场经济主体深刻的税负痛感，进而为实体企业在正常的实业经营之外探寻新的"利润补偿"路径，创造了可为空间。而金融投资以资产配置轻量化、投资周期短、投资回报率高为表征，并且其资本增值不以实体经济为依托，可与实体运营并轨运行，并改变企业对投资的边际收益和边际成本预期，引导资金配置向更为贴合帕累托改进路径的"低负担—高回报预期"之金融领域流动，契合企业的"利润补偿"需求，继而形成企业金融化的行为趋势。

而高新技术企业认定所带来的企业所得税负调减，将显著降低实业企业税收负担，相对弥合虚实经济领域的投资回报差的问题，进而带动实体经济活动中的税负痛感下降,使实体企业在虚拟投资中寻求利润补偿的动机趋弱,从而促进资本向实体经济回流。据此,提出以下研究假设:

H3:企业取得高新技术认定带动企业税负下降,从而形成对企业金融化的抑制效应。

三 模型设定、指标选取与数据来源

（一）模型设定

本部分将基于高新技术企业认定的政策冲击,使用双重差分的方法进行实证考察,以此检验税负降低对于实体企业金融化选择的弱化效应是否存在。就本书而言,高新技术企业认定的政策初衷是降低企业税收负担,为企业技术研发提供必要支持,从而激发企业创新活力,而并非降低企业的金融化水平。由此,可以基本判定样本选取满足随机性假定。此外,鉴于高新技术企业认定政策并非"一刀切",而是在企业中逐步推开的,故而,本书在运用双重差分法（DID）进行检验时,采用了如下变通模型:

$$Ficlizn_{fit} = \alpha_0 + \alpha_1 Cognize_{fit} + \alpha_2 Control_{fit} + Industry_i + Year_t + \varepsilon_{fit}$$

(6-1)

其中,下标 f 为企业, i 为行业, t 为时间, $Ficlizn_{fit}$ 为企业金融化水平, $Cognize_{fit}$ 为虚拟变量,主要衡量企业是否取得高新技术企业认定资格。$Control_{fit}$ 表示控制变量,主要包括行业及上市公司层面的控制变量。$Industry_i$、$Year_t$ 分别表示行业和年份固定效应。ε_{fit} 为随机误差项。在式6-1中,系数 α_1 衡量的是相对于第 t 年没有认定的企业,取得高新技术认定的实体企业,其金融化水平（具体包括广义金融化和狭义金融化）的额外变化。具体而言,控制组为第 t 年尚未进行认定的企业,处理组为第 t 年已取得认定但第 $t-1$ 年未进行认定的企业。

（二）变量界定

模型中所使用的变量及其描述如下:

①被解释变量。被解释变量为代表企业金融化水平的变量 $Ficlizn$。在进行指标测度时,鉴于本书所阐述的金融化侧重于对实体经济"脱实向虚"的讨论,故而借鉴 Demir（2009）、谢家智等（2014）、张成

思和张步昙（2016）、杜勇等（2020）的做法，在金融资产的界定方面，进一步区分广义金融资产和狭义金融资产进行测度。其中，狭义金融资产包括"交易性金融资产""持有至到期投资""可供出售金融资产""投资性房地产"等内容，广义金融资产则在狭义金融资产之基础上，进一步加入"衍生金融资产"和"发放贷款及垫款"两项内容，并以"金融资产占企业总资产的比例"进行衡量。

②核心解释变量。Cognize 为高新技术企业认定虚拟变量。鉴于认定政策从 2008 年起实施，依据企业当年是否被认定为高新技术企业进行赋值，企业当年属于高新技术企业，则赋值为 1；企业当年不属于高新技术企业，则赋值为 0。同时，高新技术企业认定是一个动态调整过程，在 3 年的认定有效期后，主动提出复审申请并复审合格的企业，方可继续享受高新技术企业政策。为此，依据企业身份认定的实时状态，进行动态赋值调整。

③控制变量。资产负债率（Level），等于年末负债总额除以年末资产总额的对数值。近年来，虚拟经济的蓬勃发展态势及其超高的资本回报率，驱使企业进行虚拟资产投资的热情高涨，而借由债务融资，在以相对较低的资金成本换取超额回报的利益驱动下，将可能强化债务融资对虚拟资产配置的正反馈影响。同时，资产负债率越高，往往意味着企业不具备充分的现金流进行额外的金融投资。为此，该资产负债率对企业金融化的影响方向有待进一步验证。

企业规模（lnSize），使用年末资产总额的自然对数计量。为进一步考察企业规模与企业金融化水平是否存在非线性关系，进一步引入企业规模二次项（$lnSize^2$）。一般而言，随企业规模扩张，通过盈余管理手段提升企业经营绩效的能力随之增强，虚拟资本的配置水平相应提高；当企业规模进一步扩张，经营预期更加稳健乐观，企业通过配置虚拟资产提高盈利水平的意愿随之减弱。为此，预计企业规模与企业金融化两者之间存在"倒 U 形"关系。

营业利润率（OPR），以"营业利润/营业总收入"的自然对数值表示。该指标反映了在考虑营业成本的情况下，企业通过经营获取利润的能力。通常情况下，企业盈利水平越低，通过虚拟投资改善现有经营状况的意愿越加强烈；而与此同时，企业盈利空间越小，其资金充裕度越低，金融投资空间越加狭小，因此，OPR 符号尚难确定。

现金流水平（Cash）使用"经营现金流量净额/平均总资产"进行测度。充足的现金流是保证企业正常运转的必要前提，现金流充裕的企业，可能将适度缓解企业金融化的"预防性储蓄"动机，因此现金流水平的系数符号预计为负。

企业股权性质（Equity），设置国有企业为1，非国有企业为0。

虚拟经济发展水平（Virtlgdp）。参照马红等（2017）的测算方法，选取"贷款、证券、证券投资基金份额、保险准备金之总额在同期 GDP 中的比重，作为虚拟经济发展水平的衡量指标。

（三）数据来源及描述性统计

本部分使用的企业数据来自国泰安 CSMAR 数据库上市公司的财务数据，时间跨度为 2007—2017 年。为最大限度保证数据的全面性与有效性，本书进行了如下处理：（1）剔除金融行业企业；（2）剔除资产负债率大于0或小于1的企业；（3）剔除数据严重缺失的企业样本。为降低异常值对计量结果的干扰，本书对 0—1% 与 99%—100% 的连续变量进行了 Winsorize 缩尾处理，最终实际保留了 22692 个观测值。主要变量的描述性统计分析如表 6 - 8 所示。

表 6 - 8　　　　　　　　主要变量描述性统计

	变量名称	平均值	标准差	最小值	最大值
核心变量	Fictin_b	0.03417	0.07993	0	0.98069
	Fictin_n	0.03336	0.07863	0	0.98069
	Cognize	0.11885	0.45459	0	1
控制变量	Level	0.42167	0.20773	0.00173	0.99936
	Yylrlv	0.17806	3.96145	0.00001	552.8381
	lnSize	9.53834	0.58048	5.67882	12.38118
	Virtlgdp	0.39019	0.07719	0.26269	0.50649
	Cash	0.04106	0.11561	-11.05618	1.12732
	Equity	0.55073	0.53637	0	1

总体观之,广义企业金融化水平($Fictin\_b$)均值为 0.034,标准差为 0.08;狭义企业金融化水平($Fictin\_n$)均值为 0.033,标准差为 0.08,表明不同企业间金融资产配置比例差异显著。高新技术企业认定变量($Cognize$)均值为 0.119,表明在 2008 年以后被认定的高新技术企业,在总样本中平均达到 11.9%。

四 计量结果分析

本书的实证考察包括以下两部分:一是检验高新技术企业认定政策实施对企业金融化的引致影响;二是在此基础上,基于四个维度对基准回归结果进行稳健性检验。

(一)基准回归结果

表 6-9 报告了高新技术企业认定对企业金融化影响的基准回归结果。其中,第(1)—(3)列为对广义金融资产的检验,第(4)—(6)列为对狭义金融资产的考察。鉴于 2008 年为高新技术企业认定的实施元年,为防止其可能产生的政策时滞及计量偏误,在第(3)列和第(6)列中进一步剔除 2008 年。

表 6-9 基准回归结果

	(1) 全样本 $Fictin\_b$	(2) 全样本 $Fictin\_b$	(3) 剔除 2008 年 $Fictin\_b$	(4) 全样本 $Fictin\_n$	(5) 全样本 $Fictin\_n$	(6) 剔除 2008 年 $Fictin\_n$
$Cognize$	-0.0159*** (-16.55)	-0.0102*** (-10.42)	-0.00974*** (-9.61)	-0.0151*** (-16.71)	-0.00968*** (-10.49)	-0.00924*** (-9.71)
$Level$		0.0194*** (5.27)	0.0206*** (5.38)		0.0198*** (5.93)	0.0209*** (6.02)
$Ylrlv$		0.103*** (12.85)	0.105*** (12.65)		0.0966*** (13.43)	0.0987*** (13.21)
$\ln Size$		0.0748*** (3.12)	0.0786*** (3.15)		0.0726*** (3.34)	0.0766*** (3.39)
$\ln Size^2$		-0.00399*** (-3.35)	-0.00417*** (-3.36)		-0.00388*** (-3.59)	-0.00407*** (-3.63)

续表

	（1）全样本 Fictin_b	（2）全样本 Fictin_b	（3）剔除2008年 Fictin_b	（4）全样本 Fictin_n	（5）全样本 Fictin_n	（6）剔除2008年 Fictin_n
Cash		-0.0798*** (-10.66)	-0.0769*** (-9.77)		-0.0704*** (-10.31)	-0.0675*** (-9.43)
Equity		-0.00900*** (-8.01)	-0.00938*** (-8.03)		-0.00864*** (-8.24)	-0.00903*** (-8.28)
Virtlgdp		0.0553** (2.51)	0.0554** (2.50)		0.0629*** (3.06)	0.0629*** (3.05)
_cons	0.0438*** (16.45)	-0.332*** (-2.81)	-0.353*** (-2.86)	0.0422*** (17.11)	-0.326*** (-3.04)	-0.347*** (-3.11)
Industry	控制	控制	控制	控制	控制	控制
Year	控制	控制	控制	控制	控制	控制
N	22692	22692	19340	22692	22692	19340
R^2	0.017	0.05	0.051	0.018	0.052	0.053
F	44.03	38.69	39.45	46.14	41.68	42.66

注：*、**和***分别表示在10%、5%和1%的置信水平上显著；括号中为t值，下同。

具体来看，第（1）列及第（4）列为控制时间和行业固定效应情形下，对高新技术企业认定与企业金融化水平的单一考察。计量结果显示，Cognize系数符号均为负，且在1%的置信水平上显著，表明经济主体被认定为高新技术企业之后，可显著降低其广义金融资产及狭义金融资产配置水平。第（2）列与第（5）列进一步控制了资产负债率（Level）、营业利润率（Yylrlv）、企业规模（lnSize）及其二次项（lnSize^2）、现金流水平（Cash）、股权性质（Equity）和虚拟经济发展水平（Virtlgdp）等控制变量，结果显示，无论是广义金融资产还是狭义金融资产，Cognize与Fictin依然呈现显著的负相关关系，进一步表明，高新技术企业认定政策对企业金融化具有显著的抑制效应，与研究假设1相吻合。

从控制变量而言，资产负债率（Level）的系数显著为正，表明杠杆水平越高的企业，风险偏好可能越加激进，通过金融投资实现资产增值的意愿越强；营业利润率（$Yylrlv$）的系数显著为正，表明收益水平越高的企业，资产配置能力越强，愈加倾向于通过配置金融资产实现资本增值；就企业规模（$lnSize$）而言，其与企业金融化水平呈现非线性关系，随企业规模扩张，企业虚拟资本的配置水平"先升后降"，两者间呈现"倒 U 形"关系；现金流水平（$Cash$）与企业金融化显著负相关，表明充裕的现金流，降低了企业运营的"预防性储蓄"需求，可显著弱化企业金融投资动机；而虚拟经济发展水平（$Virtlgdp$）系数显著为正，表明较为繁荣的虚拟经济环境是企业金融化的外驱动力，对企业"脱实向虚"形成外生激励。

（二）稳健性检验

为解决高新技术企业认定与企业金融化之间可能存在的内生性问题，本部分依次采用安慰剂检验、替换被解释变量以及倾向得分匹配（PSM - DID）等方法，进行稳健性检验。

1. 安慰剂检验

为了验证计量结果的准确性，基于反事实假设的基本逻辑，借鉴刘瑞明和赵仁杰（2015）等的相关研究，通过改变高新技术企业认定政策的实施时间进行反事实检验。在影响企业金融化行为路径及变动趋势的因素中，可能存在某些因素引致企业金融投资行为发生改变，但该类因素与高新技术企业认定政策所带来的减税效应相关性较小，由此可能影响本书的实证分析结论。为了排除这类因素的影响，假定该政策实行时间统一前移一年或两年，如果此时政策变量 Cognize 显著为负，则说明企业金融化水平降低另有原因；而若此时 Cognize 不显著，则表明双重差分检验结果成立。

如表 6 - 10 所示，第（1）列和第（3）列展示了政策时间前移一年的回归结果；第（2）列和第（4）列展示了政策时间前移两年的回归结果。不难发现，高新技术企业认定政策回归系数符号均为正，且在前移两年中显著。该结果表明，企业金融化行为的影响并非由其他因素直接导致，高新技术企业认定这一政策冲击是激发企业金融化水平得到有效降低的关键因素。而充分释放减税红利，是摆脱实体企业"脱实向虚"的有效途径。

表 6–10　　　　　　　　　　安慰剂检验结果

	(1) $Fictin\_b$	(2) $Fictin\_b$	(3) $Fictin\_n$	(4) $Fictin\_n$
$Lcognize$	0.00215 (1.45)		0.00181 (1.35)	
$Llcognize$		0.00323** (2.07)		0.00295** (2.02)
$Level$	−0.0157* (−1.81)	−0.0137 (−1.40)	−0.0164** (−2.07)	−0.0149* (−1.67)
$Yylrlv$	0.0333*** (2.93)	0.0325*** (2.71)	0.0290*** (2.79)	0.0277** (2.48)
$\ln Size$	−0.138* (−1.91)	−0.190** (−2.20)	−0.117* (−1.74)	−0.162** (−2.05)
$\ln size^2$	0.00603* (1.65)	0.00854** (1.97)	0.00500 (1.47)	0.00720* (1.80)
$Cash$	−0.00864 (−1.14)	−0.0121 (−1.46)	−0.00452 (−0.65)	−0.00719 (−0.92)
$Equity$	0.00311 (0.60)	0.00255 (0.51)	0.00140 (0.31)	0.000880 (0.20)
$Virtlgdp$	0.11089*** (7.07)	0.18298*** (4.71)	0.11323*** (7.66)	0.18904*** (5.16)
$\_cons$	0.781* (2.19)	1.054** (2.47)	0.673* (2.05)	0.914** (2.35)
$Industry$	控制	控制	控制	控制
$Year$	控制	控制	控制	控制
N	17671	15322	17671	15322
R^2	0.0063	0.0079	0.0069	0.0084
F	25.68	25.79	26.47	26.92

2. 替换被解释变量的检验

在考察高新技术企业认定对企业金融化的影响时，采用改变企业金融化水平的衡量方法，将该指标替换为广义金融资产的对数值（$\ln Fin\_b$）与狭义金融资产的对数值（$\ln Fin\_n$）。如表 6–11 所示，回归结果与前文的研究结论保持总体一致，高新技术企业认定虚拟变量系数均显著为负，较为稳健地反映了两者间的负相关关系。

表6-11　　　　　　　　替换被解释变量的检验结果

	(1) lnFin_b	(2) lnFin_b	(3) lnFin_n	(4) lnFin_n
$Cognize$	-0.991*** (-22.06)	-0.394*** (-9.10)	-0.998*** (-22.36)	-0.402*** (-9.34)
$Level$		0.317*** (2.66)		0.347*** (2.93)
$Yylrlv$		1.985*** (11.87)		2.028*** (12.01)
ln$Size$		-0.0370 (-0.05)		0.0430 (0.06)
ln$Size^2$		0.0977*** (2.80)		0.0922*** (2.66)
$Cash$		-2.139*** (-8.65)		-2.079*** (-8.45)
$Equity$		-0.191*** (-5.13)		-0.204*** (-5.47)
$Virtlgdp$		2.193*** (3.44)		2.170*** (3.41)
$\_cons$	17.59*** (215.89)	8.323** (2.41)	17.58*** (215.94)	8.048** (2.35)
$Industry$	控制	控制	控制	控制
$Year$	控制	控制	控制	控制
N	12806	12108	12773	12076
R^2	65.84	0.2745	66.59	307.37
F	0.0486	308.25	0.0491	0.2741

3. 倾向得分匹配（PSM-DID）

在上述回归中，本书主要采用双重差分的估计方法，评估高新技术企业认定对企业金融化的影响。为了提高估计的准确性,进一步采用 PSM – DID 的方法进行稳健性检验。据表 6 – 12 第(1)列和第(2)列显示,cognize 符号依然为负,进一步佐证了高新技术企业认定对企业金融化的抑制效应稳健存在。

表 6 – 12　　　　　倾向得分匹配(PSM – DID)检验结果

	(1) PSM Fictin_n	(2) PSM Fictin_b
Cognize	– 0.00745 ***	– 0.0118 ***
	(– 6.01)	(– 6.19)
Level	– 0.0143 ***	0.00196
	(– 3.37)	(0.31)
Yylrlv	– 0.00152	0.0168
	(– 0.26)	(1.69)
lnSize	– 0.0590	– 0.285 **
	(– 1.57)	(– 3.01)
$lnSize^2$	0.00319	0.0152 **
	(1.65)	(3.03)
Cash	– 0.0323 ***	– 0.0558 ***
	(– 3.61)	(– 3.94)
Equity	– 0.00710 ***	– 0.00909 ***
	(– 5.23)	(– 4.33)
Virtlgdp	0.14323 ***	0.25088 ***
	(6.33)	(5.96)
_cons	0.446 **	1.387 ***
	(2.47)	(3.08)
Industry	控制	控制
Year	控制	控制
N	10922	10922
R^2	0.0894	0.0344
F	23.18	8.54

五 机制检验与进一步研究

本部分基于高新技术企业认定政策，探讨减税对企业金融化的影响机制，并进一步区分不同资产负债水平、企业规模以及盈利能力的企业，考察高新技术企业认定对于不同类别企业的金融化水平是否存在差异化影响，以此进一步厘清深化改革的政策着眼点，促进资本向实体经济理性回流。

（一）影响机制检验

高新技术企业认定政策可能通过如下两个机制来影响企业金融化水平：一是通过激励创新研发弱化企业金融化；二是通过企业税负的变动对企业金融化形成干预。本部分将在前述理论机制分析之基础上，验证创新研发与企业税负能否在高新技术企业认定与企业金融化之间产生中介传导作用，借此厘清减税政策效应的形成路径。

1. 创新研发的影响机制检验

依据企业研发投入与研发产出的年度中位值，将样本区分为低研发投入组、高研发投入组、低研发产出组以及高研发产出组。在研发投入的衡量上，分别采用"研发支出/营业总收入（$Input\_yf$）"、"开发支出/营业总收入（$Input\_kf$）"进行衡量；在研发产出维度，使用"专利申请总数（$Output1$）"和体现实质性创新的"发明专利申请数（$Outputf$）"进行测度。受篇幅所限，本部分仅列示广义金融资产的计量结果。

如表6-13所示，对比低研发投入企业与高研发投入企业，可以发现，在高研发投入企业中，$Cognize$系数符号均为负，且均在1%的置信水平上显著；而在低研发投入企业中，$Cognize$系数符号尽管为负，但显著性相对较弱。表明随着企业研发投入强度提升，高新技术企业认定弱化企业金融化的作用效果渐趋增强。在研发产出方面，亦呈现出相似的施力效果，进一步表明，创新研发将推动实体经济企业为实现转型升级而更加专注实业经营、提升市场竞争力和获利空间，从而形成对金融投资的挤出效应，验证了研发创新在高新技术企业认定和企业金融化之间产生中介传导作用。

第六章 宏观调控式减税降费与我国现代税收体系构建

表6-13 创新研发的影响机制检验

	(1) 高 Input_yf Fictin_b	(2) 低 Input_yf Fictin_b	(3) 高 Input_kf Fictin_b	(4) 低 Input_kf Fictin_b	(5) 高 Output Fictin_b	(6) 低 Output Fictin_b	(7) 高 Outputf Fictin_b	(8) 低 Outputf Fictin_b
Cognize	-0.0159*** (-10.08)	-0.000171 (-0.19)	-0.0140*** (-12.70)	-0.00682* (-1.85)	-0.0166*** (-12.35)	-0.0000375 (-0.04)	-0.0153*** (-12.71)	0.0000154 (0.01)
Level	0.00288 (0.59)	-0.0113*** (-3.52)	0.0255*** (6.44)	-0.0342*** (-4.15)	0.0142*** (3.11)	-0.00910** (-2.23)	0.0169*** (4.02)	-0.00792 (-1.57)
Yylrlv	0.125*** (12.96)	-0.00423 (-0.63)	0.122*** (13.97)	0.00352 (0.23)	0.122*** (13.23)	0.00595 (0.67)	0.118*** (13.54)	0.00766 (0.67)
lnSize	0.0259 (0.80)	0.0989*** (4.59)	0.0826** (3.07)	0.201*** (4.93)	0.0591 (1.88)	0.125*** (7.52)	0.0734*** (2.63)	0.122*** (5.77)
lnSize²	-0.00152 (-0.95)	-0.00469*** (-4.20)	-0.00417** (-3.10)	-0.00960*** (-4.63)	-0.00307 (-1.95)	-0.00590*** (-7.15)	-0.00377*** (-2.71)	-0.00576*** (-5.41)
Cash	-0.115*** (-11.14)	0.00249 (0.37)	-0.0927*** (-11.25)	-0.0495*** (-2.99)	-0.110*** (-11.48)	-0.0169** (-2.24)	-0.104*** (-11.70)	-0.0136 (-1.53)
Virtgdp	-0.0507** (-2.41)	-0.0770* (-1.68)	-0.0366 (-1.74)	-0.0484 (-1.03)	-0.0480** (-2.31)	-0.0549 (-1.34)	-0.0419* (-2.10)	-0.0978 (-1.55)
_cons	-0.0565 (-0.35)	-0.450*** (-4.29)	-0.372** (-2.81)	-0.971*** (-4.98)	-0.238 (-1.54)	-0.598*** (-7.16)	-0.315** (-2.30)	-0.566*** (-5.41)
Industry	控制	控制	控制	控制	控制	控制	控制	控制
Year	控制	控制	控制	控制	控制	控制	控制	控制
N	14576	8089	18705	3960	16027	6638	18038	4627
R^2	0.0529	0.0415	0.0522	0.0427	0.0514	0.0406	0.0496	0.0435
F	28.38	28.2	36.61	10.61	30.92	19.58	33.86	14.82

2. 企业税负的影响机制检验

依据企业税负的年度中位值,将样本区分为高企业税负组和低企业税负组。在企业税负的衡量上,鉴于高新技术企业认定政策主要施力于企业所得税税率的调降,故而采用"所得税费用/企业息税前利润"进行测度。

如表6-14所示,第(1)列和第(3)列列示了高企业税负组的计量结果,第(2)列和第(4)列报告了低企业税负组的估计结果。可以看出,在高税负企业中,无论是广义口径还是狭义口径的企业金融化,cognize 系数符号均为负,且均通过了1%置信水平的显著性检验;而在低税负企业中,cognize 系数符号依然为负,但高新技术企业认定政策与企业金融化之间并未呈现显著的相关关系。表明随着企业税负加重,高新技术企业认定政策所释放的减税红利弱化企业金融化的作用效果渐趋增强,减税效应对企业投资形成良性引导,能显著抑制实体企业的"脱实向虚"倾向。

表 6-14　　　　　　　　企业税负的影响机制检验

	(1) 高 Incometax Fictin_b	(2) 低 Incometax Fictin_b	(3) 高 Incometax Fictin_n	(4) 低 Incometax Fictin_n
Cognize	-0.0124*** (-4.50)	-0.00280 (-1.17)	-0.0113*** (-4.44)	-0.00284 (-1.23)
Level	0.0129 (1.52)	0.000395 (0.05)	0.0122 (1.55)	0.00114 (0.15)
Yylrlv	0.0764*** (3.64)	0.00384 (0.26)	0.0717*** (3.80)	0.00425 (0.31)
lnSize	0.0796 (0.85)	0.211** (2.97)	0.0904 (1.11)	0.200** (2.85)
lnSize^2	-0.00391 (-0.82)	-0.0110** (-2.99)	-0.00446 (-1.07)	-0.0105** (-2.88)
Cash	-0.0556** (-3.10)	-0.0230 (-1.52)	-0.0483** (-2.84)	-0.0182 (-1.24)

续表

	（1）高 Incometax Fictin_b	（2）低 Incometax Fictin_b	（3）高 Incometax Fictin_n	（4）低 Incometax Fictin_n
_cons	-0.374 (-0.81)	-0.973** (-2.86)	-0.426 (-1.07)	-0.922** (-2.73)
Industry	控制	控制	控制	控制
Year	控制	控制	控制	控制
N	2752	2322	2752	2322
R^2	0.04	0.0259	0.0413	0.0256
F	4.36	6.09	4.67	6.09

（二）区分企业异质性的进一步探讨

1. 区分资产负债水平的回归结果

资产负债水平是不同企业风险偏好类型及资产配置方式的集中体现。企业因资产负债水平不同，对税收制度红利的敏感度存在差异，从而可能引致高新技术认定政策对不同企业呈现差异化的引致结果。为此，进一步依据年度样本企业资产负债率的中位数，将企业分为高资产负债组和低资产负债组，以此考察高新技术企业认定对不同类型企业金融化的作用效应。

表6-15显示，第（1）列和第（2）列分别报告了高资产负债组和低资产负债组企业的计量结果。从 Cognize 的系数而言，高资产负债企业的金融化行为显著受到高新技术认定政策的负向影响，且在1%的置信水平上显著；而低资产负债企业未呈现显著的相关关系。这主要源于，相较于低杠杆率企业，高杠杆率企业风险偏好更为激进，对减税红利的感知更为敏锐，通过债务融资方式，以相对较低的资金成本换取超额回报的利益驱动更强，进而将可能强化虚拟资产配置对高新技术企业认定的正反馈效应。

2. 区分企业规模的考察结果

企业的生命周期发展历程，往往伴随着企业规模的变化。当企业处于起步阶段时，受资金所限，企业将集中精力聚焦于核心经营活动，金融资产配置水平较低。随企业规模逐步扩张，企业盈利能力逐

表 6–15　　　　　　　　企业异质性检验结果

	(1) 高资负率 Fictin_b	(2) 低资负率 Fictin_b	(3) 大规模 Fictin_b	(4) 小规模 Fictin_b	(5) 高盈利 Fictin_b	(6) 低盈利 Fictin_b
$Cognize$	-0.0127*** (-8.91)	0.00264 (1.70)	-0.0138*** (-9.56)	0.00225 (1.33)	-0.0124*** (-8.63)	-0.0120*** (-8.59)
$Level$			0.000390 (0.08)	-0.0157 (-1.40)	-0.0181*** (-3.39)	0.0147** (3.20)
$Yylrlv$	0.172*** (11.61)	0.0445*** (3.42)	0.125*** (11.65)	0.0480** (2.78)		
$\ln Size$	-0.0179 (-0.46)	-0.0524 (-0.51)			-0.00588 (-0.16)	0.100** (2.92)
$\ln Size^2$	0.000708 (0.37)	0.00209 (0.38)			-0.0000698 (-0.04)	-0.00487** (-2.82)
$Cash$	-0.0434*** (-4.50)	-0.0224 (-1.96)	-0.106*** (-10.20)	-0.0139 (-1.20)	-0.0245** (-2.74)	-0.0873*** (-8.42)
$Equity$	-0.00373* (-2.46)	-0.00282 (-0.52)	-0.00163 (-1.13)	0.00313 (0.30)	-0.00715*** (-4.93)	-0.0100*** (-5.97)
$Virtlgdp$	0.103*** (4.40)	0.295* (1.94)	-0.0233 (-0.80)	-0.076 (-0.21)	0.0701* (2.47)	0.0674 (1.94)
$\_cons$	0.0929 (0.47)	0.333 (0.68)	0.0480** (3.24)	0.0103 (0.53)	0.0923 (0.52)	-0.472** (-2.80)
Industry	控制	控制	控制	控制	控制	控制
Year	控制	控制	控制	控制	控制	控制
N	9356	11142	10656	9842	8697	11823
R^2	0.0713	0.0132	0.0648	0.0628	0.0278	0.0425
F	17.87	17.84	23.9	26	13.41	14.84

步提升，经营预期愈加稳定，投资选择空间逐步扩展，进而可能导致企业配置更多资金进行金融投资等非生产性活动。而高新技术企业认定的减税红利，对企业的研发创新活动形成更为精准的支持，投资导向性更为明确，这将激励企业，特别是将资本配置于金融资产的大规模企业引入先进技术以及人力资本，引导资金回流实体经济，从而强

化高新技术企业认定对大规模企业金融化的弱化效应。

在第（3）、第（4）列中，高新技术企业认定仅针对大规模企业金融化呈现显著的抑制效应，而对小规模企业的作用效果不甚明显。这在一定程度上表明，不同规模企业对于高新技术企业认定的反应存在显著差异，相较于小规模企业，大规模企业对于减税红利的感知更为敏锐。

3. 区分企业盈利水平的检验结果

企业投资策略选择会受其经营状态与盈利能力影响，而高新技术企业认定这一外生冲击，也可能引发不同盈利水平的企业形成差异化的投资表现。如第（5）列和第（6）列所示，无论是高盈利企业还是低盈利企业，高新技术企业认定政策对企业金融化均呈现显著的抑制效应，两者差异不甚明显。

六 结论与政策建议

税收负担是成本侧影响企业金融化行为选择的重要内驱动因。已有文献多从投资回报视野对实体经济企业金融化的驱动因素进行探讨，本书则将视线聚焦于成本维度，以期为全面客观把握企业金融化的深层机理、纠偏企业"脱实向虚"倾向提供新思路。本书使用2007—2017年A股上市公司的财务数据，选取高新技术企业认定这一准自然实验，采用双重差分估计方法，实证检验了减税政策对实体企业金融化的影响。研究结果表明，总体而言，减税能显著降低实体经济企业的金融化水平，且该政策效应在高杠杆企业、大型企业中更为显著。从影响机制来看，获得高新技术企业认定，通过激励企业专注研发创新和减轻税收负担的方式，提升企业核心竞争力并降低虚实经营回报差，从而有效促进实业资本回流实体经济，企业金融化得以弱化。

本书对于突围企业金融化困局、防范化解重大金融风险、推动经济高质量发展具有重大现实意义。基于上述研究结论，本书提出的相关政策建议如下：

其一，作为政府非鼓励性的企业行为，在抑制实体经济企业金融化方面，需在政策制定维度，更为强调"疏"而非"堵"的作用。

具体观之，政府可将为实体经济企业减税作为突破口，尽可能避免形成实业投资的税收"高地"，使企业决策顺应"投资往低税处流"的投资惯性。而通过释放减税降费红利的方式，切实为实体经济企业"减压"，不仅将对企业利润产生升增效应，也将在一定程度上缓解其利润补偿动机，并促进其向实业本位回归。

其二，政府应倍加关注企业异质性特征影响所可能带来的政策偏差和行为扭曲，并采取有针对性的税制安排，切实增强实体经济企业的"获得感"。

其三，加强对虚拟经济的税收监控及征管。对现存的征管"盲区"，要在考量税收介入的可行性及合理性之余，采取切实有效的措施堵塞税收征管漏洞，推动虚拟经济发展回归理性；对不断涌现的新兴虚拟交易，需保障税收制度的实时跟进、税收监管的密切追踪，谨防制度漏洞对税基的进一步侵蚀。同时，相关部门应着力监测并防范虚拟经济泡沫的快速集聚，严防金融风险向实体经济传导蔓延，最终推动金融更好地为实体经济服务，实现虚实经济平衡健康发展。

第七章 信息治理式减税降费与我国现代税收体系构建

作为税收治理的重要维度，信息治理是现代税负优化的基本依据和操作支撑。长期以来，我国高度重视对税收制度本身的建设改革，而基于税收治理现代化的视角，对信息治理的关注较少。实际上，作为现代税负优化的依据和支撑，实现所有涉税信息的归户治理是我国实现税收应收尽收和税制体系优化的关键节点。

第一节 当前我国信息治理式税负操作的现状与问题

现代税收治理本质上是信息治理，涉税信息是依法课税的根本依据，而实现涉税信息的综合归户治理，则是实现税收应收尽收和量能课税的实质保障。长期以来，我国税制建设高度重视税收的财政收入职能，量能课税的税收目标被置于次位，使得对信息治理尤其是涉税信息归户治理的重视程度严重不足，且受诸多现实因素的制约，基于信息归户的税负操作始终处于薄弱地位。从税收治理的角度而言，当前我国信息归户式税负操作的现状与问题如下。

一 总体上以企业纳税人为主，自然人税收治理处于附属地位

在当前我国税制结构中，间接税和企业税构成税收的主体部分，直接税和自然人税收是税收的附属部分。其背后的深层成因，一方面税制建设重心以筹集财政收入为主，而间接税和企业税的入库功能更强；另一方面，则是我国税收治理能力的偏弱，使得税收治理只能以

企业纳税人为主，自然人税收治理处于从属地位。自我国实行高度集中的计划经济体制以来，以国有企业为核心的权力等级制成为我国经济管理的基本模式，自渐进式市场化改革以来，在强大的计划经济体制惯性下，我国税收管理长期体现为以企业税为主，从20世纪80年代两步"利改税"以来，企业税成为我国厘清政府与市场关系、建立市场型税收制度的重心所在。在企业生产经营效益不高的条件下，以企业为主体纳税人的流转税成为税制建设的重心所在，只要控制住企业的销售额即能实现税收收入，征管成本低，对涉税信息管理能力要求不高，又能满足税款及时入库的财政需要，使得时至今日，流转税仍然是我国税收治理的重心所在。

就自然人税收治理而言，在改革开放初期，由于人均收入低，税基薄弱，个人所得税的收入能力弱，且主要局限于单一税源的工资所得税，实行分类征收模式符合现实需要，且实施由企业、事业单位等工薪支付方代扣代缴的方式征管便利，税款能及时入库，由此确立了自然人税收治理的历史基础。而在当前自然人收入来源日益多元化的背景下，仍未建立自然人税费征管的综合性平台，仍然依靠企业代扣代缴的间接模式，强化了间接税治理模式的内在惯性，并使得直接税的现代化治理远为滞后。

二 个人所得税综合申报制度"试运行"，离实现量能课税尚存距离

一方面，在分类制个人所得税模式下，税收征收依靠代扣代缴，扣税即完税。但作为单位税征管平台的延伸，个人所得税代扣代缴的征税机制并未做到完全有税尽扣、有税尽缴。部分扣缴单位出于保护员工利益的考虑，少扣缴或不缴税；甚或扣缴单位与纳税人达成利益同谋，通过各种方式帮助纳税人脱逃税款，导致税收流失。而由于纳税人申报机制的不到位和涉税信息控管的乏力，税务机关难以对单位的代扣代缴进行有效钩稽和无缝跟踪。

另一方面，长期以来，我国纳税人自行申报制度单轨运行，难以有效发挥纳税申报制度的应有功能。从征纳双方的权利义务看，进行纳税申报是纳税人的义务和责任，2019年我国新实施的《中华人民共和国个人所得税法》，实行了"小综合"课征模式，在一定程度上回应了分类税制下税基偏窄、公平有失的难题。如通过减半居住期限扩大居民纳税人的覆盖范围，对工资薪金、劳务报酬、稿酬、特许权使用费四类劳动所得实行综合征收，在专项扣除基础上，增加学费、养老、房租等六项专项附加扣除，扩大低税率对应级距范围，凸显个人所得税的属人税特征。同时，取消兜底性的"其他所得"税目，强化"法不授权则无权"的税收法定原则。但由于以自然人为中心的全国性的税费征管平台未能建立，对纳税人的各渠道、各类型收入信息和多元化的财产资料，不能通过统一、规范的平台进行收集、归类、分析和处理，申报信息、扣缴信息与第三方信息之间不能实现高效的钩稽、比对与核查，加之当前我国纳税人的申报意识、申报能力和诚信水平不高，税务机关难以对纳税人的纳税申报表进行即时、准确的稽核与反馈，且由于当前个人所得税的"小综合"运行并未将资本性收入所得、财产性收入所得纳入申报范围，即便发现纳税人的税负分配不均，也难以进行税负分配的再调节，更遑论形成多退少补、量能课税的应有格局。

三 自然人涉税信息散落化、碎片化，未能实现综合归集与归户管理

当前，我国自然人的税收征管缺少一个可将纳税人的基础信息、收入信息、支出信息、财产信息、资金流信息等统合归集的统一账户和治理平台，自然人的基础信息登记、信息归集呈现碎片化格局，呈典型的放任、散乱状。当前税法仅要求地方建立自然人的收入和纳税档案，但在基本法层面，缺失在全国范围内对自然人税收治理建档立户、信息申报和管理的统一规定，纳税人统一税号缺失，统一的税费征管平台未能确立，使得纳税人的信息综合归户治理缺失必要的法治支撑。而实践中，纳税人是自由流动的，税基是跨区域的，仅靠地方在区域内的封闭治理难以实现自然人涉税信息的综合归集，反而会导致地方税收保护和治理割据，不利于全国统一规范、协同有力的税收格局的形成。尤其是高收入、高净值人群，其高流动、多元化收入的综合控管难度加大，碎片化和截流式的分类治理，使得税负分配极难

公平。

四　税源生长呈现新型、多元、流动、虚拟的新面相，税收治理面临全新挑战

长期以来，在改革开放初期至20世纪中后期的"经济短缺"时代，在高投资经济主导下，经济中的流转税税额丰厚，企业所得税税额次之，个人所得税税额较为匮乏，且来源单一，主要是工薪收入，在此期间，依靠企业税的间接征收机制管理自然人税收具有现实合理性。但自21世纪以来，随着高投资经济的快速扩张，经济逐步由"短缺"走向"过剩"，自然人的收入来源日趋多元化，其典型特征是，以非工薪收入为代表的房产收入、股票收入、财产转让收入、特许权转让收入等日益成为居民收入的"大头"，并成为迅速拉大国民收入差距的主要推手。税源生长的多元化、跨区域化甚至跨国化，对传统拘泥于区域内封闭管理、以源泉扣缴为主的间接式税收治理模式，提出重大挑战。

及至近年来，在互联网经济大潮下，数字经济、信息经济、虚拟经济、共享经济等新产业、新业态、新模式勃兴，税源生长呈现出与传统税源特征迥然不同的全新面相。而对于数字经济、新兴经济业态所产生的天量交易规模和以虚拟化、网络化形式存在的潜在税源，我国税收治理缺失完备的征管依据和有效的信息控管手段，这对传统以物流乃至资金流为中心的税费征管模式提出全新挑战。

第二节　我国信息治理式税负操作的制约因素

近年来，随着"金税""金财""金关"等一系列信息化工程的逐步推进，我国以现代税收征管为导向的涉税信息治理能力获得一定程度的提升，但总体而言，受诸多因素制约，我国当前的涉税信息治理远不能适应现代税收体系与税制结构优化的实质要求。

一 基础性成因：涉税信息治理能力薄弱

1994年税制改革以来，我国的税制结构长期以流转税为主，直接税尤其是个人所得税和财产税的收入比重提升迟缓，即便是在当前我国经济肌体中已经具备丰厚的个人所得税和财产税税源时仍然如此。其根本原因在于：面对变动不居、日趋繁复的经济货币流动，涉税信息管理能力始终未能实现同步升级与提高，涉税信息管理未能实现对经济税源的及时跟进、有效追踪和深度挖掘，这是导致我国直接税比重提升不力，间接税比重长期高位运行的基础成因，也是导致税收的再分配调节功能难以发挥、收入分配差距持续拉大的重要原因之一。

（一）我国经济基础已内含丰裕的直接税税源，直接税比重提升具备相应的经济前提

当前，我国强化直接税管理具备基本的物质保证。早在2011年，我国人均GDP即已达到35181元，按照平均汇率折算为5432美元，依据世界银行当年的标准，我国已跨进世界"中上等收入国家"的行列。根据国际经验，我国已初步具备全面提升所得税尤其是个人所得税在税制结构中地位的历史时期。同时，我国高投资经济形成大规模的资本存量，已形成丰厚的财产税税基。近年来，随着房地产市场改革的深化，房地产业成为我国经济的主要增长点，仅房地产开发投资一项，2014年投资额就高达95036亿元，占全社会固定资产投资总额的19%，其中，住宅投资为64352亿元，占房地产开发投资的68%，其在对经济增长贡献较大份额的同时，实际上也形成了财产税广泛的课税基础。

（二）由于涉税信息管理模式未能顺时更新，难以有效捕捉层出不穷的新兴、流动和隐性税源，致使直接税收入比重提升缓慢

具体来说，一方面，随着市场化改革的日益深化和全球化进程的深入推进，纳税主体、征税对象日趋多元化，涉税事项数量暴涨，性质复杂，且流动性强，把握与跟踪难度不断加大。以个人收入为例，纳税人的收入来源日趋多元化、跨区域化和虚拟化，除工薪所得、劳务报酬等传统劳动性收入外，股利收入、利息收入、租金收入、财产转让收入、特许权收入等资本性和财产性收入已日益成为居民收入尤

其是高收入群体的重要收入来源，并成为当前拉大我国居民收入差距的重要推手，且随着生产要素的自由流动，跨地区收入、跨国收入等涉外收入日渐增加，同时，电子商务和网络交易的蓬勃发展，使得在线支付、虚拟支付、隐性支付等新型商业模式兴起，涉税信息更加难以捕捉和追踪；另一方面，面对如此繁杂、多样化的直接税信息，我国的涉税信息管理未能对症改进，长期局限于单一化、模式化、固态化的源泉扣缴，缺失对新兴、流动和隐性税源全面、即时控管的有力手段，更遑论实现所有涉税信息的综合归集与系统管理，由此导致对工薪所得的课税成为个人所得税的主体内容，而资本、管理、技术等要素收入的实际征收不足，也使得个人所得税的分类综合制改革迟迟难以深入推进，直接税收入比重提升乏力。

（三）较强的间接税管理能力与刚性的财政支出需求，强化了对高收入弹性的间接税依赖，相对弱化了直接税的地位及其管理能力的提升

受计划经济体制的深刻影响，我国的经济管理长期以企业为核心，税制运行系统以企业税为模本，税务机关对企业税亦具有较强的管理能力，在以组织财政收入为中心的税收治理模式下，显然形成了对间接税税制模式的有力支持。而由于间接税的税基是商品劳务流转额，是在交易双方买卖的过程中形成的经济流量，交易双方存在着相互钩稽关系，只要控制住企业的销售额和进项额，即控制住了流转税的税基，课税资料的取得相对简便，成本较低，且流转税在初次分配领域课征，可通过价格通道疏散，企业纳税人并非实质的负税主体，税收脱逃意愿较低，相应地，税收征收效率较高。在当前结构性减税政策实施的背景下，降低间接税税负水平为企业利好，但囿于财政支出刚性，在直接税管理能力薄弱，进而直接税收入难以获得大力提升的条件下，为维持预算平衡，对间接税的减税实际步履蹒跚，甚至在某种程度上强化了对企业税的控管，并相对淡化了对个人纳税信息的管理，进而阻滞着税制结构优化的进程。因此，全面的涉税信息管理能力，尤其是直接税管理能力，是我国税制结构有效优化的症结所在。

二 管理性成因：偏重技术取向与系统内部治理

自20世纪90年代中期以来，为顺应日益深化的市场化改革和强化税收管理，我国明确提出建立"以申报纳税和优化服务为基础，以计算机网络为依托，集中征收、重点稽查"的税收征管新模式，并实施了一系列"金税"工程和CTAIS等税收征管软件的系统开发和广泛运用，税务管理的信息化建设取得一定成效。但相对于我国税制结构优化所需要的巨量税源信息而言，我国当前的税收信息化建设仍然存在诸多不足，涉税信息管理能力亟待提高。

（一）税收信息化治理偏重高科技应用，对实质课税资料的掌控关注不足，且一直以间接税涉税信息管理为重心

税收信息化工程对现代税收征管技术的引进与应用，扬弃了传统以纸质账簿、凭证为主要手段的手工管理模式，代之以计算机网络、软件开发与系统应用为基本载体的现代管理模式，但由于对税收信息化治理的本质认知不足，以及相应的激励约束机制缺失，实际的税收信息管理重技术设备投入甚于实质信息掌控，重现代技术形式甚于实际涉税资料控管，由此导致"集中征收"体现为直观的办税空间集中，而非实质的纳税信息集中，税收信息系统成为纳税人申报资料的简单输录载体，缺乏对纳税人涉税信息的有效梳理、深度挖掘、综合归集与共时更新，税收信息化系统运行与实质课税资料掌控形成两相脱轨，现代税收征管技术并未成为控制税源的有力工具，"信息孤岛"困境并未得到实质化解。同时，税收信息化系统的建设以间接税主要是增值税为重心，直接税信息的系统化管理被置之次位，涉税信息管理的税种结构存在失衡。

（二）涉税信息管理缺乏顶层设计，局限于税务系统的内部调整，淡化组织机构的深度融通与总体协调

从优化我国税制结构的角度看，涉税信息管理应该统筹规划，顶层设计，将自然人纳税人和企业纳税人的货币收支信息、财产资料进行综合集中与归户管理，尤其是对直接税涉税资料的系统性控管，是有效提升直接税收入比重的前置性要求。但在当前市场化日益加深的条件下，纳税人的涉税信息流动性强，涉及面广，分散于私人部门的

金融系统与交易相对方，散落于公共部门的税务、工商、土地、房管、海关、质检、检察、法院等职能机关。事实上，涉税信息的有效管理不能仅仅局限于税务机关与纳税人之间的封闭格局，而应该实现各涉税组织机构的高度融通，以实现涉税资料的共享利用与总归户管理。然而，我国目前的涉税信息管理不仅偏重于间接税一端，而且拘泥于税务系统内部，国税局与地税局机构分设、业务分离，信息闭塞、隔断且单一，共享度严重不足，更遑论与其他涉税部门制度化的信息共通与共享，由此导致当前我国涉税信息管理的范围有限、力度不足、效率低下，因此，整体联动的涉税信息管理成为我国税制结构成功优化的必然要求。

三　制度性成因：协同配套支撑体系不健全

涉税信息管理具有基础性与系统性特征，相应地，对实质课税信息的掌控不仅在于先进征管技术的换代升级，也需要由税务机关主导的纳税资料组织机构间的联通与共享，以及社会协税体系对课税资料管理的基础支持。换言之，管理技术先进、涉税机构融通、支持体系健全，是形成高效涉税信息管理能力的三维基础要素。而我国的实际情况是，税收管理的基础支持体系尚不完善，削弱了我国税收有效管理的制度基础，并制约着我国涉税信息管理能力的全面提升。

（一）统一、规范的纳税人号码制度缺失

在我国，税务、工商、质检、社保等部门各有一套独立的编码系统，使得公共机构间信息疏通的统一口径缺失，课税资料难以通过现代网络系统实现自动对接与实时交换，长期通过"登门造访"的单对单方式提取课税资料，沟通成本较高，效率低下。同时，纳税人统一号码的缺失，导致无法将纳税人来源于不同渠道和不同区域的收入信息进行统一集中管理，也无法将纳税人分布于全国的房产信息进行归户管理，从而使得房地产税、遗产赠与税的开征缺少必备的信息基础。

（二）信息共享制度规定笼统，可操作性差，信息共享阻力大

当前，我国不乏关于信息共享的法律规定，如规定相关单位"应当对税务机关提供税收协助义务"，但大都过于原则和抽象，缺乏实

质有效的可操作规则和程序。实践中，部分单位或出于"经济人"的自身利益最大化考虑，以提供涉税资料作为创收的手段，不愿意无偿提供税收协助，或鉴于我国当前对纳税人财产权和隐私权保护不力的现状，出于风险规避的考量，担心提供课税资料会承担责任而不愿意提供，从而选择"少做少犯错、不做不犯错"的保守策略，而即便提供了相关课税资料，也存在着诸如信息准确度不高、数据匹配率低的问题，信息共享的有效性不足，"信息孤岛"现象仍然存在。

（三）现金管理制度不规范、不健全，现金交易泛滥，使得涉税信息隐匿化，难以捕捉与追踪

我国当前现金管理制度的统摄对象，主要是在银行开立单位银行结算账户的纳税人，而对未开户纳税人的现金交易则无力控管，相当于制度性放任大块循环资金的体外合法运行，这为纳税人通过现金通道避税划开了缺乏制动装置的"口子"。对税务管理而言，现金交易在经济运行中的普遍存在，使得涉税交易成为地下经济，经济交往的可追踪轨迹断裂，涉税信息难以捕捉，趋于消隐化，进而导致课税资料无法提取，无力对纳税人的资金流资料进行综合归户管理。在某种意义上，现金交易泛滥可能是当前制约我国涉税信息管理能力有效提升的最大短板。

（四）社会诚信氛围不足，削弱涉税信息管理的无形资本基础

从无形的税收社会支持制度看，伴随着我国市场化改革的日渐深入，传统计划经济时期的集体主义观念与市场经济所假设的个体自利观念产生激烈冲突，在社会心态上出现一定范围内的道德无政府主义与道德虚无主义，进而使得投机钻营、唯利是图、坑蒙拐骗的逆向选择行为出现，人与人之间的关系出现严重的信任危机，反映在税收方面，表现为纳税人的偷逃税动机强化，高收入者对其收入、财富往往采取掩盖、隐匿策略，且自行申报纳税的意愿不强，申报资料的真实性、全面性不足，从而大大增加了涉税信息调查与管理的基础成本。

第三节 我国信息治理式税负操作的诱致效应

由于我国税收治理未能实现涉税信息的综合、归户管理，税收治理呈现出碎片化、割裂化特征，导致税收课征不完全、不充分、不公平，并诱致诸多负面效应。

一 钳制税制及税制结构优化

就税收发展的一般规律而言，现代税制体系是以自然人税收和以个人所得税为代表的直接税为典型标志的。当前，我国税制及税制结构的优化，也面临着从间接税税制模式向直接税与间接税并重的"双主体"模式的转变，降低间接税比重、提高直接税比重是我国税制改革深化的基本选择，但间接税"降减"易，直接税"升增"难，其核心之点即是必须有直接税征管体系的匹配，也即必须有以自然人为中心的税费征管体系，为自然人纳税提供一个通道，为自然人税收控管提供一个平台。但实际的情况是，长期以来，我国自然人税费征管体系的缺失，使得自然人税收难以综合归户管理，个人所得税制被长期"锁定"在分类模式上，居民房地产税的开征缺失征管基础，遗产赠与税更是缺少课税支撑，使得直接税制体系难以优化和健全，直接税比重的提升目标迟迟难以"落地"。

二 扭曲税收调节功能，恶化收入分配格局

税收具有调节收入与社会财富分配的功能，尤其是现代以个人所得税为核心的自然人税制体系，对调节收入分配、促进社会公平正义更是具有积极而重要的作用。而其中的关键之点是，税收体系能够实现自然人税收的应收尽收。但是，长期以来，我国由于自然人税费征管体系的缺失，对自然人的涉税信息管理总体处于放任状态，使得缺失制度性的装置对高收入者的收入进行综合归集，而只能采取"道道截留"的分头控管模式，抓住一个算一个，而最易被控管的工薪税通常成为被截留的"重灾区"，通过间接税的征管体系予以代扣代缴，

其他游离于间接税征管体系外的收入则易于消隐甚至"逍遥法外"。在当前的收入分配格局下，非劳动性收入是拉大收入分配差距的实质推手，而税收对非劳动性税源的控管不力，不仅未能起到应有的再分配功能，反而在某种程度上恶化了本已失衡的收入分配格局。

三　弱化公共治理能力，加重税负痛感指数

税收是联结私人部门与公共部门的结合点，涉税信息不仅是私人信息，也是公共信息，其不仅可为私人部门使用，也可为公共部门使用，从而形成高效的私人运行能力和国家治理能力。我国自然人税费征管体系的缺失，不仅在收入一端难以实现对自然人税收的应收尽收，在支出一端，其也难以为公共治理提供信息支持。近年来屡见不鲜的开豪车领社保、高收入者购经济适用房等现象，说明我国公共治理的严重不足，涉税信息难以为核实财政补贴受益人真实状况提供支持，从而导致财政资金补贴于富人的乱象。更进一步的问题是，由于税收支用的贫富"倒挂"，还会进一步加重纳税人的"税痛"，从而使得纳税人形成对直接税增税改革的强烈反对，并加大税制改革的阻力。

四　纳税者主权表达不畅，掣肘现代税收法治化进程

现代税制体系以纳税人与征税人之间的权利义务明晰、法定归宿与经济归宿契合为基本特征，而这通常以直接税体系为支撑。由于我国自然人税费征管体系的缺失，税费征管体系长期以法人为中心，税制体系以间接税为主，作为法定归宿的法人纳税人与作为经济归宿的自然人纳税人相分离，使得自然人的税收诉权缺失，难以通过正规的税法通道表达自身的权利诉求，也使得自然人对"我是纳税人"的法治认同薄弱，导致现代公民的责权意识弱化，制约税收改革的法治化和现代化进程。

第四节　典型案例剖析：以自然人税收治理为例

在高收入自然人群体中，存在着两种不同性质的收入来源：一种

是正常性收入，该类收入的性质往往易于界定，不存在税目归类困难的情况，且收入持续性较强，不存在实质性的治理障碍；另一种是非正常性收入，包括投机性所得、寻租所得和新兴业态所得等类型。当前，在我国现实的税收治理格局下，自然人的正常性收入一般可通过支付方代扣代缴的方式实现源泉扣缴，而非正常性收入则控管难度大，往往存在课征不完全、不充分的情形，是下一步自然人税收治理的重点和主攻方向所在。为此，本书对自然人的非常规性收入来源进行典型案例剖析，力求为未来税收治理做到"管中一窥"。

一 传统业态下的投机性收入

在非正常收入中，利用非对称信息和特定时机，通过在市场交易中贱买贵卖而获取的"投机性收入"，是引致部分人群牟取暴利、跻身高收入阶层的首要因素。但需要关注的是，该类收入往往是"天时地利人和"共同作用的结果，资本充裕度、政策风向及投资时点选择是促成丰厚投机收入的前置条件，资金越充足、投资经验及知识越完备、对政策的灵敏度越高，获取高收入的概率越大。但是，此类收入由于其自身的局限性，可持续性差、规律性不强。

一是房产投资所得。近年来，我国房地产价格驶入高速增长的通道，也使房地产增值收入和房租收入成为居民收入的重要来源。在这一过程中，拥有住房越多的居民家庭，其财富增长速度越快。特别是家庭的收入水平越高，其住房消费能力越强，房产投机愿望越强，其住房投资带来的财产性回报越高。在坐拥高价房产的人群中，一部分群体为房产价值优势的先占者。这类人群多为大城市繁华地段、文化区域段的原住民。但目前对因投资房产而创收的自然人，所涉及的自然人税收，大多体现在交易环节，而无论是取得拆迁巨额补偿致使一夜暴富的拆迁户，还是投资房产坐享静态升值的"食利者"，抑或是将非经营住宅进行出租的房主，事实上均成为对该部分收入享受免税待遇的"局外人"。

二是股票投资利得。投机是股票市场运行的常态。我国股市历来波动性较大，这也成就了我国股民的投机心理和暴富心态。炒股过程中，人们往往追求"短平快"方式在股市中"捞一把"，既不分大势的强弱，也不论股价的高低，股民心理的震荡耦合，诱发了股市的剧烈震荡，因为只有剧烈波动的股市才能满足投资者的心理需求。正因为如此，有相当一部分人就是在风云变幻的股市中，靠抓住市场机遇而暴富，攫取高额收入。其中，有些是入市较早的"开元投资者"，随着经济的发展和股市的繁荣，股价的不断攀升和股利分配政策的合力，这部分长期持有股票的人群成为拥有高资产净值的富翁；有些则是对市场机遇"嗅觉灵敏"、具有冒险精神的投资者，在股市形势的更替中寻找机会，并从中获取巨额财富；另有一些通过非法途径，操纵市场、谋取私利的庄家，是股票投资"百发百中"的"食利者"。

现行税制中，我国迄今为止尚未针对证券交易的资本利得征税，即对真正产生高收益的"股票转让"暂不征收个人所得税，从而成全了大多数靠"炒股"致富的高收入者。

二 不见天日的"寻租"所得

基于政治经济转型的需要，制度不健全和管理盲区的存在，市场职能的缺位和政府职能的越位等并立问题，权力"设租""寻租"迅速滋生蔓延，也为一部分人非法与非正常暴富创造了空间。尽管党的十八届三中全会提出"让市场在资源配置中发挥决定性作用"，但是完全依赖市场的资源调配会催生大量"市场失灵"现象出现。因此，各级政府以及公共管理部门手中必须掌握一定的资源配置权，保持宏观调控的转向能力来应对市场失灵，这就为权力"寻租"创造了可能。

近年来，因"寻租""致富"而浮出水面的案件不计其数，其中不断曝出的"房叔""房姐"事件耐人寻思。实质上，"房叔""房姐"是通过向房地产商"寻租"牟取不正当暴利的群体代表。进一步探究房价一路狂飙、房地产市场繁荣的原因，是一系列市场、制度问题的堆叠，是价格扭曲、资源配置的错位。为将地产商的行为置于"光天化日"之下，推动市场经济背景下房地产价格的自动形成机制，2002年起实行土地"招拍挂"制度，以规范土地使用权出让，建立公开透明的土地使用制度。但是，地产商以利润最大化为目的，而要利润最大化就需要拿到好的资源，如土地审批权恰恰就是由地方政府控制着，为了项目顺利推进，房地产开发商就不得不跨过政府这道门槛。房产商深知，预期获利必先以让渡部分未来利益为代价，以此作为筹码与公权力进行交换，而官员通过"寻租"从地产商手里获得的好处逐渐增大，并日积月累跻身"房叔""房姐"行列。

况且，公权力的所有者通过"寻租"获得的巨额收入并不会创造社会价值，反而对市场经济条件下的初次分配秩序造成极大破坏。由于这部分制度外收入隐蔽性强，监管困难，且往往数额巨大，但逍遥于税法框架之外，形成巨额税款征收漏洞。此外，该部分灰色收入因见不得阳光，不仅"创租者"不敢申报，即便当事人有心将非法收入以善意途径输出，如慈善捐款、投身公益，也由于各种深层问题的交织，面临极大的实施困难。

三 财富的"二代"转移

近年来，在20世纪80年代计划生育政策下出生的独生或非独子女，通过占有父辈苦心经营的劳动成果和资产财富，形成了中国独特的"富二代"现象。在遗产赠与税缺失的背景下，在某种程度上形成"贫者愈贫、富者更富"的财富"剪刀差"，加剧着收入失衡的恶性循环。其中，正常收入、非正常收入和财产的积累传承，成就了"富二代"这个特殊的群体。

首先，从工资收入角度看，一方面，城镇内部居民收入差距逐步拉大，主要表现为下岗失业等低收入群体与国有垄断部门、新兴行业等的收入差距；另一方面，城乡间的收入差距扩大趋势明显，主要归因于初始要素禀赋差异和要素报酬的明显差距。

其次，财产差距是导致收入差距进一步扩大的重要原因。此外，非正常收入，如灰色收入在扩大收入差距中的作用不容小觑。通常而言，能够获得灰色收入的居民是在经济活动中处于强势地位的群体，尤其是在法治化的市场经济尚不完善的背景下，公权力主导的市场化改革在某种程度上诱致权力与资本的结合，权力"设租""寻租"成为"创造"隐性经济并迅速拉大居民收入差距的重要成因，而这又是税收监管的"盲区"所在。

四 新兴业态下的自然人税收分析

其一是互联网金融和电子商务从业纳税人。作为一种全新的金融模式，互联网金融以高度的信息化，打破了传统金融的运作模式。将其置于以流转税为主的税制框架下，则显示出比传统金融业更高的征管难度。在"营改增"向金融业全面推进的过程中，因其经营活动复杂、增值额确定难度大，已遇到重重困难。将这一问题延伸至互联网金融，流转税对于网络交易下的金融生态，则更加无所适从。

在自然人征管实践中，因法律规定缺失，以债权人和债务人为业务主体的P2P网络借贷平台，未能就相关借贷业务中，债权人取得的利息所得征收个人所得税，并进行相应的税源扣缴。据第一网贷报告显示，2016年3月份，全国P2P网贷平均综合年利率10.46%，平均利率之高，在税收征管"真空"之下，相应带来的是债权人净收益之大。① 横向对比传统金融行业，自2016年5月起，传统金融业贷款利息开始缴纳增值税，税率由营业税时的5%增至6%。而以自然人贷款为业务组成部分的P2P网贷平台，其个人所获收益却未被囊括在缴税行列中，造成了税收缴纳的横向不公平。再如，向网友募集项目资金的众筹，已成为互联网金融的重要方式。众筹常见于债权式众筹、捐赠众筹、股权式众筹和预售式众筹四种模式，都涉及较为复杂的个人所得税征免问题。

其二是"网红"类税源。网红是"网络红人"的简称，是指在现实或者网络生活中因为某个事件或者某个行为而触发网民关注，从而走红的人。网红因其关注度高、影响力大，且有固定的粉丝群，常被商业借力，成为广告、产品营销的推广平台，并依商品销量或广告点击量从中赚取收入。当下我国的网红类型，大致分为以下三种：一是"淘宝"型网红；二是"奇人异事"型网红；三是"顺其自然"型网红。在这三种类型中，前两类网红通过有意识的商业行为赚取收入，而第三类则是无意间的某个照片、某个表情曝光到网上，并取得一定的追捧和共鸣，不存在价值产出，因此，不属于本书研究的

---

① 《3月份全国P2P网贷利率10.46%创历史新低》，《证券日报》2016年4月1日。

范畴。

具体来看，一方面，"淘宝网红"作为收入较高的网红群体，往往拥有姣好的面容和身材，并通过在社交网络上分享服装搭配、保养、产品体验心得，累积了一定的粉丝量和人气，为随后筹备淘宝店、售卖服装和日用品做前置铺垫，或是某些人气网红被淘宝商家邀请作为网络模特，为店铺进行营销推广，并依店铺销量或广告点击量从中赚取收入，不少网红因此跻身高收入行列。

另一方面，"奇人异事"型网红，往往通过特立独行的人物历程、夸张的外表、出众的才华俘获众人，诸如"papi 酱"、段子手"留几手"，通过网络平台的点击转发积攒人气，待之后成为各种商家论坛邀请的对象，接下来便有源源不断的现金流入，轻轻松松成为富人。以 papi 酱为例，当时有一个排名前五的广告公司，邀请其在视频里插播一条广告，并给予 80 万元的酬劳，而该广告仅仅是让她在家里多摆个饮水机和若干个沙发而已。又如，近两年"段子手"这个新兴职业和它所创造的经济价值赢得不小关注。知名"段子手"的文字营销是商业里一个让销售额迅速提高的方式，依靠一人或两人独有的魅力和号召力，就能动辄带来几百万元、几千万元的销售，让一个群体为之疯狂，为之追随。如近年来登顶作家富豪榜的网络作家比比皆是，网站在作家的小说签约后进行推荐，推荐过后，符合一定标准即可上架，一旦上架，就意味着小说开始收费，随着小说点击量的增加，网络作家的收入也节节攀升。

值得反思的是，作为新晋高收入群体，由于其收入取得多集中于线上，借由复杂且无纸化的结算手段，将其体现出的商业价值转化成收入；且由于结算手段的不断翻新，导致纳税节点不易捕捉，与现行税收征管制度不相契合，形成税收漏洞。进一步而言，上述网络红人常伴随着畸高的收入，倘若纳入常规的个人所得税框架之下，多适用较高的边际税率并形成可观的税收，现行征管模式与产业发展的不同步，导致了自然人税收的大量流失。

五 高利贷——实体经济的"晴雨表"

"逐利"是资金的本性，加之资本较强的流动性，使得资金大量涌入并在"利益最大化"之处聚集。在实体经济和虚拟经济之间，资金会依据利润薄厚进行权衡取舍。在实体经济繁荣向好、产业利润丰厚的发展阶段，经济可以依靠产业的发展和带动，积累大量丰厚的资产和财富，资金也可轻松地在实体经济中发掘到较多理想的投资机会，以资金撬动利润增长点，带动产业更好更快地发展，从而实现资金和实体经济的双向良性互动，促使资金更好地为实体经济服务。

随着国内外经济形势的演变，外需低迷，内需不振，传统的产业结构已然难以与市场需求相对接，各路企业面临着转型升级的压力。企业原先的增长模式已陷入"穷途末路"，原先靠投资拉动的产业，多数企业利润趋薄。与此同时，相关生产要素成本上升，加之人民币升值对利润的侵蚀，进一步卡住实体经济的"咽喉"，原先倚仗"低成本、低利润"的比较优势在全球产业链中分得"一杯羹"或是借助粗放投资带动增长做法步履维艰。至此，企业不得不面临转型，而企业转型在面临成本考验的同时，也经历着来自各方的考问：转型之路在何方？转型创新的路径是否为大多数实业部门所企及？实践中，各路游资相继在诸多领域探路，在历经"炒房""炒股""炒煤矿"等投机后，或因政策调控，或因政府直接干预，这些投机炒作无疾而终。当其他领域炒作的空间被压缩之后，大规模的资金炒作兴起，致使资金的市场价格一路狂飙，与官方价格严重背离，"高利贷"逐渐盛行。在相当程度上，"高利贷"收入成为部分资本者暴富的成因之一，也成为当前拉大我国居民收入差距的重要推手，而由于此类收入多属于"地下经济"，税务力量介入难度较大，并在实际上成为造成税收不公平的现实成因。

第八章 现代税收体系建设的国际经验与本土特质

税收作为一个历史范畴，经历了长久的发展历程。尤其对现代国家而言，税收建设是其现代化建设的重要组成部分，税收建设具有一般规律性与本土特殊性的双重特征，借鉴吸收世界各国现代税收建设的一般经验，对推动我国减税降费导向下的现代税收体系建设具有重要意义。

第一节 现代税收建设的国别比较

发达国家和地区的税收发展具有一般规律特征，发展中国家的发展阶段与我国相近，通过剖析其税收发展的历程并归纳建设要点，其税收体系建设的基本经验可资借鉴。

一 发达国家和地区的税收发展历程及其特征

（一）各国税收发展及演变历程

纵观发达国家税制结构的演变历程，其主体税种的选择可以分为以下三个阶段：

第一个阶段是古文明时期至18世纪中叶工业革命以前。这一时期，西方国家的税收制度主要以土地税和农业税等原始直接税为主，同时以间接税作为补充，这种税制结构与西方国家税制的历史传统基本一致。根据法国学者Salanie（2003）的考证，西方最早的税收出现在公元前3500年，美索不达米亚和古埃及征收的农业税，即农民按照农作物收成的一定比例向国王纳税，此外还要提供劳役。随后，在经历多个世纪的历史长河中,农民一直是各个国家和地区的主要纳税人。奴隶社会后期,一些国家的土地和奴隶买卖活动逐渐增加,部分国家如雅典和罗马开始对土地和奴隶的出售征税。同时,随着各国之间贸易的增多,部分国家还对进口商品征税。除此之外,在这一时期内,部分国家曾试图对资本和财产征税,只是多数以失败告终。

第二个阶段是18世纪中叶工业革命后至第二次世界大战前。这一时期内,西方国家的税收制度发生了较大变化,税制结构也从最初的以直接税为主逐渐过渡到以间接税为主体,以直接税为补充的模式。该时期中的间接税主要包括消费税和关税等,其中消费税类似于我们通常所说的选择性"消费税",即仅对特定的商品和劳务征收。18世纪中叶后,英国工业革命的出现,带来了资本主义大工业和商品交易大发展的浪潮期,这不仅带动经济的快速发展,也为税收提供了大量的新税源。在这一阶段,消费税和关税收入的比例不断增加,并成为英国国家财政收入的重要支柱。据统计,1750年英国的关税和消费税收入共计达到500万英镑,占税收总收入(约为750万英镑)的比重已经高达67%,而同期内的土地税、财产税等直接税合计220万英镑,仅占29%。在七年战争之后,消费税和关税又再次急剧增加,到了1760年,仅消费税一项税收收入就已经超过了九年战争期间(1688—1697年)英国每年的税收总收入,到1783年北美战争结束时,每年消费税收入已经接近650万英镑,关税的增长虽然没有消费税那么惊人,但其增速也很快,自18世纪中期到80年代,英国的关税收入增长了近两倍。同时,为了适应间接税的征收,英国的税收征管方式也由包税制转为政府直接征收,并逐渐实行科层化的管理。英国税收制度的较大变革,不仅为当时满足了其战争和政府职能范围扩大的资金需要,也为建立一套现代意义上税收体系奠定了基础。

随后,一些后起的资本主义国家也开始征收间接税。如美国1789年建国后,其联邦政府在税收体系建立中,首先选择了关税和消费税,随后其税收收入中一直以关税和消费税为主。1913年,联邦税收收入中关税和消费税的所占比重分别为46.8%和45.6%,在州政府的税收收入中,消费税占比约为20%。由此可以看出,至第二次世界大战开始前，间接税仍然是多数发达国家税收收入中占比最高的税种，其中，各发达国家的消费税所占比重平均接近60%，是占绝对地位的第一大税种，而个人所得税、公司所得税等直接税收入共计占比不超过25%。

第三个阶段为第二次世界大战前后至今。这一阶段是西方发达国家现代税收制度建立的时期，各国的税制结构由间接税为主演变为以现代直接税为主体，间接税为重要补充的基本模式。这里的现代直接税不同于以土地税和农业税为主的原始直接税，其内容主要包括所得税和社会保障税。在这一阶段内，发达国家的税收制度发生了几次较大的变革，一方面，随着这些国家经济社会的不断发展，个人收入不断增加，以个人收入或所得为基础的个人所得税税基不断拓展，以个人作为纳税人的个人所得税迅速成为一种"大众税"，在政府收入中的比重也快速提高；另一方面，随着政府职能范围的不断扩大和国家福利的兴起，20世纪30年代发达国家开始普遍征收社会保障税，以应在公共支出中所占比重越来越大的社会保障支出，到20世纪五六十年代社会保障税得到了较大的发展。如"二战"前，在1935年的美国联邦政府税收收入中，其个人所得税、公司所得税和社会保障税三项税收收入合计占比为30.2%，明显低于其消费税的所占比重（39.5%），但是到了1945年，上述三大直接税在联邦政府税收收入中所占比重已然实现了逆转，合计达到了83.7%，成为美国联邦政府的主要税收收入来源，这时原本作为第一大税种的消费税所占比重却降为13.9%，此时以直接税为主体的税制结构特征得到了体现。

在这一时期内，间接税的主体地位虽已不复存在，但间接税税种也发生了一些变化。自20世纪50年代法国率先开征增值税，随后，增值税由于其普遍征收、征收简单等优势在欧共体成员国及其他发达国家得到广泛推广，而在各国普遍开征增值税之前，大多数OECD成员国仅是对零售环节征收销售税。到目前为止，世界上已有143个国家开征了增值税。在OECD目前的30个成员国中，只有美国至今仍然征收销售税，没有开征增值税。在货物和服务的各个流转环节普遍征收的增值税为各国政府提供了重要的收入来源，目前已成为多数发达国家继个人所得税和社会保障税之后的第三大税种。20世纪80年代中期以来，发达国家的税制改革使得部分国家的所得税比重有所降低，而间接税所占比重又出现一些上升，但总体上而言，发达国家的税制结构仍明显地表现为以直接税为主的税制结构模式。

表8-1　　　　　　发达国家的税收收入结构　　　　　　单位：%

比重	1970年	1980年	1990年	2000年
所得税	35.5	37.8	38.6	53.8
间接税	27.2	29.4	30.5	19.8
国际贸易税	4.6	2.8	1.0	1.0
其他	32.7	30	29.9	25.4

资料来源：IMF《政府财政统计》（1978—1988年）；OECD税收数据库（2008年）。

(二) 当前发达国家的税收基本特征

从美国的财政收入来看，在联邦宪法框架下，美国对所有政府收支实施全口径、一体化预算管理，税收收入和非税收入的种类、规模在"总盘子"中一一列示，而且由于非税收入规模较小，税收收入、财政收入和政府收入的统计口径差异不大。以2017财年为例，全国共实现预算收入60754.5亿美元，其中，所得税收入占38%，社会保障税收入占23%，销售税收入占22%，收费收入占9%，其他收入占8%。因此，美国的财源建设主要围绕税收收入展开，并在长期的实践中积累了一些有益经验。

1. 从总体上看，体现了以直接税为主体的明显特征

从OECD成员国的税收收入来看，包括个人所得税、公司所得税、社会保障税和财产税在内的直接税收入所占比重较高，即税制结构呈现出明显的以直接税为主的特征。根据OECD统计数据显示，自21世纪以来，OECD成员国的直接税占比基本在60%以上，其中，2018年OECD成员国的直接税占比平均为64.82%，而以所得为税基的三个重要税种——个人所得税、公司所得税和社会保障税在税收总收入的平均比重合计接近60%，而美国、德国和日本等部分发达国家

以上三项税收收入占比甚至达到了 70%。因此，总体而言，发达国家仍然是以直接税为主体的税制结构，其中主要是以所得税和社会保障税为主体。相比之下，对货物和劳务课征的间接税在 OECD 成员国的税收收入中，目前所占比重平均只有 30% 多，只有 4 个成员国的间接税收入在税收总收入中的比重在 40% 以上（智利 53.26%、土耳其 40.49% 和葡萄牙 40.07%）。

2. 从单个税种看，社会保障税、个人所得税和增值税占比较高

第一，在发达国家的税收收入中，社会保障税和个人所得税在税收总收入中的平均占比分别为 26% 和 23%，是 OECD 国家占比最高的两大税种。同时，这些国家间接税中的增值税占比也较高，社会保障税、个人所得税和增值税三个税种收入的合计占税收总收入的比重接近 70%。相比较而言，其他税种所占比重较小。

第一，从社会保障税收入情况来看，随着养老、医疗、失业、伤残等社会保障机制的建立和健全，社会保障支出规模不断增加，使得社会保障税增速也明显加快，目前社会保障税收入已成为多数发达国家政府最大的税收收入来源。OECD 统计部门公布的数据显示，OECD 成员国 1965 年社会保障税的占比平均只有 17.6%，但此后持续稳步提高，进入 21 世纪后，其在税收收入中的平均比重一直保持在 26% 左右，2018 年 OECD 成员国的社会保障税平均比重为 25.72%。在许多发达国家的税收收入中，该税所占比重已超过个人所得税，跃居为第一大税种。其中，德国、法国和日本的社会保障税比重明显高于平均水平，接近 40%；意大利的社会保障税比重为 30% 左右；2000—2018 年美国的社会保障税虽略有波动，但也较为稳定，基本与平均水平相当；韩国的社会保障税比重在 2013 之前均低于平均水平，2013 年之后开始略高于平均水平；而英国的社会保障税比重低于平均水平约 6—7 个百分点；加拿大的社会保障税占比为 15% 左右，低于 OECD 成员国的平均水平。

第二，从个人所得税收入看，其在发达国家税收收入中的平均占比仅次于社会保障税，2000—2018 年 OECD 成员国的个人所得税平均比重一直保持在 23% 左右，其中，2018 年 OECD 成员国的个人所得

税平均比重为23.51%。实际上，自从进入税制结构演变的第三个阶段，即"二战"后到20世纪90年代，OECD成员国税收收入的第一大来源几乎一直都是个人所得税。从发达国家税收收入的整体发展趋势看，"二战"后个人所得税所占比重经历了一个由上升到下降的过程：20世纪70—80年代，个人所得税在OECD成员国税收收入中所占比重达到最高峰，基本达到了约30%，随后，随着经济全球化的不断深入和以美国为首的减税浪潮的开始，发达国家的税收改革中普遍降低了个人所得税边际税率，并减少了个人所得税累进级次。目前，大多数OECD成员国的个人所得税税率级次不超过4级，少数国家（如斯洛伐克）则只有两级。尽管发达国家在降低税负的同时也在努力拓宽税基，但从总体上看，个人所得税在OECD成员国税收收入中所占比重呈现轻度下降趋势。目前，在美国、澳大利亚、加拿大、英国、新西兰等不少发达国家中，个人所得税仍然是第一大税种。其中，美国的个人所得税比重约在40%，澳大利亚和加拿大的个人所得税占比与美国相当，而英国的个人所得税比重高于平均水平5—6个百分点，德国和意大利的该税种比重也略高于OECD成员国的平均水平。

第三，从公司所得税收入来看，目前该税种在OECD成员国税收收入中的平均比重一直保持在10%左右，如2018年OECD成员国的企业所得税平均比重为9.98%。在发达国家所得税收入中，公司所得税所占比重普遍低于个人所得税占比，这主要是因为，一方面为了鼓励企业投资和刺激经济增长，多数国家在公司所得税上通常会给予较多的优惠和照顾，使得公司所得税实际税率往往低于法定税率；另一方面，不同于个人所得税的多级累进税率结构，公司所得税通常采取比例税率，其作用主要定位于经济效率，而非着眼于社会公平，导致该税种往往只能随人均GDP的增长而同幅度增长，进而总体占比不高。从发达国家企业所得税的整体发展趋势看，其同个人所得税制的改革方向类似。自20世纪80年代以来，发达国家的公司所得税也经历了一个显著的降低税率过程。据统计，1981年2/3以上的OECD成员国的公司所得税总体税率在40%以上，但目前多数国家的公司所得税税率不超过30%。同时，20世纪80—90年代开始，公司所得税在发达国家税收收入中所占比重稳中有升，并在90年代后明显上升。目前，在OECD成员国的平均比重基本在10%，其中，澳大利亚该税种的比重较高，约为平均水平的2倍，韩国该税种的比重约高出平均水平5个百分点，2000—2009年日本的企业所得税比重变化较大，但2010年以后基本保持在高出平均水平3个百分点左右，而美国的企业所得税比重略低于平均水平，英国的企业所得税占比与平均水平基本接近，德国的企业所得税比重不高，低于OECD成员国的平均水平，约为平均水平的一半。

第四，从增值税的收入情况看，目前该税种在发达国家税收收入中的平均比重略低于20%，已成为多数发达国家的第三大税种。第二次世界大战后，为适应国际贸易自由化趋势，发达国家不断下调关税税率，同时受到经济增速减缓的影响，多数发达国家的国内消费税税基出现萎缩，因此，关税和消费税两个税种的收入比重大幅下降。1965年两税种的占比合计约为24%，到21世纪后则仅是略高于10%。但是，与关税和消费税的快速下降截然不同的是，增值税却在这一时期内异军突起，在税收收入中的比重稳步提高。自1954年法国最早开征增值税后，其他国家纷纷效仿，增值税的标准税率和收入占比都呈现了总体上稳步提高的趋势，进入21世纪后，多数发达国家的增值税平均标准税率在15%以上，增值税比重也上升到接近20%的水平。增值税比重之所以出现如此快速的增长，主要是因为：其一，经济全球化增加了资本和劳动力的自由流动，为了吸引这些生产要素的流入，各国都展开了以降低企业和个人税负的税收竞争，这样一来商品或消费为税基的增值税就成为重要的税源；其二，从对所得的征税转向对商品和消费的征税能够鼓励投资和储蓄，增加劳动供给，从而有利于促进经济和就业增长。

第五，从除了上述主要税种以外的其他税种收入来看，其他税种在发达国家的税收收入中所占比重平均合计不足10%。其中，在历史上曾经占有重要地位的财产税，近几十年来总体上呈现下降趋势。据统计，第二次世界大战时的OECD成员国税收收入中，不动产税、财富税及遗产等各种财产税比重平均约为8%，但2000年之后其所占比重已不到6%，2018年OECD成员国的财产税平均比重为5.61%。虽然财产税总体上呈现下降趋势，但主要发达国家的财产税所占比重均远高于OECD成员国的平均水平。其中，美国、英国、加拿大和韩国的财产税比重明显高于平均水平，为平均水平的2倍左右，日本、澳大利亚和法国的财产税比重也较高，接近10%。

二 发展中国家和地区的税收发展历程及其特征

（一）发展中国家税收发展演变历程

所谓发展中国家，也被称为新兴经济、不发达国家等，是"二战"和殖民时代结束后的产物。多数发展中国家在近现代历史上都有被殖民或被侵略的历史，其经济社会的发展受到较大影响，与发达国家的经济发展差距也逐渐拉大，经济发展水平明显低于发达国家。这些历史对其经济、政治、文化和社会生活产生了并继续产生着广泛深刻的影响，这种影响当然也包括对税收政策的影响。总体来看，发展中国家的税收发展过程也大致经历了如下三个阶段：

第一个阶段是古文明时期至封建社会结束。在古代的奴隶社会和封建社会，自然经济在长期内占统治地位，商品货币经济不发达，因此，发展中国家的税收制度与发达国家大致相同，即国家统治者只采取直接对人或对物征收的简单直接税。这种直接税是以土地私有制为基础的时代产物，也是最简单、最原始的征税形式，主要以人头税（按人口课征）、土地税（按土地面积或土地生产物课征）等作为主要税收来源，同时税收形式中还有部分劳役。这一时期内，虽然也出现了对城市商业、手工业及进出口贸易征收营业税、物产税、关税，但数量较少。

第二个阶段是资本主义社会的出现至第二次世界大战前。进入资本主义社会以后，随着西方国家税收制度的转变，发展中国家的税制结构亦逐渐过渡到以间接税为主体，以直接税为补充的模式。在这一时期内，各国的商品经济日益发达，国内贸易和国际贸易也不断增加，这时简单的税制已不能满足各国财政的需要，因此，多数国家开始加强对商品和流通行为课征间接税，税收制度也逐渐演变成了以间接税为主的模式。间接税以商品经济为基础，其征税既可将税收转嫁给消费者负担，又有利于增加财政收入，因此，很快便得到各国政府的"青睐"。同时，在处于被侵略或被殖民时期的部分发展中国家，它们的税收制度更受到了英国等发达国家的资本主义大工业和商品交易大发展浪潮的较大影响，在这些国家消费税和关税等间接税也占据重要的地位。

第三个阶段为第二次世界大战前后至今。这一阶段，与西方发达国家现代税收制度向现代直接税为主体的转变不同，发展中国家在该时期内仍延续了以间接税为主的税制模式，其税收基础也主要是商品和劳务，但期间税收制度也发生了多次改革。至20世纪80年代末，发展中国家的平均税负明显低于发达国家，大体相当于OECD国家平均税负水平的一半，所得税和社会保障税在发展中国家的发展非常缓慢。在税收收入中，发展中国家的国内商品劳务税（一般销售税、消费税等）和对外贸易税（主要是进口税）约占税收总额的60%，而个人所得税和社会保障税的占比分别为10%、8%。总体来讲，"二战"后到20世纪80年代发展中国家税收结构的主要变化是：在农业占GDP份额较低的国家，公司所得税比重下降，而进口税比重上升；而在农业份额较高的国家，进口税比重下降，一般销售税比重增加。这样的税制结构与OECD国家或者工业化国家形成了鲜明的对比。

20世纪90年代后，随着发展中国家对外开放步伐的加快，贸易自由化政策在许多发展中国家已形成一种不可逆转的发展趋势，因此，多数发展中国家开始逐渐减少对对外贸易税（关税）的依赖，并寻找新的税源、开征新的税种来弥补贸易自由化政策带来的收入损失，这时增值税由于其自身的税收中性和消除重复征税等优势，成为各国政府青睐的"对象"，由此发展中国家的间接税形式也出现了较大的变化。在所得税方面，发展中国家的所得税中仍主要是企业所得税，而个人所得税占比虽有提高，但由于这些国家个人收入或所得增加缓慢，其所占比重仍处于弱势地位。同时，受到经济发展水平的影响，许多发展中国家尚没有设置社会保障税或只有少数不具规模的社会保障税，根据对90年代初期15个发展中国家社会保障税情况的调查，8个国家没有设置社会保障税或基本没有设置社会保障税，其余的5个国家的社会保障税与整个经济正常运行的需要不成比例，只有两个国家（巴西、罗马尼亚）的社会保障税与社会、经济发展基本相适应。总体来看，这一阶段发展中国家的税收制度也发生了一些改革，税种形式更加丰富，但整体上并未改变以间接税为主的税制结构模式。

表8-2　　　　　　　　发展中国家的税收收入结构　　　　　　　单位：%

比重	1970年	1980年	1990年	2000年
所得税	29.6	28.6	27.6	28.3
间接税	25.2	29.3	34.9	40.1
国际贸易税	32.4	30.7	25.6	19.0
其他	12.8	11.4	11.9	12.6

资料来源：IMF《政府财政统计》（1978—1988年）；OECD税收数据库（2008年）。

（二）当前发展中国家的税收基本特征

发展中国家的税制结构与发达国家的税制结构相比有明显的差别。现阶段，多数发展中国家仍以对商品、劳务及公司、企业课税为主，因此，增值税、销售税或国内消费税等流转税及对企业所得税（而不是对个人征收的个人所得税）仍是其主体税种。根据统计，当前多数发展中国家的商品和服务税占比大多为40%以上，如2016年泰国的占比为54.4%，印度尼西亚的占比为47.4%，巴西的占比为39.1%，哥伦比亚的占比为38.4%，柬埔寨的占比为60.2%等。而所得税中企业所得税占比在60%以上，个人所得税占比较低。同时，发展中国家的社会保障税起步较晚，发展也相对缓慢，多个发展中国家还没有设置社会保障税，而少数已开征社会保障税的国家，该税种的规模也较小，多数发展中国家的社会保障税与整个经济正常运行不相适应，如2016年印度的社会保障税占比仅有0.19%，斯里兰卡的占比为1.07%，泰国的占比为5.46%，与发达国家相距甚远。

我国亦属于发展中国家，税制结构与发展中国家的税制结构基本相同，因此，还可以通过对考察我国的税制结构，来分析发展中国家税制结构的一般规律。1994年税制改革后，我国的税收收入仍是流转税（间接税）为主，主要的收入来源是对公司、企业征收的流转税。据统计，1995年我国的流转税收入约占整个税收收入的77%，而所得税（直接税）占比则不足13%，其中所得税中也主要以企业所得税为主，而来自个人的所得税占比较低。近年来，虽然我国进行了多次税收改革，提出了向"流转税与所得税"并重的税制结构转换，但目前所得税所占比重仍不足以与流转税相提并论。同时，近年来个人所得的收入虽然增加较快，但其占税收收入总额的比重仍不足10%，远低于企业所得税的占比，而社会保障税在我国仍未开征。以上情况可以看出，现阶段以流转税、所得税并重的双主体税收制度并未真正实现，而流转税比重的过大，所得税的比重过小影响了双主体的形成，这与我国当前的市场经济发展水平和税收征管水平直接相关，也是我国的所得税（尤其是个人所得税）占比明显低于发达国家的重要原因。

第二节 现代税收建设的体系比较

税收制度是促进经济增长的重要力量，也是调节经济社会关系的重要工具，因此，税收是推动一个国家或地区经济社会发展的重要制度保障。如果某个时期内的税收制度与经济社会发展相适应，则经济社会各主体关系得到较好调整，经济社会能够较好发展，但如果某个时期内的税收制度与经济社会发展不能适应，如税收制度表现出较强汲取性特征，政府税收负担过重，则社会矛盾会被激化，积累到一定程度，往往会催生税制改革，甚至政治革命。历史上，由于税收制度是否具有适应性而引发的经济波动、社会改革、政治变动从未停止过，而经济社会的发展和进步也常常因为税收制度的调整而出现变动。然而，税收制度的确定通常主要是由税收指导思想、目标定位和原则所决定，在不同的时期中，人们对税收的认识和理解亦不相同，进而税收制度的确定和设计中的税收目标定位、指导原则也有很大的区别，最终导致各时期税收征收管理中的实践支撑和法治保障等也会出现较大的不同。

一 税收理念

在人类发展的历史长河中，人们对政府职能的认识不断发展与进步，社会诉求的转变推动了税收理念和指导思想的不断变化。总体而言，获得税收收入或纯剩余，以此维持国家治理，保持社会的稳定，推动经济社会发展，是国家出现和税收制度建立的主要原因，也是推动税制变革和国家形式转变的重要力量。

在古文明时期，奴隶主、封建君主等统治阶级拥有至高无上的权力，他们需要大量的资金来巩固和扩大自己的政权，并维护本国的安定，此时国家和政府的主要职能也主要涉及这些方面，而税收实际上就是为统治阶级提供可满足其自身需要和提供少量公共品或服务（国家安全、法律体系等）的所需资金，因此，早期的税收理念也较为粗浅，对税收的存在作用也多是考虑提供资金的单一方面，指导思想也较为简单明确，即如何获得更多的税收收入。

进入自由资本主义时期，社会公众对政府的职能范围、税收负担的轻重、税收是否公平以及税收制定过程中法律问题等方面有了更多的思考和认识，税收的社会诉求发生了较大的变化，对于不符合这些社会诉求的税收制度，各国政府纷纷通过多次税收改革来不断改进和完善。如在最早建立资本主义制度的英国，其代议制正是由税收制度变迁推进的，税收是代议制之母，经过公民抗税运动，国王与公民签订了《大宪章》，确定了税收法治原则。受到新的税收理念和指导思想的影响，各国政府逐渐摒弃了人头税等税负极不公平的税种，对土地税和农业税等原始直接税的依赖也逐渐减少，开征了以商品劳务为基础的消费税和关税等新税种，这些新税种具有普遍征收、征收简便等特点，符合推动经济快速发展的要求。"二战"结束后的几十年间，公共财政思想开始出现并得到发展，在公共财政指导思想的影响下，西方国家的税收制度又发生了一次较大的变动和突破。公共财政理论以政府与市场的关系为基础，对政府的职能作出了新的判断，是各个国家税收理念和税收指导思想的基础。在公共财政理论中，社会公众将政府的职能定位于提供公共品、调节收入差距和稳定经济发展等方面，因此，税收制度也应更多地体现促进社会公平和调节经济等作用，此时个人所得税和社会保障税等直接税成为西方各国的主要税种。

二 目标导向

在不同的经济社会发展历史阶段，各个国家对政府职能的认识不同，其政府的目标和定位也不尽相同，进而建立税收制度所使用的原则亦不相同。

在古文明时期的税收制度中，税收的主要目标是为国家或统治阶级筹集资金，即组织财政收入是税收的唯一目标。税收作为国家和统治阶级的重要收入来源，不仅为奴隶主、封建君主等统治阶级提供其自身运作的资金，还为抵御外部侵略、维护国内安定提供保障资金。该时期内的税收原则也主要是遵从保证税收收入的充足和稳定的原则。

到了封建社会时期，一些国家的理财家和思想家开始对政府赋税有了更深入的思考，形成了对税收与国民经济发展关系的一些观点。如早在我国的战国时期，儒家学派的主要代表人物孟子就主张轻税政策，并把它列为仁政的一项内容，后来荀子也提出了反映经济和财政关系的开源节流论和节用裕民论，西晋时期的傅玄提出"至平、积俭、有常"的征收赋役的三原则，明代的丘浚在其著作《大学衍义补》中提出了丰富的财政税收思想，他反对聚敛，认为取得财政收入即征税时，应遵循"征敛有其艺""取财有义""取之有度"的原则。[①] 这些主张薄敛的税收思想也就是税收国民经济原则的具体体现，对我国这一时期内的土地税和农业税等税收改革产生了深远的影响和意义。

进入自由资本主义时期后，西方国家的经济得到了较快发展，贸易快速增加。此时，西方各国的主要目标是实现国民经济发展。西方

---

① （明）邱浚：《大学衍义补》，林冠群、周济夫校点，京华出版社1999年版，第4页。

古典经济学派认为政府不需要对市场经济进行过多的干预，只需要当好"守夜人"。因此，国家和政府的主要职责往往是维护国内生产和生活的稳定与安定，而税收的主要目标也仍然是为国家和政府筹集资金，用于政府提供法律制度、货币制度和国防等的需要，这一时期内的税收指导原则和税收制度设计却都有了很大的变化。该时期内，亚当·斯密在《国富论》中提出了著名的税收四原则，即：平等原则、确实原则、便利原则、最少征收费用原则。阿道夫·瓦格纳提出了财政政策、国民经济、社会正义和税务行政的四项九点原则。各国的税收制度实践也主要都遵从了这些原则，税收制度依照这些原则也进行了多次改革，最终由简单、原始的直接税过渡到了以消费税、关税等普遍征收、征管方便的间接税为主的税收制度。然而，到了20世纪30年代，西方各国纷纷遭遇了经济大萧条，面对此次大范围的经济危机，各个国家的首要任务是恢复经济增长，此时各国政府开始认识到税收的经济调控作用，因此，这一时期对税收的目标定位也发生明显的转变，更加强化了税收的经济调节和稳定目标，同时也更加注重税收经济效率问题，以效率原则为导向，通过运用多种税收政策来刺激和促进经济增长。

第二次世界大战结束后，随着市场经济的发展，市场经济的缺陷逐渐暴露，尤其是其所带来的收入差距不断扩大问题，更是引起了各国政府和社会公众的广泛关注，因此，税收收入分配调节作用的发挥也成为税收制度的一个重要目标。这时，除了为政府提供公共品筹集资金和调控经济运行外，一国的税收制度还要能够有效缩小居民收入差距，促进社会公平。在这一重要的目标定位下，税收公平原则在各国的税收制度设计中发挥着主导作用，各个国家纷纷开始注重所得税（尤其是个人所得税）的改进和完善，同时开征了社会保障税，所得税的地位和比重不断得到提升，使得这些国家的税收制度也逐渐转变为以所得税为主的结构模式，而间接税中增值税也因为其符合税收中性、无重复征税等优势得到了多数市场经济国家的青睐，成为占比最高的间接税种。

三 制度设计

从税收制度的发展历程来看,由于主体税种的不同,税收制度中税系、税种以及税制要素设计在不同的税制结构下有着很大的差异。

在以原始直接税为主的税收制度中,古文明时期的税收制度主要以土地作为征税基础,开征的税种也主要是与土地、农业相关的税种,如土地税、农业税,虽然部分国家也对一些财产进行征税,但效果甚微。早期的土地税、农业税税制要素设计较为简便,通常使用比例税率,征收简单方便,对税收征收管理水平的要求也较低。

在自由资本主义时期以间接税为主的税收制度中,各个国家的税收制度主要以与商品和劳务直接相关的增值税、消费税和关税为主,虽然被征税的商品和劳务繁多,但这些间接税均是以商品和劳务的价格或数量作为计税依据,且多采用比例税率,因此,相对来说,其税制要素设计亦比较简单易征,对税收征收管理水平的要求也不高,这种税收制度结构通常与税收征收管理水平较低的国家相适应。发展中国家由于自身的各种条件限制,通常税收征收管理水平较低,也多采用以间接税为主的税制结构。

在以直接税为主的税收制度中,各个国家的税收制度主要以所得直接相关的企业所得税和个人所得税为主,这些所得税的税制要素设计通常更为复杂,个人所得税以各种所得作为征税对象,且多采用累进税率,征收难度相对较大,该模式对税收征收管理水平的要求也比较高,因而,这种模式通常与税收征收管理水平高的国家相适应。在税收实践中,多数发达国家的技术相对成熟,税收征收管理水平也高于其他国家,因此,发达国家多采用以直接税为主的税制结构。

四 实践保障

纵观各国的税收历史演变过程,税收制度的变迁涉及各个利益主体,因此,各国税收制度建立与改革的背后都离不开实践支撑,即税收的法律保障和税收征管的信息治理体系。英国作为资本主义国家的典型代表,其早期税收制度主要靠使用武力威慑取得税收收入,而后伴随着经济的发展又转为向垄断资源取得租税为主,但期间多次引起利益主体的不满,并遭到了利益主体联合反抗。在经历国王和利益主体的多次斗争，尤其是《大宪章》签订之后，英国的税收法治观念不断增强，税收契约得到较好履行，国王想要改变税种、税目、税率，必须经过纳税人的同意，否则不能擅自进行税收改革，随意侵犯其他利益主体的权益。由此，英国的税收制度体现出一定的宪政特征，其征收模式也转变为以依法履约获得税收为主要形式的国家治理财政模式，王在法下、保护人权、法治原则等内容深入人心。而后，随着光荣革命的进行，议会通过"财政解决"限制了国王权力，而"议会至上"的原则也使得议会在财政事务中占据了绝对的权威，这进一步保障了税收法治的实行。从美国的税收制度建立过程来看，自《独立宣言》通过以来，美国加强政府治理，均以法治作为基础，因此，其每一次税收制度改革，皆是以修正案为先，而后出台相关法案。在与其他国家发生纷争，需要筹集战争经费时，美国也往往通过法案来增加税收（如新增税种或提高税率等），待纷争结束之时，亦必须通过相关法案来取消新增税种的征收，否则政府可能会出现违反法律法规的情况。如在美国的历史上，曾出现过最高法院裁定联邦所得税违宪的情况。此后，为了推进国家工农业发展，促进经济增长，提升国家综合实力，美国多次的减税计划均是通过出台相关税收法案来保证其推行和实施。而面对国际竞争，为了推行保护主义政策，保护本国产业发展，美国也多次出台相关法令，调整关税等税收。进入进步时代后，随着社会的快速发展，公民民主意识不断增强，对税收的认识和自身纳税人身份的认识更加清晰，越来越关注自身直接缴纳税收的情况，为保障公民参与税收治理，美国在出台税收法案过程中，往往采取委员会方式在各地开展听证会，听取各方意见建议，经济社会各利益主体自觉自主参与税收治理，表达自身合理合法利益诉求。除此之外，美国在确定联邦政府和地方政府征税权力时，也是通过税收法案赋予各级政府此项权利。据了解，在美国最初的税收制度中，为了防止联邦政府权力过大，对经济和地方干预过多，联邦政府并未被赋予征税权，其收入主要来自各州的捐赠，但这可能导致联邦政府难以运行。随后，美国通过《美利坚合众国宪法》赋予了联邦政府征收关税和货物税权力，依法保证了联邦政府职能的发挥。

高效有序的信息治理和征管水平也是国家治理和政府行政管理能力的具体体现，也是顺利完成税收征管的重要实践保障。早在18世纪，英国就对其税收征管机制开展了科层化管理，依靠理性建立层级结构、专业化的训练等，形成了由专业化的官僚队伍对税收收入进行管理的模式，其中以消费税的科层化征收管理最为著名。在税收信息治理方面，征管系统中各类涉税信息的取得、传递和反馈是形成税收决策、履行征管职能的关键。在美国、英国等多数发达国家的税收征管体系中，都有一套十分健全和规范的第三方信息建设系统，同时还有科学高效的信息化手段做支撑，因此，这些国家的信息化程度相对较高。这不仅体现在其税收申报形式的多样化，也体现在社会各部门之间充分的信息共享，以及税收信用评价信息的建设等多个方面。以美国和加拿大的税务信息治理为例，它们的税收制度中都存在较为复杂的纳税申报表和众多的申报项目，为此两国的税务当局除了一再加强对纳税申报、税款缴纳等纳税义务履行情况的管理，还增加了许多与税收评估、有效控制税源等相关项目。面对如此繁多、复杂的税收制度，美加两国都非常注重对税收的信息化治理，除了直接信息的取得，还利用发达的计算机技术，与银行、保险公司及雇主建立了紧密联系的信息网络，通过多种方式收集大量的外部信息来保证决策的科学化和可行性。如在个人所得税的征收中，普遍实行纳税申报，并将全国纳税人申报数据收集汇总到联邦税务局的计算机中心，计算机中心再将纳税人的申报信息与计算机系统中的第三方信息进行比对，从而根据比对结果筛查出重点稽核纳税人和行业，并对其进行专业审计。另外，多数国家的税务代理行业也比较发达，而大量的税务中介机构也收集了诸多的税收信息，其参与无疑也带动了税收征收效率的不断提高，促进了纳税行为的信息化和规范化。

第三节　现代税收体系建设的一般经验

发达国家的税收一般规律主要体现在税制模式的选择、税源培育和税收治理等多个方面，而本土特殊性则主要由一国经济发展水平和经济体制所决定的税收制度特点。现阶段，多数发达国家的综合实力仍高于发展中国家，他们的税收制度也更加完善，具有较强的代表性，因此，这里主要以发达国家的税收制度规律为例进行阐述。

一 税制模式的基本经验

所得税与流转税孰优孰劣，在西方税收理论中一直都是存在诸多争论的一个问题。一般而言，流转税由于更能体现税收中性原则，且易于征管，受到多国政府的喜爱，而所得税则因为税负不易转嫁，具有较强的调节经济能力而受到青睐。从发达国家长期的实践经验来看，过分偏重某一种类（所得税类或流转税类）的税制结构，都会给税收带来不利的影响。在早期以消费税等流转税为主的税收制度中，由于流转税税负易于转嫁，实际负税人往往是消费者，因此其虽然符合效率原则，但却并不利于社会公平。而西方发达国家近代以所得税为主的税收制度，虽然能较大程度符合公平原则，但由于所得税设计和征收的复杂性，亦受到诸多质疑，最终影响到税收制度的稳定，因而，近年来许多发达国家在税制改革中都十分注意所得税类与流转税类的协调和配合，对所得税的依赖有所降低，流转税的占比则有所上升，有向所得税类和流转税类结合转化的趋向。综合以上分析，可以看出，总体上所得税与流转税各有优点，两者相互配合，相互补充，只有向所得税与流转税并重的方向发展，才能更好地体现税收的各项原则和职能。

二 税源建设的基本经验

现阶段，美国作为世界的超级大国，国家综合实力无疑名列前茅，其税源的选择与建设也具有较强的代表性，本书主要以美国的税源建设规律为例进行阐述。

（一）大力培植壮大优质、高收入税源，奠定财政收入稳增长的宽厚税基

经济结构决定财源结构。作为全球第一大发达经济体，美国历来高度重视科技进步和产业创新，通过依托历次工业革命带来的巨大发展机遇，形成了当前以高新科技、高附加值、高绿化度为典型特征的

现代高端产业体系，为财政收入稳健增长厚积了丰裕的高收入税源。2017年，美国GDP为194854亿美元，私人部门产值占87.4%，公共部门产值占12.6%。其中，私人部门的货物类产值占GDP比重为17.4%，服务类产值占GDP比重高达70%。分行业看，占GDP比重较高的行业分别是金融保险和不动产业（20.8%）、商业服务业（12.5%）、制造业（11.2%）、教育健康和社会服务业（8.7%），以及信息产业（5.4%）。今后一段时期，美国正在加速推进以人工智能、清洁能源、机器人、量子信息、虚拟现实和生物技术为主的全新技术革命，力图通过率先引领第四次工业革命，实现对全球经济的尖端领航和税源结构的深度优化。

（二）构建以纳税人为中心的税源治理体系，形成高质量税源建设的制度支柱

服务＋执法＝纳税遵从。自1998年开始，面对长期区域分割治理带来的积弊，美国将税源治理理念由"以最低成本征收税款"转向"为纳税人提供顶级水准服务"，力求通过帮助纳税人理解并主动遵从税法，和对所有纳税人公平、公正执法，实现服务好每一名纳税人、服务好全体纳税人、高质效服务好纳税人的"三维"战略目标。为此，国内收入署摒弃传统以区域为标准、以征管为中心的资源配置格局，将纳税人划分为大企业、小企业、自然人和免税机构四种类型，对应成立大中型企业局、小企业局、工资与投资收益局和政府及其他免税组织局，四大业务局专注于自身业务领域，以分类治理和风险管理为导向，主动采取各种措施推动服务目标达成。对于自然人纳税人，税法遵从度较好，治理重心主要是根据纳税需求，提供前瞻性、个性化的辅导和宣解，帮助纳税人更有效地遵从税法。对于大企业纳税人，经营范围广、关联交易多、避税能力强，在建立"新型合作关系"基础上，治理重心主要是监管税法遵从度，通过风险等级评估，进行提示约谈、审计稽查和质量控制。

（三）实施以减税为基本导向的涵养式税源培育，做实税源可持续增长的政策支撑

减税撬动税源活力生长。如特朗普总统于2017年年底签署《减

税与就业法案》，开启自 1986 年以来美国税收制度的最重大改革。本轮减税改革的主要目标是降低税负、吸引资本、促进投资和振兴实业，其基本特征主要表现为，一方面，通过降低税率与扩实税基两端并举，最大限度地惠及各层面纳税人。减税政策瞄准作为主体税种的所得税，将个人所得税最高边际税率由 39.6% 降至 37%，将年度标准扣除额翻倍，增加儿童专项补贴；将股份公司所得税最高税率由 35% 降至 21%，降幅高达 40%；另一方面，通过简化税制与降减成本两相并重，最大限度地降低纳税遵从成本。减税法案通过清理税收优惠、规范限制扣除项目，提升个人替代最低税（AMT）门槛，取消公司替代最低税，以求简化税制，降低征纳成本，提升税源治理质量和效率。

三 税收治理的基本经验

（一）推行以信息技术为驱动的治理流程再造，夯实税收现代化治理的实践基石

在税收信息治理中，多数国家认同技术驱动消解"信息孤岛"。如自 1962 年开始，美国实行纳税人识别号码与社会保障号合二为一制度，付款人支付报酬时必须获取纳税人的社会保障号，并以税收扣缴作为其成本费用确认的税法依据，从而为涉税信息流的综合归户治理奠定了操作基础。同时，美国国内收入署设有"货币—银行—企业"信息系统，数据库存储着来自银行、企业和货币使用者的流动信息，当纳税人进行超过 1 万美元以上现金交易时，系统将自动提示，确保涉税信息的互联互通、即时追踪和综合归集。自 1998 年开始，美国国内收入署又依托现代信息技术，对原征收系统（COF）进行自动化改革，建成全新的自动征收系统（ACS），实行无纸化税收。这些信息技术的运用，最大限度地降低财源治理成本、保护纳税人隐私，实现向以服务纳税人为中心的现代财源治理转型。

（二）建立健全税收支持法律体系，强化与税收高效协同治理的法治保障

法治推动治理能力现代化。美国通过健全的信息、信用、现金管理法律制度体系，最大限度地确保了税源治理的高效化、精准化和诚

信化。美国法律规定，国内收入署有权获取与涉税相关的课税资料，任何部门和个人不得拒绝。通过与银行、海关、雇主等第三方信息库的联网，最大限度地掌握纳税人的收入、支出、消费、储蓄和汇兑等涉税信息，打实信息获取的制度基础。同时，美国实行现金交易报告制度，《银行保密法案》规定，客户进行任何超过1万美元的现金交易，都要填写一份现金交易报告（CTR），于15日内交入国税局。任何税收违法和失信行为，都会受到严格惩罚，并纳入信用档案附随终生，形成对税法不遵从的强力震慑。

第四节　现代税收体系建设的基本启示

税收体系建设是一个长期的过程，而且由于国情的差异，各国的税收体系建设在一定程度上具有其本土特征，简单的"拿来主义"不具有可行性。通过对发达国家和发展中国家税收体系建设的经验分析，归纳出税收体系建设的基本规律，对推动我国高质量税收体系建设仍具有一定的借鉴意义。

一　选择与发展阶段相适应的税制模式，凸显税收建设的价值取向性

一国税制结构的选择，受到其政治经济体制和生产力发展水平的双重制约。在实行联邦制的国家和地区中，国家结构形式决定了各级政府拥有各自的税收权限和主体税种。在生产力水平相对发达，市场经济体系相对成熟的国家（如美国等发达国家），往往实行以所得税为主体的复合税制体系。就我国的经济发展情况而言，自改革开放以来，我国整体生产力水平较低，市场经济发育还不够成熟，为了满足经济发展所需的巨大资金需求，我国一直将筹集财政收入作为税收政策的主要目标，因此，在考虑到征管水平不高的现实后，我国长期选择了以流转税为主体的复合税制，这与前期的经济发展状况相适应。但近年来，随着我国经济的持续高速增长，国民收入分配中贫富差距不断扩大的问题，对税收制度提出了更高的要求。为了更好地发挥税

收的收入分配调节作用，就需要逐渐提高所得税的地位，实行向所得税和流转税并重的复合税制的转变。双主体的税制模式既有利于资源的合理配置，也能更好地进行收入的调节分配和促进经济的稳定增长，符合效率与公平的双重要求，应该成为我国下一个阶段税制模式发展改革的目标。

二 注重税收结构的优化升级，凸显税源本身的高成长性

税收的收入结构决定着财政收入的质量。美国发达的现代经济结构是其高水平税源建设的基础支撑。为推动我国高质量税源建设，应大力推进供给侧结构性改革，加快新旧动能转换，在供给侧，促进新经济"增量崛起"与传统产业"存量变革"双向发力，在需求侧，推动"有效投资""消费升级"与"高水平开放"互促互进。通过优化我国供需结构，提升产业体系的质量和效率，寻求具有引领性、发展潜力的新兴经济增长点，为我国高质量发展广植税源，是我国税源建设的重中之重。

三 注重税费决定的公平透明，凸显税负分配的高遵从性

普遍、公平的纳税遵从是高质量税源建设的基本反映。美国纳税遵从度高，主要得益于以下几点：一是税法通过"无代表、不纳税"的政治程序通过，本身制定较为合理，税负分配注重量能课税；二是税收支出普遍侧重于民生福祉，纳税人的税负痛感较低，对"税收是公共品价格"的内在认同度高；三是税法执行严格、公正，不遵从代价高昂。进一步推动我国税收体系建设，应通过帮助纳税人理解税费制度并主动遵从税法，高度重视纳税人对税费负担的反映和改革诉求，对所有纳税人一视同仁地公平执行税法，严厉打击税费偷逃行为，塑造优质的税费征纳环境。

四 注重减税降费的精准施力，凸显税收政策的强导向性

减税降费的实际效果深刻影响税源生长的潜力。美国减税降负的效果预期性强，一是源于减税前进行明晰的对象和规模测算，对减税效果进行多轮论证；二是以预算程序通过，并以法案形式固定，具有预期上的刚性；三是减税降负的尺度标准统一，执行力强。进一步推动我国税收制度建设，在事前，应客观测度税费优惠的实际规模，充

分论证减税降费政策的合理性;在事中,应建立减税降费效果的跟踪反馈机制,及时解决政策执行中的各类问题;在事后,应进行减税降费政策的绩效评价,作为政策优化改进的重要参考依据。

五 注重信息治理的制度支撑,凸显税收体系建设的技术驱动性

信息治理是现代税收治理的实质内核。美国的税收体系建设,围绕信息获取和共享,一是注重税收治理的制度协同,呈现出税收体系建设的系统联动性;二是注重技术驱动,通过推动业务和技术的深度融合,进行大规模、革命性的治理流程再造。为进一步推动我国税收体系的建设,一方面,应通过强化第三方信息共享制度、信用制度等体系建设,健全税收体系建设的协同支持体系;另一方面,应依托现代信息技术手段,以"大数据"行"大税收",全方位延展税收网络,实现对隐匿、虚拟、分散税源的集中归并和综合管理,有效提升信息控税入库的规模和能力。

六 注重夯实税收法治基础,凸显税收体系建设的法律支撑

法治是税收制度有效运行的保障和重要依存,完善税收法治基础是有效发挥税收职能的重要支撑。综合各国税收法治的经验,"无代表则无税"或"无法则无税"是现代税收法治的基准,其要求将"未经同意不得征税"的税收治理原则逐步纳入宪法,通过法律来调节国家和纳税人之间的利益关系。现代税收法治不仅要求健全税收专业法律基础,更是要求强化与税收高效协同治理的法治保障。税收法治不仅要体现在税收改革的实施程序和纳税人的知情权上,即任何税种的增减、征税范围或者税率的变动都应该经过纳税人代表的讨论、表决,纳税人对税收要素的改变有听证的权利,也拥有知晓纳税依据和使用方向的权利,同时还要求将法治贯穿在税法执行过程中,通过信息、信用、现金管理等法律制度体系,形成对税法不遵从的强力震慑,纳税人的任何税收违法行为都将受到严格惩罚,其失信行为也将被纳入信用档案。

第九章 减税降费导向下我国现代税收体系建设的框架思路

在减税降费导向下,我国现代税收体系建设应立足新时代社会矛盾变化对税制改革的总体要求,在明确目标定位与原则导向的基础上,充分运用好税制优化、宏观调控与信息归户治理的三种路径,为我国构建公平合理、导向有力、量能课税的现代税制体系。

第一节 新时代我国现代税收体系建设面临的新形势

当前及今后一段时期,尤其是"十四五"时期,我国财政经济发展进入供需结构深化调整的"攻坚期",作为现代税收体系建设的财源建设面临着诸多新形势和新特征,对现代税收建设提出诸多新发展诉求,需要在税收体系建设层面的积极回应。

一 经济发展驶入供需结构深化调整的新常态,财源生长面临经济动能内外转换的"窗口期"

"十四五"时期,受海外疫情不确定性、全球经济衰退、地区保护主义抬头等综合因素影响,我国经济发展面临的国际环境将更趋复杂。在做好应对短期经济下行冲击的同时,继续深化供给侧结构性改革,从传统偏重需求端总量刺激转向更加注重供给管理的结构调整,以高科技含量、高附加值、高含税量为特征的战略性新兴产业将成为提升供给体系质量和效率的主攻方向。在优化产业结构、纵深产业链条、提升产业层级的同时,依托新型城镇化、新基建等深挖内需市场规模优势，畅通国内循环，促进价值链分工由"世界工厂"向"全球消费中心"转变，进而推动产业国际转移和强化对外投资力度，以内循环驱动国内国际双循环，为财源建设塑成新的机遇"窗口期"。

二 积极财政政策更趋加码加力，财源建设的增收渠道更加多元化

"十四五"时期，以人为中心的各类公共支出将呈现出持续而强烈的增长刚性，财政政策将更加积极加力。教育、医疗、社会保障、文化、科技等具有明显的支出刚性；全面深化改革尤其是存量利益调整，需要支付巨额的转轨成本；经济社会的高质量发展，进一步要求政府提供更多、更好的公共服务。财政收支的结构性矛盾，将使得适度增加财政赤字成为可选项。突破3%的财政赤字率约束，适度上调1至2个百分点，相应扩大国债和地方债规模，发挥地方政府债券支撑保障作用，健全财政资金直达市县机制，推动有效投资和充分保障民生，将是"十四五"积极财政政策的重要内容，也为谋划财源建设提供了政策空间。

三 财源生长新型化、流动化、虚拟化的发展趋势持续增强，对财源现代化管理的精准要求持续提升

"十四五"时期，随着经济、科技发展水平的日益提高，新行业、新业态、新模式层出不穷，财源生长将呈现多元迸发、宽广丰厚、"E"化成潮的新格局和新特征。网上交易和电子支付将成为企业生产、居民生活的基本方式，由此产生的财源的高度虚拟化和隐匿化，将使得传统征管手段难以应对；财源要素资源跨区域、跨境流动的日趋频繁，将使得目前以"坐等上门"为主的征管模式无所适从；随着收入来源渠道的多元化，劳动性收入之外的资本性、财产性收入将渐渐成为居民收入的重要来源，对以涉税信息综合控管为核心的现代税收治理提出了新要求。同时，各类生产要素约束的日趋收紧，将倒逼"飞地"模式、合作分成模式、线上线下协同模式、共享共用模式等财源布局新样态的创新普及，对财源管理科学化的诉求升级。

四　减税降费进入高水准操作的新阶段，对财源体系建设的"双刃"约束持续强化

"十四五"时期，作为积极财政政策的重要内容，减税降费将继续作为我国政府对市场和纳税人的一种明确持续的政策宣示加码施力，但对地方政府而言，减税降费将是一项具有"双刃剑"效应的刚性政策约束。一方面，高水准的减税降费操作，将释放其对财源高质量发展的正向效应，包括"放水养鱼"财源培育、"高精尖优"财源撬动、"地下经济"显性化、税费结构优化等乘数效应；另一方面，减税降费的操作不当，将诱致累积财政经济风险，包括对财政平衡的冲击、财政压力的下沉发包、财政竞争"锦标赛"、财政行为非法治化等负面效应。如何高水准、精准化地推动减税降费撬动财源生长，同时防范财政经济风险，将是"十四五"时期财源体系建设难以绕过的重要任务。

第二节　我国现代税收体系的目标定位：建立新时代现代税收制度

当前，中国特色社会主义进入新时代，我国社会主要矛盾已经转化为人民日益增长的美好生活需要和不平衡、不充分的发展之间的矛盾，在新的历史方位和社会矛盾下，我国经济发展由高速增长阶段转化为高质量增长阶段，经济发展模式由粗放转向集约，经济结构由不平衡向平衡优化，经济增长动力由要素驱动和投资驱动向创新驱动转换，宏观政策由需求管理为主向供给侧结构性改革转变，治理模式由注重任务治理向全面依法治理转向，人民群众诉求由物质文化需要向公平、法治、绿色生态升级。

在新时代新征程的历史性变迁中，税收定位从市场经济初级阶段的市场适应型税收向现代化经济体系下的现代税收转变，从重财政收入筹措的生产建设型税收向国家治理现代化平台上的收入与调节并重型税收转变。新时代的税收作用将体现为：为满足人民日益增长的美好生活需要（如更高水平的教育、健康、医疗、科技和公共服务等）筹措公共资金；实现税收公平，助力解决发展不平衡、不充分的问题；以新发展理念为指引，为建设现代化经济体系构建现代税收制度；发挥支撑、引导与保障作用，助力实现国家治理体系和治理能力现代化。在建设公平、均衡、绿色、法治的现代税收制度的目标导向下，我国稳定税负基础上的税负结构优化，应通过对税制与税制结构的优化，确立新时代公平税负体系，通过深度清理、规范、整合税收优惠，构建新时代高效税收调控体系，通过全面提升涉税信息综合控管能力，推进新时代税收治理现代化。

第三节 减税降费导向下我国现代税收体系建设的框架思路

在减税降费导向下，应厘清目标导向与操作抓手，运用好税制优化、宏观调控与信息归户治理的三种路径，通过深度优化税制与税制结构，形塑新时代公平税负体系，通过深度清理、规范、整合税收优惠，构建新时代高效税收调控体系，通过全面提升涉税信息综合控管能力，推进新时代税收治理现代化，以形塑公平合理、导向有力、量能课税的现代税收体系格局。

一 以公平税收为导向，优化税制与税制结构，形塑新时代公平税负体系

（一）在基本法层面，通过确立宪法性约束，实现对税负水平的正面回应

一国总体税负水平的确定，是一国税制结构优化的逻辑起点。长期以来，我国无论是在法律层面，还是在实践层面，有意或无意回避对税负水平的回应，导致历次重大税制改革均是在"保持原税负不变"的基础上进行，使得税制与税制结构优化缺乏与税负问题的有机关系，并在实践中导致税制建设与税负的脱节。在中国特色社会主义新时代，纳税人对美好生活的需要不仅包括税制层面的改革深化，也

诉求国家与纳税人之间关系的现代化，其中，对税负水平和税负结构的厘清，以保障纳税人的税收预期和实现公平税负，是税制建设的基本任务。因此，在稳定税负约束下，应首先明确合理税负水平的适度区间，通过在预算法或其他税收基本法中，确立我国全口径宏观税负水平的上限区间，即为政府参与国民收入分配划定"元规则"底线，如规定政府收入规模占GDP比重的上限区间为30%—40%，实际指标由当届全国人民代表大会根据新时代发展的总体要求来具体确定，从而建立税负稳定的法定制动装置，进而全面激发市场活力，促进供给体系质量与效率的有效提升。

（二）深度清费正税，全面清洁税基

在新时代"四个全面"战略布局下，应通过全面深化体制机制改革，以"刀刃向内"的决心和勇气，切实强化权力监督和运行，确保各项改革落到实处。在稳定税负约束下，建立新时代公平税负体系，应下大力深度清理各级政府、各部门肇端于"非付收满付制"的历史后遗症[①]，大力清理各种名目繁杂的非税收入、基金、收费等税外负担，严厉督查和摒弃以合并同类项等方式进行的"明减实不减""边减边增"等"体内损失体外补"的变通行为，真正通过全口径、一体化统筹的预算管理，切实"砍掉"规模庞大、自立名目的非税负担，全面实行非税收入正面清单制度，不在清单之内列示的，一律为非法，并通过保障各级政府的财力与支出责任相匹配等联动措施，确保各级政府和部门提供公共产品的对应财力，避免地方和部门因财力不足而进行法外收费的状况。通过非税收入类型、规模和结构的深度清理，实现税基结构的全面清洁，为新时代全面深化税制改革、构建公平税负体系铺垫基础和开拓空间。

---

① "非付收满付制"是指20世纪80年代初期，为解决政府财力不足问题，在预算安排上，允许各部门和单位运用自身职能权力设置非税收入项目，以基金收费等形式满足本部门和单位支出需求的运行制度。

（三）规范、整合间接税体系，降低间接税比重，做好企业税负的"加减法"

一是深化一般流转税制改革，加快现代增值税制度的完善。当前，全面"营改增"已实施一年有余，长期作为地方主体税种的营业税已退出历史舞台，作为共享税的增值税进一步强化为我国的第一大主体税种，进而也成为我国降低间接税比重的主要抓手。待全面"营改增"过渡期后，应着力解决两税合并所带来的税率复杂、抵扣机制衔接不畅、部分服务业税负上升较快等税制并轨问题，并在健全立法、规范税制、简并税率、完善链条、降低税负等方面深化改革，做好间接税改革与税负结构调整的"重头戏"。

二是推进特别流转税制改革，深入完善消费税、资源环境税制。在新时代的历史方位下，税制改革应全面回应人民美好生活需要对绿色税制的迫切要求，全面强化税制改革生态元素。具体而言，应在明确市场导向、扩大覆盖面、优化税率结构、提升调节力度等方面深化改革。应在积极总结当前水资源税试点经验的基础上，通过与消费税对稀缺绿色资源品调节的深化改革相对接，进一步扩大资源税的覆盖面，将征收范围进一步扩大到不可再生、难以再生、再生周期长的资源以及稀缺性的可再生资源。进一步扩大从价计征方式适用范围，对纳税人生活性必需资源品（如盐）实行定额税率，对与供给侧结构性改革、产能结构调整关系密切的资源品，推进从价计征改革力度，将从价计征方式由原油、天然气、煤炭进一步扩展至其他资源品目，以资源税、价联动倒逼过剩产能市场出清。在环境保护税法已颁布实施的背景下，应强化环境保护税实施机制完善与政策运行绩效评估，真正提升污染型企业的环境使用成本，实现环境外部成本内部化。

（四）健全完善直接税体系，提高直接税比重，做好自然人税负的"加减法"

一是在提升涉税信息归户治理能力基础上，加快推进综合与分类制个人所得税改革。通过与信息归户式税制操作相联动，完善体制机制与管控系统，全面提升对自然人多元涉税信息的综合、归户管理能力，以此为基础，全面推行个人所得税综合与分类制改革，除将利息收入进行分类课税外,将纳税人的所有收入纳入统一标准的大盘子,作为量能课税的依据,进行综合累进课征,摒弃当前分类截流方式所诱致的税负结构失衡,提升高收入者的综合税负水平,降低工薪阶层的综合税负水平,提升直接税的收入规模和比重。

二是加快推进社会保障"费改税"改革,降低企业缴款负担。由全国人大统一立法,破除税务机关与人社机关的改革对峙格局,确立由地方税务机关作为社会保障缴款的统一征收机构,人社机关作为社会保障缴款的统一管理与发放机构,加快实现社会保障缴款费改税,统一税制、降低税率、拓展基数,实现高度的税收遵从,进而,以统收促统支,推进基础养老金全国统筹,有效应对人口老龄化加速到来的现实挑战。

三是加快现代房地产税改革。在健全组织机制与涉税信息管理的基础上,由全国人大统一立法,规定房地产税的目标、原则、征管机构、计税依据、征收流程等,赋予地方依据区域特点进行自主治理的税政权限,通过探索房地产税征收与区域公共服务供给的有效对接机制,建立公平合理、纳税遵从与风险可控的房地产税体系。从中长期看,在个人所得税与房地产税改革到位的同时,适时开征遗产赠与税,确立新时代具有有效收入分配调控能力的现代直接税体系。

二 以有效税收为导向,清理规范整合税收优惠,构建新时代高效税收调控体系

(一) 确立统一规范的税收优惠决定、管理与实施机制

首先,应该按照税收法定的原则,将税收优惠的决定纳入法制轨道。应由全国人大统一立法,明确税收优惠设立的目标、原则、依据、程序、管理与绩效评价及应用,改变当前由国家税务总局和财政部等部门决定的低位阶格局,并以普惠性原则为导向,摒弃传统因事优惠、因人优惠的个性化优惠格局,实现税收优惠决定的透明与公平。

其次,应建立预算框架下的税收优惠管理机制。将税收优惠作为税式支出进行预算约束,控制税收优惠的方向、规模,确保税收优惠规模适度,不过滥,防止税收优惠在预算外对税基造成不明确或难以

控制的侵蚀。

最后，建立税收优惠的反馈跟踪与绩效评价应用机制。应密切关注税收优惠的实施状况，政策是否得到了落实，税收优惠的受惠标准是否合理，分析制约税收优惠受益的因素，评估税收优惠的政策效果，并作为政策优化、调整与清理的实质依据。

（二）深度清理、整合税收优惠，深度清洁税基

长期以来，在我国经济发展的不同阶段，依据国家发展战略的不同，税收优惠对经济发展起到了重要的支撑、引导与保障作用，但也在相当程度上存在税收优惠过多过滥，优惠方式不合理，优惠效果不明晰等问题。在新时代的历史方位下，税收优惠应符合我国建立现代化经济体系的战略目标，实施公平、有效的税收优惠方案。为此，一是应着力清理历史积累的诸多优惠政策，如区域性税收优惠政策，且税制改革应尽量避免地区试点的"税收优惠"方式推行，摒弃人为制造政策洼地的不公平现象，若不得不采取试点方式，应尽量缩短时间，减少对市场的预期产生扭曲效应。二是应清理因人设法、因事设法的不公平税收优惠政策。三是应清理基于性质区分的税收优惠政策，如应深度清理内外资企业的税收差别待遇，真正做到一视同仁。四是应规范、整合重复性、冲突性税收优惠政策，实现税收优惠政策的统一规范，避免政策漏洞，减少纳税人对政策预期的不确定性，确保政策执行的尺度统一、受益标准统一。

（三）建立结构合理、导向有力的产业税收优惠调控体系

新时代税收优惠调控体系的建立，应以供给侧结构性改革为主线，从供给侧施力，以产业税收优惠为主导，将科技、节能环保、中小企业等税收优惠政策与之交融。由于各产业在市场环境、发展前景、价值链结构、盈利能力等方面存在重大差异，差异性产业税收政策的实施不宜大而统之，应根据各行业的特点、发展规律等"因业施策"，对于过剩、落后产能清理税收优惠，以清洁税基，对于先进、清洁产能，应形塑税收优惠体系，加大税收优惠力度。同时，在全面提升以涉税信息为核心的现代税收治理能力的基础上，产业税收优惠的实施方式应由以税率式直接优惠为主转向以税基式间接优惠为

主,将税收优惠的重心由结果导向转向过程导向,促使纳税人真正将资源进行产业创新和发展,而不是在满足优惠条件和结果标准上"做文章"。

三 以法治税收为导向,提升涉税信息控管能力,推进新时代税收治理现代化

从制度与执行力的关系层面看,无论是税制优化式的税负调整,还是宏观调控式的税负调整,均须在法制轨道上运行,而信息归户式税负操作,其实质内涵即是全面提升对涉税信息以综合归户控管为核心现代税收治理能力,这正是现代税收法治的实质支撑和保障。其基本原理是,信息归户式税负操作,通过对涉税信息的全面综合控管,一是可有效拓宽税基,降低税率,进而实现税收法定,此为税收法治的形式价值;二是可实现有税尽收,无税禁收,从而实现量能课税,此为税收法治的实质价值。但以信息综合归户为核心的现代税收治理能力的形成并非一蹴而就,其是法律框架、制度设计、征管模式、技术支撑、资源配置等系统性要素的合力结果。由于自然人涉税信息治理是现代直接税制模式的核心支撑,也是长期钳制我国税制结构优化的实质约束,本书主要以自然人涉税信息治理为分析重点,以期推进新时代我国税收治理体系和治理能力的现代化。

(一)法律框架

应通过我国税收征收管理法的修订与完善,通过对法律主体、基础账户、征管平台、协税护税、权益保障与罚则等程序与实体内容的规定,确立现代税收治理的基本法律框架和实施机制。在法律主体上,应确立具有高度法律权威和协调能力的全国财税资料中心,负责全国财税资料的统一管理、协调与具体规则实施。建立实施纳税人基础税号制度,以统一税号为基础,形成财税资料归档管理的制度支撑。在征管平台上,建立以纳税申报为主、税收评估介入、税款缴退等系统化、一体化的税费征管模式。强化权责,实施责任归位的第三方协税护税制度,并强化国际税收情报交换和征管协调,确保财税信息低成本、有效共享。通过细化执法标准,明确执法标尺,实施统一规范、透明高效、公平公正的税收执法体系。实施法治化的考评与督

查机制，确保税收应收尽收和无税禁收。

（二）制度设计

①建立全国财税资料管理中心。由全国人民代表大会统一立法，设立由国务院直属的全国涉税资料管理中心，利用现代互联网大数据技术，专司纳税人涉税信息的管理、收集与处理。

②实施全国统一的纳税人号码制度。通过与身份证信息相融合，设立税控机制，建立全国统一的纳税人识别号制度，集中用于纳税人商业交往、社会保障、融资、住房、教育、医疗等涉税经济活动，并在全国财税资料管理中心的统一集中管理下，实现涉税信息的综合归户管理。

③完善支付方强制扣缴制度。全面强化支付方的强制扣缴义务，规定企业纳税人只有依法据实扣缴，始能作为成本费用核算依据。

④广泛推行信用卡支付，建立现金交易报告制度。以货币资金流的可捕捉性为导向，全面实施通过金融系统的信用卡、支票等面上支付制度。同时建立现金交易报告制度，规定纳税人超过5万元的现金交易，需要向税务机关提交现金交易报告。

⑤健全第三方协税制度。破除体制机制约束，明确权责，强化权力监督，建立全方位的协税护税制度，全面解决税务系统内部信息不对称、难以实现实时共享的难题，下大力破解与雇主、金融系统、土地、公安、海关、房管、法检、住建、民政等私人和公共部门的信息共享困境，将财税信息统一归集到全国财税资料管理中心。

⑥强化国际税收情报交换与征管互助。通过双边或多边税收情报交换与征管互助协定，积极应对全球化背景下的国际税收竞争与协调，强化国际税源监管和追踪。

⑦建立刚性惩戒与柔性治理相结合的罚则体系。鉴于当前我国纳税人的依法纳税意识和水平，对于纳税人的税收违法行为，可依据税收违法的性质和类型予以区别对待，对于制度性和管理性税收不遵从，应严格按照税法规定依法处罚，对于因纳税人申报水平和计算能力等客观因素导致的技术性税收不遵从，应通过税收补缴等和缓方式为之，并通过优化纳税服务，提升税收遵从质量。

在税收惩戒之外，应逐步通过共治共享的涉税信息管理体系，对违法纳税人施以更加柔性但更具实质效力的中长期制裁。如根据税收违法的性质、程度和类型，对纳税人的信用体系进行评级，并依据此信用评定，对其在就业、投融资、消费、社会保障、出入境等市场交易及公共服务方面施加对等性限制，实质提升纳税人税收不遵从的交易成本，形成对税收违法行为的有力震慑，促进税法遵从度的有效提升。

(三) 征管方式

一是建立实施全国统一的纳税人税费征管平台。当前，我国直接税收入规模和比重迟迟难以获得有效提升的原因，除对涉税信息难以实现全面、实时控管之外，一个重要成因是全国统一的自然人税费征管平台的缺失，自然人纳税人缺失统一的征管平台进行纳税登记、税收申报、税款扣缴和获取纳税服务，因此，难以实现对自然人税收的综合、累进课征。为此，应在确立纳税人统一税号的基础上，在全国范围内，建立可便于纳税人建档立户、信用管理、涉税服务、纳税申报、税务评估、税款扣缴和补退、税收救济等的一体化税费统一征管平台。

二是确立以纳税申报为主、税务评估介入的税收现代化征管模式。税务机关虽然是涉税信息的依法需求者，但纳税人是涉税信息的原生者和供给者，对涉税信息的了解最完整，也最充分，因此，以纳税申报为主的税收征管模式是现代社会通用的最低成本的征管模式，但为确保纳税人税务申报的完整性和真实性，并确保税款及时入库，应继续完善税源代扣代缴制度，并充分运用现代大数据技术，将税收管理的重心置于税收风险的评估与分类上，并通过严厉的罚则，确保纳税人诚实申报、依法纳税。将税收征管的基本流程依次设定为：纳税申报、税收风险评估、分类分级处理、税款征收、税款补退、税收处罚、税收救济。

(四) 技术支撑

在现代互联网大数据背景下，税收治理应摒弃主要依靠纸质、手工操作和"登门造访"的传统方式，应充分利用大数据的涉税信息挖掘、处理、提炼、储存、转化、分类分级和风险预警等技术，创新税源监控、跟踪与风险处理模式，结合我国"金税""金财"等信息工程建设，借鉴发达经济体的"货币—企业—银行"等信息数据系统，全面提升对涉税信息的综合、归户管理能力。

（五）资源配置

在资源配置上，就税收征管资源的配置而言，应摒弃按照行政和区域标准同级配置税收资源的传统模式，应以税源地为分类依据，综合考量税源分布、管理风险和成本等因素，针对性地配置征管资源，打破平均化分配的局面，规范、整合交叉、重叠的税收部门和职能，将优质税收资源集中用于重点税源、风险税源和税基雄厚的新兴税源。就全国财税资料中心而言，可根据税源布局和结构，设立省级财税资料集转中心，并可根据税源实际状况，设立京津冀、长三角、珠三角等重点区域财税资料中心，以强化对流动税源的整体管控能力。

第十章 减税降费导向下我国现代税收体系建设的具体路径

在减税降费导向下,我国现代税收体系的建设是一个系统工程,需要价值理念、制度体系、征管体制与协同配套的整体联动,并需要从国际视野来平衡国际税收体系的竞争与协调,从而实现内外兼容与体系完整。

第一节 深度优化税制与税制体系

在减税降费导向下,我国现代税制体系建设应遵循降低间接税比重、提高直接税比重的路径进行,并与我国中长期税制改革的基本方向相对接,从而实现优化税制结构、健全税制体系的改革目标。

一 以普惠式减税降费,确立创新驱动型涉企税制体系

(一) 深化推进增值税制改革

从短期来看,当前营业税改征增值税后,存在税率水平偏高、税率级次过多、抵扣链条不畅等问题,与税收中性所要求的规范的现代增值税制存在差距,并对实体经济运行造成诸多困扰,不利于以创新为驱动力的现代化经济体系的确立。下一步深化增值税改革,一是应将13%、9%与6%三档税率逐步由两档并为一档,并在直接税比重有效提升的基础上,下调增值税基本税率;二是进一步完善增值税抵扣链条,通过大力实施制造强国战略,大力发展高端制造业,推动制造业企业高质量发展,将更多小规模纳税人升级为一般纳税人,并将纳税人贷款利息支出纳入抵扣范围;三是完善增值税留抵退税制度,

放宽留抵退税条件标准，做到应退尽退，减少对企业资金流的挤占压力。从长期看，随着我国产业体系由工业化主导向服务业主导的重大结构性变化，传统以工业产业体系为依托的增值税制面临着服务化、数字化经济体系的重大挑战，应对增值税进行革命性的制度变革，改为从经济终端课税的零售税或销售税的制度体系。

（二）深入完善企业所得税制

当前，我国的企业所得税制经过历次改革，已经基本适应市场化经济体系的内在要求。但企业所得税制存在的结构性问题在于，虽然25%的名义税率水平看似不低，但由于企业所得税的税收优惠政策繁杂，碎片化特征明显，导致税基被侵蚀，名义税率难以下调，并在一定程度上陷入以税收优惠为对象"补丁上打补丁"的负向循环。深化企业所得税制改革，一是应以创新为导向，全面清理名目众多的税收优惠政策，构建支持实体经济发展的普惠性税收优惠体系；二是进一步加大对中小企业的税收优惠力度，允许特定标准内的研发费用直接从应纳税所得额中扣除，实施中小企业税收优惠简易认定程序，降低政策受益成本，提升政策的实效性；三是加大对新兴经济投资的支持力度，对智能制造、数字驱动、信息通信技术、医疗卫生、资源环保领域的投资，按一定比例抵免企业所得税；四是在严格控制税收优惠的碎片化布局、提高创新导向和实体经济导向精准性基础上，以税基的扩大换取企业所得税名义税率水平的降减。

（三）推动辅助税与附加税制度改革

一是按照统一税制、简化税种的要求，取消停征以企业土地、厂房等实体资产为课征对象的城镇土地使用税、土地增值税和房产税，统一并入作为存量环节的房地产税征收，降低流转环节的契税税率。二是深化流转税的附加税改革，随着直接税比重的提升，取消城市维护建设税、教育费与地方教育附加等附加税，以达成全面清理税基、简化税制的改革目标。

二　以结构性税负优化，形成量能课税型自然人税制体系

（一）深化个人所得税综合制改革

作为税制结构优化的重头戏，个人所得税构成现代税制体系建设

的不可绕过的重要内容。总体来看，当前个人所得税已经具备提升直接税比重的经济与征管基础，一方面，我国已迈入中上等收入国家行列，国民财富获得极大增长，中等收入阶层逐步扩大，更为迫切的问题是，随着前期经济放任式的超高速发展，我国收入分配差距迅速扩大，并呈现持续恶化之势，除工资性收入外，如何将作为恶化收入分配差距主力推手的资本性收入、财产性收入纳入精准调节范围，成为个人所得税改革的重要任务；另一方面，随着我国征管水平的大力提升，个人申报制度与钩稽核查制度的健全，以申报为基础的个人所得税的综合制改革具备征管支撑。深化个人所得税制改革，建立量能课税的现代自然人税制，一是应将纳税人所有收入一并纳入课征范围，尤其是高收入阶层、超高收入阶层的丰硕税源，作为个人所得税提升直接税比重的重要调节对象；二是随着中产阶层的不断扩大，在扩大基本扣除、专项扣除等各类扣除基础上，以中等收入阶层课税涵摄面的扩大来夯实个人所得税的税基，从而在合理的税率范围内推动个人所得税收入的增长；三是加大对低收入阶层的减免税力度与退税效率，建立各项扣除标准的动态调整机制，确保个人所得税对低收入阶层的"保低"功能作用。

（二）推进房地产税改革落地生根

推进房地产税改革，应按照税收法定、统一税制、简化税率、严格征管的原则，一是践行税收法定原则，与企业房地产税改革统筹考虑，尽快推动房地产税立法，建立起全国统一的房地产税制体系；二是在征收策略上，按照普遍征收、低税率简易征收原则，将房地产税在自然人纳税人中先开立，减少纳税人的税痛，待纳税人普遍接受后，再逐步加大对高收入者、多套房产的差别化调节力度；三是在税基认定上，初期按照不高于市场价值的低评估值进行测算，在税基评估技术与机制成熟后，按照科学的价值评估标准进行税基调整；四是与个人所得税建立钩稽协同机制，对低收入者进行一定范围内的税收抵免或返还。

（三）开征遗产赠与税

针对当前我国的收入分配现状、富豪年龄结构、个人所得税成熟度、征管条件等综合因素,在开征房地产税基础上,借鉴发达国家征收遗产税的一般经验,我国应择机尽快开征遗产赠与税:一是在税制设计上,采取总遗产税制模式,将纳税人所有的动产、不动产以及保险、债券等财产权利一并纳入课征范围;二是在免征额的确定上,应以精准性而非普适性为原则,将所征收的纳税人范围限定于人群的3%以内,授予省级区域一定范围内的税政权限,并根据经济发展的不同阶段,进行动态调整;三是在税率结构上,按照上限50%、下限10%的税率区间,实施超额累进税率模式;四是实施赠与税和遗产税合并征收模式,以避免逃税带来的税收流失,提高税收征管效率。

三 以协同性税负调整,建立激励约束型绿色税制体系

(一)深化消费税绿色化改革

一是以强化绿色调节为导向,扩大消费税征收范围,增加绿色税目。进一步将污染型电子产品、电力消耗品和特定行为、一次性餐具、红木家具、化学性农药农膜等纳入消费税调节范围,扩大对高污染、高能耗消费品或消费行为的征税调节力度。二是优化税率结构,提高部分课税对象的税率水平。如进一步提高一次性筷子的税率水平,提高成品油的消费税税率,以及提高游艇等奢侈型能耗品的税收调节力度。三是采取差异化税收政策。对新能源汽车、清洁型能源等实施消费税优惠政策,突出激励引导机制。四是将消费税计税方式由价内税改为价外税,将消费税征税环节后移至终端消费环节,增强税负提示与消费引导功能。

(二)完善资源税改革

一是按照资源稀缺性原则,扩大征税范围,优化税目结构。一方面,增加新税目,将森林、草原等林业资源纳入征税范围;另一方面,改革现行税目,为现行税目建立资源耗竭补偿机制,通过设立资源补偿基金专门用于不可再生能源替代性资源研发或可再生资源修护。二是改革计征方式。按照与市场机制相联动原则,实施从价计征为主、从量计征为辅的计税方式,如石油、煤炭等受市场价格波动大的产品,应以从价计征为主,对于受市场波动影响微弱的课税品,可采用从量计征方式实施定额征收。三是由价内税改为价外税,增强资

源税调节的透明性，发挥其对生产和消费的资源集约引导功能。

（三）深化环境税改革

一是按照税制绿化原则，进一步扩大征税范围。将对环境质量产生消极影响的污染物或排放物如二氧化碳、垃圾等纳入征税范围，对二氧化碳征税有利于增加企业排放成本，促进环保投入和研发，降减碳排放量；对垃圾等征收环境税，减少垃圾对土壤、水的污染以及垃圾焚烧或填埋带来的二次污染，从而促进环境优化。二是提高税率水平。在保证企业治理污染成本低于环保税收入前提下，通过系统评估环境税开征的实际效果，精准上调单位税额或部分税率水平。三是建立绿色税收考评机制与绿色税收专款专用机制。在发挥环境税筹措财政收入职能的同时，将绿色税收占比、增速以及区域环境优化状况作为导向性考核指标，并建章立制明确环境税专项用于环境保护和优化，建立健全环境税支出的绩效评价与应用机制。

四　结合税制与税制结构优化，健全完善地方税体系

（一）以分权式"分税制"确立地方税体系的自主地位

权力划分是现代国家治理的制度内核，横向的立法权、行政权、司法权配置与纵向的中央地方权力配置，共同构成国家治理体系现代化的基础制度架构。其中，中央与地方关系作为现代国家治理的轴心支柱，政府间事权与财权划分是其重中之重。但长期以来，囿于诸多综合因素的交错叠加影响，彰显现代国家治理特征的我国政府间事权财权划分体系始终未能实质性破题，并导致地方税体系建设被弱化甚或漠视。实质上，当前我国中央与地方的财政分权体制并非法治意义上的"分权制"，而是行政化分权框架下侧重收入端的偏颇的"分钱制"。实际上，1994年我国分税制改革的重心是财力划分，并未触动财权本身，其财力划分的结果是事实上的税收集权而非税收分权；同时，中央与地方之间的事权划分也不够明晰，结果导致支出责任不断下移，央地间财政"剪刀差"不断扩大，财政平衡靠规模庞大的转移支付来支撑，诱发地方财政困难、地方债务高企、预算约束软化、转移支付隐性腐败等一系列问题。因此，构筑法治化分权框架，回归本源意义上的"分权制"，确立法治层面的地方税政自主权，形成具有自有财力支撑能力的地方税体系,是推动我国财政治理体系和治理能力现代化的重要方向。

(二) 完善共享税收入分享体系

从短期看,在共享税为主、独立税为辅的税制结构下,应进一步优化共享税分享机制,首先确保财力层面的权责匹配,随着税权配置体系的完善与地方独立税种的壮大,再谋划税权层面的权责匹配。一是进一步优化增值税分享机制。在平衡中央与地方纵向分享比例的基础上,改变当前以维护区域利益为目标的生产地课税、生产地分税的分配格局,改按增值税课税的消费者付费原理进行优化,由生产地课税向消费地分税调整,按照区域社会消费品总额占全国社会消费额比重、人口规模、消费结构、公共支出等因素,综合平衡增值税在地方区域之间的横向分配。二是优化所得税分享机制。进一步优化中央与地方纵向分享比例,将按所得税税额分享调整为按税率分享,并授予地方一定的税务政策调整权限,有权在地方分享的税率范围内根据情况自主调整。

(三) 改革形成独立型地方主体税种

从长期看,应根据现代税制结构的逐步确立,将地方独享税作为建设重点,从而形成地方相对自主的主体税种。一是改革形成零售税或销售税。随着我国现代化经济体系的深入推进,我国产业体系由工业主导向服务业主导的格局将更为明显,使得传统以工业制造业为运行环境的增值税的税制优势逐步消减,环环抵扣的进销链条难以适应以消费者体验终端为特征的经济体系的服务化大势,应将环环课税的增值税改革为终端课税的零售税或销售税,培育使之成为地方主体税种,其丰硕的税源也是推动地方优化营商环境和消费环境的重要推动力。二是培育壮大房地产税。在改革初期,通过立法以低税率的普遍征收将房地产税先开征起来,待纳税人普遍接受后,通过将房地产税的税负水平与地方公共服务相衔接,形成地方优化公共服务提档升级倒推房地产税收入提高的良性循环格局。三是通过改革完善资源税,扩大征收范围,提高税率水平,将其培养壮大成支撑地方税体系的重要税种。

第二节 建立现代税收征管体制

建设现代税收体系，制度建设是基础，税收征管是支柱，没有高效精准的税收征管体系支撑，设计再好的税制也是无源之水。因此，建立健全现代税收征管体制是建设现代税收体系不可或缺的重要内容。

一 建立以信息控管为支撑的精确征管体系

充分利用云计算、区块链等新技术发展契机，加快税务信息化发展步伐，通过互联网与税务的深入融合来健全数据管税体系，提高征管效能。

一是加强源头控制，完善企业纳税人识别号（社会信用代码）和自然人纳税人识别号（身份证号）机制，加强纳税人信息安全防护，通过全国范围内统一、终生有效的税务代码，以全面掌握纳税人跨地区、跨时间、跨行业税务信息。

二是提升电子税务局建设质量。各级税务部门要根据税务总局电子税务局建设规范，建立功能模块、数据内容清晰的统一风格的电子税务平台，并根据业务内容和流程改革，将社保费、非税等涉税端口接到新的税务平台。在建设过程中，要注重实用性原则和纳税人需求导向原则，推动税务端与纳税人、第三方涉税软件数据共享、信息互认，提供征纳双方的互动交流。

三是强化系统数据整合。根据税务机构改革和征管内容调整要点，加快将各种税务系统管理和服务平台有效整合和并库，包括金税三期系统、个人税收管理系统、税务审计稽查系统等。加强系统管理部门的沟通协调，做到统一和标准化。推动税务端与纳税人、第三方涉税软件数据共享、信息互认。

四是深化税收大数据应用。利用大数据快速发展机遇，加强新形势下的税制改革及政策优化路径研究，为我国加快税制改革、提高征管能力、满足国家履行职能及服务社会经济发展需要提供参考。利用大数据手段加强税收风险管理，推动管理决策现代化，全面提升税收治理能力建设的科技含量。

二　健全便利化、智能化的税收服务体系

加强税务干部的税收服务经济意识，加强业务学习，提高业务能力，为新时期经济高质量发展提供助力。

一是要加强业务学习，提高税务干部尤其是一线征管人员的服务能力。通过集中培训、小组交流、案例探讨、政策研读会等形式，广泛开展多种学习交流活动，并重点针对征管流程、税费政策、服务规范等业务知识，定期进行业务考核，并将考核结果反映到评优、绩效等方面。

二是要通过办税流程优化、依托互联网大数据等手段，提高税务大厅的办事服务效果。要通过国地税机构整合的成果，对原分属于国税局和地税局的办税事项进行整合和流程优化，并进行不同地区与层级之间税务部门的标准化。在税务大厅提供办税服务过程中，要以醒目方式说明办税事项流程、所需资料、办理时限等，发布《办税业务指南》，要充分依托网络，致力于增加非接触式办税业务，简化办税流程、缩短办税时限。对于必须现场办理的要推广执行"最多跑一次"，实现一次性办结，减少纳税人时间和精力成本。

三　建立以精准监管为依托的税收风险防范体系

一是建立高效税收风险管理运行机制。要在简化办税流程、减少纳税人负担基础上加强科技支撑和管理协作，降低征管风险。通过将税收分析、风险监控职责赋予税收风险管理部门认真梳理总结税收征管风险点，对风险点进行风险等级评判，并提出行之有效的降低风险措施。更新税收征管理念，加强税务风险管理人员的风险意识和业务能力，深刻把握税收政策，加快推动涉税数据与信息的集中管理。加强税收风险管控，通过建立风险数据模型，加强风险研判，尤其在纳税人自主申报且税收违法行为多发的业务要积极应对，对高、中、低纳税人分别采取税收风险评估审计、风险提示、纳税辅导等方法督促其修正申报，切实堵漏增收，涉嫌偷逃骗税的严格税务稽查。

二是根据纳税人信用情况进行差异化风险管理。规范风险流程管

理，借助税收征管平台和大数据手段，加强与公安、财政、海关、银行以及第三方等外部部门协作共享涉税数据，创新征管风险规划、发现、等级排序、处置等研判工作。完善纳税人纳税信用等级评价，并根据不同纳税人信用等级强化差异化风险分析评估。一般而言，对信用等级低的纳税人加强风险预警和征收管理，并对一些纳税业务进行阻断，提高其失信成本。而对高信用等级纳税人简化流程，构筑珍惜纳税信用、争做诚实守信纳税人的良好氛围。在差异化风险管理过程中，需要注意降低涉税风险和影响纳税人正常生产经营活动的平衡，既要提高税务风险防范的精准性，又要避免经常性税务检查对纳税人的过度干扰。

三是完善税收评估审计工作。将加强税收审计作为应对涉税风险的必要手段，大力加强审计业务培训，培养高水平的能应对复杂经济活动的专业审计人才，并根据审计内容、复杂程度、风险等级等因素，科学调度审计人才资源，承担不同的审计任务，以发挥各自的特长和优势。在审计过程中要突出重点、全面覆盖，以纳税信用等级为C、D的企业和大企业、重点税源企业为重点开展审计活动。在审计过程中，统筹安排审计力量，建立规范标准的审计程序，形成"内外协作、互动联动"的全过程审计机制。加强全过程审计和风险管理，税务审计部门要和稽查部门加强沟通协作，由税务审计部门根据审计情况，向稽查部门推送高风险涉税事项，并由稽查部门进行后期跟踪稽查。

四 完善精诚治税的税收协同社会网络体系

加强税务部门与其他相关部门的涉税事务协作，构建兼容性强的多端口综合税务管理平台，实现跨部门的信息共享、互助共治和信息互认，有助于整合社会力量提高税收征管和服务能力，为解决"信息孤岛"，各方信息不对称不充分问题提供方案。

一是加快税务工作社会化发展步伐。充分激发社会主体参与税务管理与服务的积极性和创新性。税务部门应加强税法政策学习、提高业务能力，聚焦税收政策制定和执行、税收征收管理、税务风险防范、税务救济受理等涉税主业，不断提高工作的精准度、便捷度，提供标准化的优质服务。其他部门如税收志愿者、税务师协会、专家学者、律师等应做好协助辅助工作，包括税收政策优化、税收政策宣传与辅导、涉税救济、税务中介代理等工作，推动税务工作社会化发展。

二是提高涉税业务代理水平。加强税收代理管理，严格税务师考试，提高税务师业务能力和代理能力，严把入口关。正确认识税务代理机构，将其视为税务服务现代化和提高纳税人遵从度的重要途径而大力鼓励和培育，促进其快速发展壮大。提供多样化的税务代理服务，包括税收筹划业务，鼓励业务创新发展。同时，要加强业务指导和管理，有效降低代理风险，对以合法名义行违法之实的行为进行严厉处罚。在纳税人和扣缴义务人是否选择税务代理以及选择具体代理机构时要充分尊重其意愿，不可强行安排摊派，使双方基于平等自愿有偿原则自主开展代理事务。

三是积极进行征纳双方的互动交流。积极采取网站、App、邮电等方式，广泛地收集纳税人的诉求与优化建议并进行汇总，合理的要予以吸收采纳，以提高纳税人满意度，有效化解征纳双方矛盾，努力构建和谐征纳关系，严格按照服务准则来执行。

五　建立适应现代税收征管需求的制度体系与内控机制

认真学习并贯彻落实中共中央办公厅、国务院办公厅于2021年3月印发的《关于进一步深化税收征管改革的意见》，不断完善适应现代税收征管要求的制度体系，优化税收征管的内控机制，为提高税务部门管理和服务能力奠定基础。

一是完善实施税收收入责任制度。在严格落实国家全国减税降费政策基础上，构建完善从税源培育、征收管理到风险评估、检查稽查、救济受理的全过程考评与责任落实机制，利用税收大数据驱动力，保证税收的应收尽收。在此基础上，要提高税收征收质量，提高征管服务意识，积极通过"互联网＋税收"手段，大力发展非接触式税收征收，切实降低纳税人的缴纳成本，严格落实各种税收优惠政策，禁止征收"过头税"，避免"竭泽而渔"对税源的影响。

二是完善各类业务流程政策体系。适应当前信息技术发展和新形势下税收征管特点，做好金税三期等税收征管平台建设，不断优化再造税收征管流程，并建立完善一套与之相适应的制度体系，包括税源分类统计管理、税收数据质量分析、税收申报、审计稽查、税收风险评估、税收服务等方面，并做好不同业务内容的无缝衔接。

三是建立优化税务内控机制。加强税务部门内控机制建设，认真梳理可能出现的涉税风险点，如资格认定、核定评估、优惠政策办理等环节，从制度设计、具体执行、风险评估、责任追究等逐条提出内控措施。强化纪检监察、内审部门在内控管理中的主导作用，加强从业思想政治教育和廉政风险教育，从机制上和思想上防范税务风险，防止腐败寻租行为的出现。

四是加强税务干部队伍建设。一方面要培养税务干部敬岗爱业意识，提高工作热情，以执法为民为理念，提高服务意识，为税收服务经济积极奉献；另一方面要加强税务干部的业务能力，培养适应新形势下满足征管要求的复合型人才队伍。通过完善业务提升制度，结合现代征管特点，将信息技术等内容学习融入其中，提高其信息管税能力。一线征管和稽查人员需要认真学习最新税法政策，提高财务软件和税收征管平台的操作熟练程度，积极开展业务大比武、老带新等多种形式学习活动，将税务技能竞赛结果和税务、会计、审计等资格证书获取情况与其业绩、薪酬挂钩，激发税务干部加强业务学习的主动性和积极性。

第三节 完善国际税收竞争与协调体系

虽然当前世界经济遭遇了贸易摩擦、区域保护等不利因素，但在国际经济一体化的历史大趋向下，应注重现代税收建设的国际维度，通过完善国际税收竞争与协调体系，提升我国税收的国际话语权与税制竞争力。

一 深度参与提升国际税收话语权

随着全球经济格局调整和中国综合实力的增强，中国应从接受既有规则参与国际税收事务,转向在拥有发言权、参与决策权和议程设置权的国际税收话语平台上,更加积极主动地参与国际税收事务。

一是不断坚固税收话语基础。完善以"职能定位完整、法律体系完备、管理体制健全、管理手段先进"为内容的国际税收治理体系。积极参与后 BEPS 工作议程,根据中国的实际情况,有重点、有步骤地推进 BEPS 最新成果转化,制定和完善国际税收相关法规,配合国内有关税收法律法规的修订工作,进一步完善国内税法,在保障中国参与国际税收规则制定的成果落实到位的同时,夯实中国税收法治基础。

二是深度拓展税收话语平台。全面参与 OECD 的交流合作,积极推进金砖国家税务局长会晤机制下更为务实的税务合作,建立税收政策和征管方面的定期交流机制,联手推动 BEPS 成果转化和落实。充分利用金砖国家开发银行资金,帮助发展中国家提高税收征管能力,更加有效地发挥金砖国家税收合作的影响力,为营造公平的国际税收环境献计献策,为构建新的国际税收秩序贡献中国智慧。

三是加强税收国际化人才队伍建设。向重要的国际税收组织和贸易伙伴国派遣税务官员,推进 BEPS 成果结合中国国情更有效地落实;增设国际税收情报、调查、合作等管理处,相应增编国际税收专业人员,增强中国获取海外税收情报的能力,更好地服务于"一带一路"倡议和企业"走出去"战略,提升税务部门服务中国开放型经济新体制的能力。

二 完善国际税收治理理念和规则

坚持以税收治理现代化为目标,以多边主义和全球共治原则为基本准则,积极参与多边国际税收治理体系改革,强化税收治理的国际话语权。

一是进一步推动与对外开放相统一的国际合作。扩大税收协定网络,在维护税收主权方面实现双方共赢,努力建设公平、现代化国际税收治理体系。持续加强境外税收大数据的采集研究,按计划更新完善国别和地区投资税收指南,不断提升对外投资服务的精度、准度和广度。

二是进一步完善与税收改革相配套的管理机制。继续加大国际税收简政放权的力度，一体化推进办税便利化改革，进一步推动权力"放下去"、效率"提上来"，努力实现营商环境税收指标世界排名稳步上升。推进税收现代化建设，充分运用云计算、大数据、区块链等新技术，构建以金税工程为基础、以电子税务局和大数据为支撑的现代化国际税收征管体系，加快推动数据在税收管理领域的高效共享和应用。

三是进一步优化与时代发展相结合的征管手段。扩大国际税收对话协作平台，建立税收争端解决洽谈机制，为各国之间的畅通对话搭建平台，有效降低税源的无序竞争。科学涵养新兴数字经济税源，主导数字经济国际税收规则制定，提升税收征管技术创新能力和自身应对能力。健全情报交换联动机制，有效提高税务部门的涉税信息获取能力。

三　探索实施"专利盒"制度

"专利盒"是一种基于知识产权的税收激励，通过对企业来自知识产权的所得给予税收优惠，促进企业在本地进行科技研发，对于高科技行业具有较强的吸引力。

一是统一"专利盒"税收优惠立法。完善"类专利盒"制度体系，将目前较为分散的相关税收规范进行整合，同时对规范内容与税收实践中存在的矛盾之处进行科学修订。通过框架构建提高我国对科技创新税收优惠的规范效力，协调制度之间存在矛盾的内容，使得我国税收优惠政策有一个科学有效的制度依据，为企业提供制度保障。

二是扩大"专利盒"制度优惠范围。将外购知识产权和已有的知识产权均归入到"专利盒"制度的优惠范围内，形成一个多梯度的知识产权税收优惠体系。在设定优惠税率的时候应当低于企业在制度实施之后完全自主研发的知识产权项目的税率，形成一个存在税率梯度的普通税率——外购和已有知识产权享受的优惠税率——企业完全自主研发的优惠税率等多层次的税收优惠体系。

三是调整"类专利盒"制度优惠限制。目前我国对技术转让设置了5年以上的限制条件，但目前科学技术高速发展，一项知识产权技术很难在5年内保持创新能力而不被更迭，这一制度上的障碍使得该项税收优惠政策形同虚设。建议取消 5 年以上的限制条件或适当放宽这一标准，通过调整优化真正发挥"类专利盒"制度激励科技创新和转化的能力，提高我国综合国力，实现知识产权强国的目标。

四　建立国际化的现代税收治理体系

深入推进税务领域"放管服"改革，完善税务监管体系，不断深化税收制度改革，持续优化税收征管体制，不断提升纳税服务和税务执法的规范性、便捷性、精准性，打造市场化、法治化、国际化营商环境，更好地服务市场主体发展。

一是加快推进智慧税务建设。充分运用大数据、云计算、人工智能、移动互联网等现代信息技术，着力推进内外部涉税数据汇聚联通、线上线下有机贯通，驱动税务执法、服务、监管制度创新和业务变革，进一步优化组织体系和资源配置。

二是健全税费法律法规制度。全面落实税收法定原则，加快推进将现行税收暂行条例上升为法律。完善现代税收制度，更好地发挥税收作用，促进建立现代财税体制。推动修订税收征收管理法、反洗钱法、发票管理办法等法律法规和规章。加强非税收入管理法制化建设。

三是严格规范税务执法行为。坚持依法依规征税收费，做到应收尽收。同时，坚决防止落实税费优惠政策不到位、征收"过头税费"及对税收工作进行不当行政干预等行为。全面落实行政执法公示、执法全过程记录、重大执法决定法制审核制度，推进执法信息网上录入、执法程序网上流转、执法活动网上监督、执法结果网上查询，加快建设税务执法质量智能控制体系。不断完善税务执法及税费服务相关工作规范，持续健全行政处罚裁量基准制度。

第四节　健全税收法律保障体系

系统完整的税收法律体系是保障税收法治的有力支撑。我国提出了全面推进依法治国的重大决策部署，法治建设实践进一步深化，税收领域坚持依法治税，有效保护了广大纳税人的权利。为优化税收法律体系,健全完善相应配套的法律法规,合理划分各类机关的立法界限,亟待深化完善税收法律制度保障体系,探寻出一条均衡税负、实现税收正义的最优之路。

一 践行税收法定原则,提升增值税等税种立法层次

税收法定原则是税法基本原则的核心,法律是税收法治的根本。现代税收体制要求"落实税收法定原则",由法律来规范税种的设立、税率的确定和税收征收管理等税收基本制度。现阶段税收法定主义的重要任务是:一方面,把好"授权关",继续完善税收授权立法,立法机关应尽快完善已修正并成熟的税收授权立法,明确课税要素、征税程序等,及时以法律的形式颁布并在全国范围内保障;另一方面,提高增值税等税种立法质量,建立现代化的税种税制,提升税收中立、税收效率水平。在践行税收法定原则的大背景下,增值税抵扣机制应当完善"抵扣权"条款,打通增值税抵扣链条,保障增值税纳税人依法享有对购买货物、劳务所支付的增值税进行抵扣的权利,实现纳税人抵扣权的真正保护。

二 完善税收征管立法,推进税收规范化和便利化建设

为有效控制和平衡税收征管权,应秉承"客观化与可度量的相关事实核定标准",继续完善税收征管立法。近年来,税务行政案件频发,凸显《中华人民共和国税收征管法》在税收核定管理、法律监督与救济等诸方面存在不少问题。为保证税收征管合法及其纠纷妥善解决于法有据,应通过税收征管法修订,进一步明确纳税人主体的法律地位和享受纳税服务等权利,对纳税人实施分类分级管理,依据"规模+行业+资产收入",将税收风险分析事项向上集中。具体而言:首先,完善《中华人民共和国税收征管法》中税收核定的适用条件与程序等,并充分听取纳税人的意见和建议,遵循税收稽征的经济原则,以防止核定权被滥用。其次,借鉴其他国家税务代理机构作用的有益经验,依靠专业人员力量,发挥以税务师行业为主的涉税专业服务机构功能,提升纳税服务层次,实现税收共治。最后,进一步界分反避税条款与税收核定条款,对"计税依据明显偏低"与"无正当理由"的具体情形进行列举,以二阶递进对反避税条件科学认定,有

机统一计税主客观要素。

三 合理央地税权划分，完善"分税制"的税权分配法律制度

中央与地方税权分配法治化是财政法治的重要组成部分，有益于增强地方财政实力，实现国家治理现代化。一是明确政府间财政事权划分是税权分配的重要前提和保障。根据权责一致原则，合理划分中央与地方的财政事权，以"事"定"支"，以"支"定"收"，明确、清晰、科学、合理的财政事权与收入形成均衡联动关系。二是明确中央与地方的主体税种以及共享税的分配比例。在保证中央具有足够财力的基础上，增强地方财力，适当增加地方在所得税中的比例。三是合理分配中央与地方税收立法权限，明确地方税收立法权。通过明确税目范围、税率幅度，科学计税基准，赋予地方税收立法权，进行税率调整、设定地方税种的开征、停征，确保地方税收收入的稳定性。分税制改革与"营改增"在一定程度上加大了地方税制与中央税收管理之间的矛盾，加之2020年新冠肺炎疫情暴发，严重影响了企业正常生产经营，一些地方财政收入锐减，加快地方税体系建设迫在眉睫。随着我国财产税种不断成熟完善，应赋予地方相应的税收立法权限，在保持可控的范围内扩大税源科目，合理配置直接税和间接税比重，增强地方筹集财政资金能力。

四 构建税收信息共享机制，完善信息与信用相关法律制度

税收信息的数字化建设是税务治理现代化的动态升级，构建税收信息共享机制是提升服务效率的重要途径。一是简化"税法"，建立统一规范的信息共享平台，税务部门及时抓取涉税信息，依法健全税务信息联通渠道，保障其他有关部门获取和使用税收信息，高效精准服务民众。二是尽快完善新型数字基础设施，搭建广泛联系个人、企业、政府部门的技术平台，拓展跨部门税收合作，优化纳税服务，提高征管效能。三是提升税收信息甄别能力，科学辨别节税、避税和逃税之间的"灰色地带"，压缩分利者"勾结行动"的空间，提取交易的全部真实信息，实现"应收尽收"和"善税"。四是与工商、海关、质检和行业协会合作，加强纳税信用管理和税收信用体系建设，细化纳税信用等级评定内容与标准，提高纳税遵从度。对于有欺诈、

骗税或欠税行为，纳入社会信用体系，降低信用等级，同时严惩纳税违法者，不定期对纳税人申报进行抽查，促使纳税人诚信纳税。

五 精准分类纳税人需求，健全纳税人权利诉求表达与回应机制

随着经济社会发展，纳税人涉税诉求更加多元，主要集中在政策落实、征管执法、服务规范、法律救济、人员素质、信息化建设等方面。尤其新冠肺炎疫情发生后，国家聚焦营商环境出台了大量税费优惠政策，通过12366纳税服务平台对纳税人、缴费人关注的热点问题及时解答，成效颇佳。为更好地回应纳税人、缴费人的问题诉求，解决纳税人、缴费人反映的办税缴费堵点、痛点、难点问题，应多措并举，健全纳税人权利诉求表达、回应机制。一是精准定位纳税人诉求。根据诉求内容，将纳税人反映的问题分为发票类、征管类、服务类、违纪类，分析研判后制定相应的应对预案，对紧急诉求优先解决，及时向诉求人反馈处理结果；对一般类诉求抑或解读政策文件类诉求，转各部门在规定时限解答；对异议申诉类诉求，制定专门台账，由专人协调和沟通，全面核实，对涉税问题进行调查，并让纳税人对其进行效果评价。二是建立诉求响应效果常态化管理机制。优化管理流程，对诉求人反映的问题进行后续分析，提出方便办税、政策执行统一规范性等的措施，有针对性地完善纳税服务举措，更好地保障纳税人权益。三是畅通侵权救济渠道。积极探索建立税收争议调解机制，对于纳税人已经提起行政诉讼且已立案的税收争议，依法应诉，认真履行法院的生效判决和裁定，加大对侵害纳税人权益行为的责任追究力度。

六 激励与约束相结合，探索完善多元税收执法机制

在减税降费导向下，我国税收执法应在税费退减免、提高起征点、调整税基等方面下足功夫。一是税法溯及既往与适用。税收优惠的规定时常溯及，如关于部分国家储备商品有关税收政策和扶贫捐赠免征增值税政策，溯及既往进行课税，区分"纳税义务发生时间"和"缴纳税款时间"，按照税种、纳税人经济利益最大化的角度溯及，作出利于税收债务人的课税决定。二是充分行使增值税抵扣权。纳税人可凭专用发票抵扣税款，这种"以票控税"形式能严格管控增值税偷税、漏税行为。为了杜绝虚开发票的现象，税收征管应严守"三流一致"经验，即货物、资金、发票流向完全对应，方可在下一环节抵扣。三是实施事先裁定制度。通过纳税人申请税务机关事先裁定的事项，征税纳税双方对涉税交易事项互动沟通，引导税收执法发现更多税务信息，堵塞交易的税务漏洞。四是完善纳税人权益保护考核评价制度，设置税收执法考评指标，实现对纳税人权益保护的全链条全节点监管。

参考文献

安体富：《论结构性减税的几个问题》，《税务研究》2012年第5期。

安体富、岳树民：《我国宏观税负水平的分析判断及其调整》，《经济研究》1999年第3期。

白景明：《理性认识财政收入水平高低》，《中国财政》2011年第2期。

蔡昌：《对增值税"扩围"问题的探讨》，《税务研究》2010年第5期。

蔡明荣、任世驰：《企业金融化：一项研究综述》，《财经科学》2014年第7期。

陈冬华等：《职工激励、工资刚性与企业绩效——基于国有非上市公司的经验证据》，《经济研究》2010年第7期。

陈红等：《政府补助、税收优惠与企业创新绩效——不同生命周期阶段的实证研究》，《南开管理评论》2019年第6期。

陈强远等：《中国技术创新激励政策：激励了数量还是质量》，《中国工业经济》2020年第4期。

陈小亮：《中国减税降费政策的效果评估与定位研判》，《财经问题研究》2018年第9期。

陈旭东：《宪政规则下的社会秩序构建与公共预算改革》，《山东社会科学》2012年第7期。

陈宗胜、周云波：《再论改革与发展中的收入分配——中国发生两极分化了吗？》，经济科学出版社2002年版。

程瑶：《房地产业税负水平实证研究》，《财政研究》2010年第

4 期。

程永宏:《改革以来全国总体基尼系数的演变及其城乡分解》,《中国社会科学》2007 年第 4 期。

储德银等:《财政补贴、税收优惠与战略性新兴产业创新投入》,《财贸研究》2016 年第 10 期。

戴赜等:《从微观视角理解经济"脱实向虚"——企业金融化相关研究述评》,《外国经济与管理》2018 年第 11 期。

董根泰:《我国宏观税负国际比较:一种基于可比性的分析》,《财贸经济》2014 年第 4 期。

杜勇等:《中国式融资融券与企业金融化——基于分批扩容的准自然实验》,《财贸经济》2020 年第 2 期。

樊丽明、李文:《费改税问题分析》,《财政研究》1999 年第 5 期。

樊丽明、李昕凝:《世界各国税制结构变化趋向及思考》,《税务研究》2015 年第 1 期。

樊勇:《增值税抵扣制度对行业增值税税负影响的实证研究》,《财贸经济》2012 年第 1 期。

方军雄:《所有制、制度环境与信贷资金配置》,《经济研究》2007 年第 12 期。

高培勇:《减税降费是为了扩需求还是降成本?》,《环境经济》2018 年第 12 期。

高培勇:《由适应市场经济体制到匹配国家治理体系——关于新一轮财税体制改革基本取向的讨论》,《财贸经济》2014 年第 3 期。

高培勇等:《个人所得税改革方案及征管条件研究》,《税务研究》2017 年第 2 期。

何代欣、张枫炎:《中国减税降费的作用与关键环节》,《经济纵横》2019 年第 2 期。

郭兵、罗守贵:《地方政府财政科技资助是否激励了企业的科技创新?》,《上海经济研究》2015 年第 4 期。

郭庆旺:《减税降费的潜在财政影响与风险防范》,《管理世界》

2019 年第 6 期。

郭庆旺、贾俊雪：《中国全要素生产率的估算：1979—2004》，《经济研究》2005 年第 6 期。

郭庆旺、匡小平：《最适课税理论及对我国税制建设的启示》，《财政研究》2001 年第 5 期。

郭庆旺、吕冰洋：《论税收对要素收入分配的影响》，《经济研究》2011 年第 6 期。

郭月梅、杨慧芳：《文化视角下我国开征遗产税的困境与突破》，《税务研究》2011 年第 11 期。

胡怡建：《继续深化改革构建现代增值税制度体系》，《国际税收》2017 年第 7 期。

胡怡建：《推进服务业增值税改革促进经济结构调整优化》，《税务研究》2011 年第 6 期。

黄朝晓：《开征遗产税两难选择下的制度设计》，《税务研究》2013 年第 3 期。

黄维健、王惠平：《新时期农民负担研究》，《农业经济问题》2010 年第 5 期。

贾康、程瑜：《论"十二五"时期的税制改革——兼谈对结构性减税与结构性增税的认识》，《税务研究》2011 年第 1 期。

雷海民等：《最终控制权、公司年龄影响中国政治资源企业的运营效率吗？——中国上市公司的非参数检验》，《经济管理》2014 年第 7 期。

李波：《宏观税负、产业税负与结构性减税政策》，《税务研究》2010 年第 1 期。

李超民、胡怡建：《特朗普税制改革取向及其影响》，《税务研究》2017 年第 1 期。

李晶：《与增值税改革联动的消费税制度创新》，《税务研究》2014 年第 5 期。

李文：《宏观税负的成因——基于公共品供求的非正常影响因素》，《税务研究》2013 年第 8 期。

李文：《我国个人所得税的再分配效应与税率设置取向》，《税务研究》2017年第2期。

李永刚等：《发达经济体与新兴经济体竞争力比较——基于全球竞争力指数视角》，《统计与信息论坛》2013年第11期。

李渊、王静：《税收征管资源的整合》，《税务研究》2011年第1期。

连立帅等：《产业政策与信贷资源配置》，《经济管理》2015年第12期。

林颖：《财政公平收入分配职能弱化原因和对策研究》，《财会研究》2009年第9期。

刘德英：《我国房地产企业税负状况及税金成本管理分析》，《税务研究》2008年第9期。

刘放等：《制度环境、税收激励与企业创新投入》，《管理评论》2016年第2期。

刘骏民、伍超明：《虚拟经济与实体经济关系模型——对我国当前股市与实体经济关系的一种解释》，《经济研究》2004年第4期。

刘蓉等：《税制优化视角下我国结构性减税的联动效应》，《税务研究》2013年第2期。

刘瑞明、赵仁杰：《国家高新区推动了地区经济发展吗？——基于双重差分方法的验证》，《管理世界》2015年第8期。

刘尚希：《减税目的是有效引导经济预期》，《中国中小企业》2019年第4期。

刘尚希、梁季：《税制改革20年：回顾与前瞻》，《税务研究》2014年第10期。

刘植才、黄凤羽：《我国消费税制度改革与完善研究》，《税务研究》2008年第5期。

柳光强、田文宠：《完善促进战略性新兴产业发展的税收政策设想——从区域税收优惠到产业优惠》，《中央财经大学学报》2012年第3期。

陆正飞、韩非池：《宏观经济政策如何影响公司现金持有的经济效应?——基于产品市场和资本市场两重角度的研究》,《管理世界》2013 年第 6 期。

吕冰洋:《从市场扭曲看政府扩张:基于财政的视角》,《中国社会科学》2014 年第 12 期。

吕冰洋、毛捷:《高投资、低消费的财政基础》,《经济研究》2014 年第 5 期。

罗来军等:《融资歧视、市场扭曲与利润迷失——兼议虚拟经济对实体经济的影响》,《经济研究》2016 年第 4 期。

罗美娟、黄丽君:《宏观税负与我国地下经济的关系研究》,《财政研究》2014 年第 1 期。

马蔡琛、苗珊:《各国税制公平改革的最新进展及其启示》,《税务研究》2017 年第 4 期。

马国强:《宏观税负变化与税制结构调整》,《税务研究》2011 年第 12 期。

马国强:《税制结构基础理论研究》,《税务研究》2015 年第 1 期。

马海涛:《税收收入高增长等若干问题断想》,《地方财政研究》2013 年第 2 期。

马海涛、李升:《税收制度改革:现状、条件、方向》,《中国税务》2011 年第 12 期。

马海涛、李升:《营业税改增值税:试点评价与改革方向》,《税务研究》2013 年第 4 期。

马红等:《虚拟经济适度发展对企业投资效率的影响——基于虚拟经济与实体经济协调发展的视角》,《山东大学学报》(哲学社会科学版) 2017 年第 5 期。

孟庆启:《美国高新技术产业税收优惠政策及对我国的启示》,《税务研究》2003 年第 7 期。

倪红日:《我国房地产税制改革的必要性、现实进展与建议》,《中国财政》2013 年第 7 期。

聂海峰、刘怡:《城镇居民的间接税负担:基于投入产出表的估算》,《经济研究》2010年第7期。

欧阳华生、余宇新:《政企分配关系视角下企业税收负担的国际比较与启示》,《当代财经》2011年第11期。

欧阳华生等:《我国个人所得税微观税收负担实证分析》,《审计与经济研究》2011年第11期。

庞凤喜:《"营改增"与分税制财政体制重塑》,《中国财政》2014年第1期。

庞凤喜:《社会保障缴款"税"、"费"形式选择中若干问题辨析》,《财政研究》2011年第10期。

庞凤喜、牛力:《论新一轮减税降费的直接目标及实现路径》,《税务研究》2019年第2期。

庞凤喜、张念明:《供给侧结构性改革导向下我国企业税负优化及操作路径研究》,《经济与管理评论》2017年第1期。

庞凤喜等:《我国企业税费负担状况分析及改革建议》,《会计之友》2014年第7期。

秦海林:《二元财政政策影响农村居民税负的数量分析》,《浙江工商大学学报》2011年第11期。

秦蕾:《税收公平内涵的解析与税收制度审视》,《税务研究》2008年第1期。

丘浚:《大学衍义补》,京华出版社1999年版。

宋春平:《中国企业所得税总税负归宿的一般均衡分析》,《数量经济技术经济研究》2011年第2期。

宋军、陆旸:《非货币金融资产和经营收益率的U形关系——来自我国上市非金融公司的金融化证据》,《金融研究》2015年第6期。

汤贡亮、周仕雅:《从税基的视角完善个人所得税制》,《税务研究》2007年第6期。

田卫民:《中国市场化进程对收入分配影响的实证分析》,《当代财经》2012年第10期。

万莹:《我国区域税收优惠政策绩效的实证分析》,《中央财经大学学报》2006年第8期。

王海勇：《企业所得税法实施的效果、问题与建议》，《税务研究》2009年第2期。

王宏伟：《"互联网+"视角下的税收治理现代化》，《税务研究》2017年第3期。

王进猛、沈志渔：《进入方式、内部贸易与外资企业税负关系的实证研究》，《财贸经济》2011年第11期。

王军昆：《加快构建具有中国特色的直接税制度》，《税务研究》2017年第1期。

王乔、伍红：《内外部经济失衡下我国税制改革取向》，《当代财经》2013年第2期。

王延明：《上市公司所得税负担研究——来自规模、地区和行业的经验证据》，《管理世界》2003年第1期。

王雍君：《委托代理关系、共用资源池与宏观税负合理区间的界定》，《税务研究》2013年第8期。

吴俊培等：《国际视角下中国环境税研究》，《涉外税务》2011年第8期。

吴联生：《国有股权、税收优惠与公司税负》，《经济研究》2009年第10期。

吴文锋等：《中国上市公司高管的政府背景与税收优惠》，《管理世界》2009年第3期。

武靖国：《从拉弗曲线变异看我国企业税负差异》，《西安财经学院学报》2011年第5期。

席卫群：《我国企业资本承担所得税实际税负的测算》，《财经研究》2005年第5期。

向书坚：《全国居民收入分配基尼系数的测算与回归分析》，《财经理论与实践》1998年第1期。

肖捷：《走出宏观税负的误区》，《中国改革》2010年第10期。

谢家智等：《制造业金融化、政府控制与技术创新》，《经济学动态》2014年第11期。

薛钢：《我国宏观税负的经济分析与优化路径》，《中南财经政法大学学报》2011年第5期。

［英］亚当·斯密：《国富论》，郭大力、王亚南译，商务印书馆1997年版。

闫坤、于树一：《开启减税降费的新时代：以降"税感"拓展政策空间》，《税务研究》2018年第3期。

杨灿明：《减税降费：成效、问题与路径选择》，《财贸经济》2017年第9期。

杨得前：《经济发展、财政自给与税收努力：基于省级面板数据的经验分析》，《税务研究》2014年第6期。

杨卫华：《确立我国合理宏观税负水平的关键点》，《税务研究》2012年第7期。

杨杨等：《中国资本市场对环保上市公司的金融支持研究》，《广西社会科学》2011年第1期。

尹虹潘、刘姝伶：《中国总体基尼系数的变化趋势——基于2000~2009年数据的全国人口细分算法》，《中国人口科学》2011年第4期。

于海峰等：《从涉税信息管理视角论我国个人所得税的征管配套措施》，《税务研究》2013年第7期。

余明桂、潘红波：《政治关系、制度环境与民营企业银行贷款》，《管理世界》2008年第8期。

袁红英：《新一轮世界减税潮：特征、影响与应对》，《东岳论丛》2018年第4期。

曾国安：《论中国居民收入差距的特点、成因及对策》，《中国地质大学学报》（社会科学版）2001年第4期。

张成思、张步昙：《中国实业投资率下降之谜：经济金融化视角》，《经济研究》2016年第12期。

张敦力、李四海：《社会信任、政治关系与民营企业银行贷款》，《会计研究》2012年第8期。

张津等：《我国税收制度现代化的推进路径选择——基于公平维度的比较分析》，《税收经济研究》2019年第8期。

张伦俊、李淑萍：《规模以上工业企业的行业税负研究》，《统计研究》2012 年第 5 期。

张荣苏：《论英国现代税收制度的确立》，《江苏师范大学学报》（哲学社会科学版）2020 年第 1 期。

张述存：《论深入实施创新驱动发展战略的"三引擎"》，《经济体制改革》2016 年第 1 期。

张馨：《预算增收约束下的"减税"问题》，《税务研究》2009 年第 11 期。

张一培：《税收违法"黑名单"制度的思考》，《税务研究》2017 年第 5 期。

郑京海、胡鞍钢：《中国改革时期省际生产率增长变化的实证分析（1979—2001 年）》，《经济学（季刊）》2005 年第 1 期。

祝继高、陆正飞：《融资需求、产权性质与股权融资歧视——基于企业上市问题的研究》，《南开管理评论》2012 年第 4 期。

祝继高等：《产业政策、银行关联与企业债务融资》，《金融研究》2015 年第 3 期。

Aharony, Lee and Wong, "Financial Packaging of IPO Firm in China", *Journal of Accounting Research*, Vol. 38, No. 1, 2000.

Allen, F., J. Qian and M. Qian, "Law, Finance and Economic Growth in China", *Journal of Financial Economics*, Vol. 77, No. 1, 2005.

Atkinson and Stieglitz, "The Design of Tax Structure: Direct Versus Indirect Taxation", *Journal of Public Economics*, Vol. 6, No. 1-2, 1976.

Bloom, Griffith and Reenen, "Do R&D Tax Credits Work? Evidence from a Panel of Countries 1979-1997", *Journal of Public Economics*, No. 1, 2002.

Brandt and Li, "Bank Discrimination in Transition Economies: Ideology, Information, or Incentives?", *Journal of Comparative Economics*, Vol. 31, No. 3, 2003.

Cai, "China's Macro Tax Burden too Heavy: Report", *China Daily*, 2011.5.9.

Chamberlain, Prante and Hodge, "Who Pays America's Tax Burden, and Who Gets the Most Government Spending?" *Tax Foundation Special Report*, No. 151, March 2007.

Chen, Li and Xin, Five – Year Plans, "China Finance and Their Consequences", SSRN Working Paper, 2013.

Cloyne, "What are the Effects of Tax Changes in the United Kingdom? New Evidence from a Narrative Evaluation", CESifo Working Paper Series with Number 3433, 2011.

Corlett and Hague, "Complementarity and the Excess Burden of Taxation", *The Review of Economic Studies*, Vol. 21, No. 1, 1953.

Demir, "Financial Liberalization, Private Investment and Portfolio Choice: Financialization of Real Sectors in Emerging Markets", *Journal of Development Economics*, No. 2, 2009.

Feldstein, "Distributional Equity and the Optimal Structure of Public Prices", *American Economic Review*, Vol. 62, No. 1, Mar., 1972.

Fischel, "Property Taxation and the Tiebout Model: Evidence for the Benefit View From Zoning and Voting", *Journal of Economic Literature*, Vol. 30, No. 1, 1992.

Guellec, "The Impact of Public R&D Expenditure on Business R&D", *Economics of Innovation & New Technology*, No. 3, 2003.

Hamilton, "Capitalization of Intra – jurisdictional Differences in Local Tax Prices", *American Economic Review*, Vol. 66, No. 5, 1976.

Lin and Tan, "Policy Burdens, Accountability, and the Soft Budget Constraint", *The American Economic Review*, Vol. 89, No. 2, 1999.

Mamuneas and Nadiri, "Public R&D Policies and Cost Behavior of the U. S. Manufacturing Industries", *Journal of Public Economics*, No. 1, 1996.

Mirrlees, "Optimal Tax Theory: A synthesis", *Journal of Public Economics*, Vol. 6, No. 4, Nov. 1976.

OECD, "Tax Policy Reform and Economic Growth", *OECD Tax Policy Studies*, No. 20, 2010.

Opler, Pinkowitz, Rene, and Rohan, "The Determinants and Implications of Corporate Cash Holdings", *Journal of Financial Economics*, No. 10, 1997.

Parsons, "The Effect of Corporate Taxes on Canadian Investment: An Empirical Investigation", http://www.fin.gc.ca/wp/2008 - 01 - eng.asp, 2008.

Piketty and Qian, "Income Inequality and Progressive Income Taxation in China and India, 1986 - 2015", *American Economic Journal: Applied Economics*, Vol. 1, No. 2, 2009.

Ramsey, "A Contribution to The Theory of Taxation", *Economic Journal*, Vol. 37, No. 145, 1927.

Shen, "An Analysis of the Efficiency of the Tax Burden in Hangzhou Based on Non - parameter Stochastic Frontier Analysis", *International Journal of Innovative Management, Information & Production*, Vol. 2, No. 1, 2011, pp. 102 - 112.

Stern, "On the Specification of Models of Optimum Income Taxation", *Journal of Public Economics*, Vol. 6, No. 1 - 2, 1976.

Tiebout, "A Pure Theory of Local Expenditures", *The Journal of Political Economy*, Vol. 64, No. 5, 1956.

Wang and Xing, "China's Tax Burden: A Mysterious Lead Sinker", http://www.sme.gov.cn/web/assembly/action/browsePage.do?channel, 2012.

Wang, Li and Zhang, "An Analysis on the Short - term Sectoral Competitiveness Impact of Carbon Tax in China", *Energy Policy*, Vol. 39, No. 7, 2011.

Wu and Wang, "Local Tax Rebates, Corporate Tax Burdens, and Firm Migration: Evidence from China", *Journal of Accounting and Public Policy*, Vol. 26, No. 5, 2007.

Wu and Yue, "Corporate Tax, Capital Structure, and the Accessibility of Bank Loans: Evidence from China", *Journal of Banking & Finance*,

Vol. 33, No. 1, 2009.

Wu, Wang and Luo, "State Ownership, Tax Status and Size Effect of Effective Tax Rate in China", *Accounting and Business Research*, Vol. 42, No. 2, 2012.

Zheng, Gao and Ruan, "Does Economic Financialization Lead to the Alienation of Enterprise Investment Behavior? Evidence from China", *Physica A: Statistical Mechanics and Its Applications*, Vol. 536, 2019.